M. R. Kopmeyer

# Das große Handbuch der Erfolgsstrategien

Band IV

WOHLSTANDSBILDUNG

M. R. Kopmeyers »Schlüsselwerk bewährter Erfolgsmethoden« in vier Bänden gilt in den USA – unter Kennern einfach »Kop's Keys« – als ein Inbegriff praktischer Lebenshilfe und als ein Standardwerk der Erfolgsplanung. In 64 Sprachen übersetzt kennt man heute sein Werk in aller Welt.
Jeder der vier Bände – mit jeweils einem Schwerpunktthema – steht im Rahmen des Gesamtwerks für sich.

❍ **Wunscherfüllung**
So bekommen Sie, was Sie sich wünschen
❍ **Persönlichkeitsbildung**
So werden Sie, was Sie sein möchten
❍ **Lebenserfolg**
So gelangen Sie an Ihre Ziele
❍ **Vermögensbildung**
So werden Sie reich und wohlhabend

Gemeinsam haben diese Bücher den Verfasser, der nicht mehr und nicht weniger behauptet als dies: »Wer sein Leben privat und beruflich erfolgreich zu gestalten versteht, wendet bewährte Erfolgsmethoden an. Wer behauptet, solche nicht zu kennen, und gleichwohl Erfolg zu hat, wendet sie unbewußt an. Wer sich ihrer nicht bedient, wird nie nennenswerten Erfolg haben.«
In Kopmeyers Werk wird erklärt, welche Erfolgsmethoden sich bewährt haben und wie man sie handhabt. Hier finden Menschen, die sich im Leben nicht einfach treiben lassen wollen, Argumente, die überzeugen, Beweise, die motivieren, Anregungen und Beispiele, die begeistern, sowie eine Fülle nutzbaren Wissens. Man lernt, an sich und seine Chancen zu glauben, und wird sich mit Elan an die Gestaltung des eigenen Lebens machen. Dabei gibt der Autor nicht nur konkrete Anleitungen für die Erreichung materieller Ziele, sondern demonstriert auch überzeugend, welcher geistigen Grundlagen und Qualitäten des Gefühlslebens ein Mensch bedarf, der im Leben Erfolg haben und Glück finden will.

M. R. Kopmeyer, der prominente amerikanische Wirtschaftsexperte und Menschenfreund, hat die Richtigkeit der von ihm vertretenen Erfolgsprinzipien selbst vorgelebt: Vom Lehrling mit 45 Dollar im Monat brachte er es zum Präsidenten von acht Konzernunternehmen und zum Erfolgsberater von über hundert bedeutenden Firmen und »führender Köpfe« Amerikas. Mit Fünfzig zog er sich vom Geschäftsleben zurück, gründete »The Success Foundation«, eine wohltätige Stiftung zur Begabtenförderung, und veröffentlichte die vier Bände seines »Schlüsselwerks bewährter Erfolgsmethoden«, durch das er im Sinne seines Anliegens der Erfolgsberater von Millionen Menschen geworden ist.

Das große Handbuch
der Erfolgsstrategien

EIN SCHLÜSSELWERK
BEWÄHRTER ERFOLGSMETHODEN

M. R. Kopmeyer

# WOHLSTANDSBILDUNG

So werden Sie
reich und wohlhabend

Ariston Verlag · Genf/München

Andere Werke aus unserem Verlagsprogramm
finden Sie am Schluß dieses Buches verzeichnet.

Die Deutsche Bibliothek – CIP-Einheitsaufnahme

**Kopmeyer, Marion R.:**
Das große Handbuch der Erfolgsstrategien: [ein Schlüsselwerk bewährter Erfolgsmethoden]/M. R. Kopmeyer. – Genf ; München: Ariston Verlag
Früher u. d. T.: Kopmeyer, Marion R.: Das Schlüsselwerk bewährter Erfolgsmethoden
ISBN 3-7205-1230-4
Bd. 4. Wohlstandsbildung: so werden Sie reich und wohlhabend / [aus dem Amerikan. übers. von Christine Wessely]. – 2. Aufl. – 1993
ISBN 3-7205-1237-1

Aus dem Amerikanischen übersetzt
von Christine Wessely

Titel der amerikanischen Originalausgabe
»How you can get richer quicker«



Schuber- und Einbandgestaltung: Atelier Adolf Bachmann, Reischach
Gesamtherstellung: Wiener Verlag, Himberg bei Wien
Erstauflage Oktober 1982
Zweite Auflage: August 1993
Printed in Austria 1993

ISBN 3-7205-1237-1

# Inhaltsverzeichnis

Kapitel 1

# Erfolg ist ein eigener Wissenszweig

Ihr Weg zu Wohlstand und einem Leben der Fülle beginnt mit dem Tag, an dem Sie erkennen und beherzigen: Erfolg selbst ist ein spezifischer und scharf umrissener Wissenszweig – wie Mathematik, Physik, Chemie, Sprachwissenschaft oder irgendein anderes Studienfach, das man an unseren Universitäten oder anderen Schulen erlernen kann – nur daß – seltsamerweise – Erfolg an unseren Lehranstalten nicht gelehrt wird. Dem will dieses Buch abhelfen.

Die Gesetze und Prinzipien, die jedem Erfolg – oder Mißerfolg – zugrunde liegen, sind ebenso real und somit beweisbar wie zum Beispiel das Gesetz der Schwerkraft. Will man jedoch das Wesen und die Bedingungen des Erfolges erfassen und eine Erfolgslehre aufstellen, so erkennt man, daß es dabei mindestens ebenso viele verschiedenartige Einzelfaktoren zu beachten gilt wie auf anderen Sachgebieten, vielleicht sogar noch mehr. Ich habe mich vierzig Jahre dem Erforschen, Testen und Zusammentragen BEWÄHRTER ERFOLGSMETHODEN gewidmet. Dabei sind drei Privatbibliotheken und fünfzehn Ordner mit persönlichen Aufzeichnungen zusammengekommen, die mehr als tausend verschiedene, zum Teil allerdings miteinander verwandte erprobte Erfolgstechniken beinhalten.

Ich mußte erkennen, daß es nur wenige andere Sachgebiete gibt, die sich aus einer solchen Fülle verschiedener Gesetzmäßigkeiten und Einzelfaktoren zusammensetzen. Diese Tatsache allein schon rechtfertigt – ungeachtet zahlreicher anderer gewichtiger Gründe – eine systematische Erforschung des Erfolgs nach wissenschaftlichen Gesichtspunkten.

Der Grund, weshalb so manche Menschen in ihrem Beruf oder in ihren sonstigen Bestrebungen erfolglos bleiben oder nur langsam vorankommen, liegt darin, *daß sie ausschließlich ihre fachlichen Qualitäten zu verbessern suchen.* Nach meinen Erfahrungen aber kann als sicher gelten, daß berufliche Fortbildung und der Erwerb fachlicher Qualitäten nur einen Erfolgsfaktor bzw. nur eine mögliche Erfolgsmethode von vielen darstellen.

Natürlich ist es wünschenswert und ratsam, daß Sie Ihre fachlichen Voraussetzungen und Leistungen zu verbessern trachten, wann immer und wo immer es geht. Aber das ändert nichts an der Tatsache, die Sie sich jetzt bewußtmachen sollten: Es ist nur eine einzige Methode vorwärtszukommen – nicht weniger, nicht mehr!

Es gibt aber mehr als tausend in der Praxis erprobte und zielführende Erfolgsmethoden, *und einige davon sind grundlegend.* Sie können sich daher leicht vorstellen, daß Sie sich selbst eine unnötige Beschränkung auferlegen, indem Sie sich nur auf eine davon, nämlich auf die Verbesserung Ihrer beruflichen Qualitäten, konzentrieren und alle anderen Methoden vernachlässigen.

Es ist entschiedenermaßen zweckmäßiger, so viele bewährte Erfolgsmethoden wie möglich anzuwenden und sie fortgesetzt, zusätzlich zur Vervollkommnung Ihrer fachlichen Kompetenz, einzusetzen. Und Sie müssen wissen: *Das ist der einzige Weg, wie Sie reich werden können!* Denn es ist auch der einzige Weg, wie Sie im Leben überhaupt Erfolg haben können. Ich meine durchschlagenden, großen Erfolg.

Es ist ziemlich einfach, was ich Ihnen hier versichern will und Sie, hoffe ich, nach der Lektüre dieses wichtigen Bandes meines *»Schlüsselwerks bewährter Erfolgsmethoden«*)* glauben werden: *Wer sein Leben privat und beruflich erfolgreich zu gestalten versteht, wendet bewährte Erfolgsmethoden an.* Wer behauptet,

*) M. R. Kopmeyers *»Schlüsselwerk bewährter Erfolgsmethoden«* besteht aus folgenden vier Bänden:

- ○ *Wunscherfüllung – So bekommen Sie, was Sie sich wünschen*
- ○ *Persönlichkeitsbildung – So werden Sie, was Sie sein möchten*
- ○ *Lebenserfolg – So gelangen Sie an Ihre Ziele*
- ○ *Wohlstandsbildung – So werden Sie reich und wohlhabend*

solche nicht zu kennen, und gleichwohl Erfolg hat, wendet sie unbewußt an. Wer sich ihrer nicht bedient, wird nie nennenswerten Erfolg haben.

Natürlich können Sie auch aufgrund ständiger Verbesserung Ihrer Arbeitsleistung vorwärtskommen. Aber das ist ein langsamer und mühsamer Weg. Sie werden großen Schwierigkeiten begegnen, die Sie mit Hilfe bewährter Erfolgsmethoden leicht vermeiden könnten. Und reich kann man auf einem »Schmalspurgeleise« nicht werden!

Öffnen Sie sich daher für eine größere Bandbreite Ihrer Möglichkeiten. Die in diesem SCHLÜSSELWERK empfohlenen Methoden sind für jeden Menschen, gleich welchen Berufes oder Alters, anwendbar – *auch für Sie*, sofern Sie nur zwei Grundvoraussetzungen erfüllen! Lesen Sie darüber Näheres im nächsten Kapitel.

# Kapitel 2

# Es wissen, dann danach handeln!

Erfolg hängt von der Beachtung zweier ebenso simpler wie ELEMENTARER REGELN ab. Dabei spielt es keine Rolle, ob es sich um den Wunsch handelt, reich zu werden oder irgendein anderes Lebensziel zu erreichen:

- Sie müssen wissen, *wie man es macht;*
- Sie müssen es *tun.*

Sie meinen, das sei sehr einfach? Sie haben recht. Einfach dies: *Das Gewußt-wie tun!* Das sieht so selbstverständlich aus, daß es fast wie Zeitverschwendung erscheint, solchen Gemeinplätzen weitere Aufmerksamkeit zuzuwenden. Doch der Pferdefuß ist nicht zu übersehen: Gerade weil es sich dabei um Binsenweisheiten handelt, halten sich die meisten von uns nicht daran.

So unglaublich es klingt, es ist wahr: Die meisten Menschen machen sich nie die Mühe, auch nur die einfachsten Regeln kennenzulernen, wie man zu Geld oder welchem Erfolg immer kommt. Oder wie viele kennen Sie, die jeden Abend auch nur eine halbe Stunde der ernsthaften Überlegung widmen, wie sie am nächsten Tag erfolgreicher sein könnten – und den übernächsten und die Tage danach? Dafür kennen Sie die vielen, die in der üblichen Art klagen. Ein altes Sprichwort aber sagt: »Durch Klagen wird der Laib nicht größer!« Das Sprichwort stammt offensichtlich aus vergangenen Tagen, als in unseren Landen der »Laib zu klein«, nämlich das tägliche Brot knapp war. Dieses Problem nun hat sich in andere Teile der Welt verlagert, aber gleichwohl gibt es immer noch genug Menschen, die lieber darüber jammern, daß sie mit ihrem Geld nicht zurechtkommen, *anstatt sich zu überlegen, wie man es macht, daß man nie zuwenig hat,* wie man den »Laib größer« machen kann.

Als einzelner Konsument haben Sie kaum einen Einfluß auf die Preisgestaltung. Sie können sich kaum gegen Preis- und Kostensteigerungen wehren. Ihr einziger Ausweg liegt darin, mehr Geld zu verdienen, so daß Sie sich alles, was Sie wollen, leisten können – ungeachtet der Preise. Sie müssen lernen, was zu tun ist, und dann Ihr Wissen anwenden. Nur so wird Ihr eigener »Brotlaib« größer!

*Es ist übrigens wesentlich einfacher, reich zu werden als arm zu bleiben!* Arme Leute finden notgedrungen alles im Leben schwer. Und es wird für sie auch immer so bleiben, solange sie sich nicht die einfachen und wirksamen Erfolgsmethoden aneignen, die man benötigt, um zu Geld zu kommen.

Nehmen Sie deshalb dieses erste Grunderfordernis eines jeden Erfolges ernst: Sie müssen lernen, wie man es macht, was man machen muß. Für den Ahnungslosen stellt schon ein Maulwurfshügel ein unüberwindlich scheinendes Hindernis dar. Aber für den, der weiß, wie man es macht, wird alles leicht; ihm fällt der Erfolg zu.

Louis Pasteur entdeckte das Impfverfahren eher durch Zufall als aufgrund wissenschaftlicher Forschung, mit der er sich befaßte. Als Kritiker ihn angriffen, er sei ja nur »mit Glück« auf die Impfung gestoßen, antwortete er: »Das stimmt, *aber das Glück bevorzugt den, der darauf vorbereitet ist.*«

Das gilt auch für den Erfolg. Sie können *nur erfolgreich sein, wenn Sie sich mit Hilfe bewährter Erfolgsmethoden auf Ihr »Glück« vorbereiten.*

Von Andrew Carnegie, dem großen Stahlbaron, der der reichste Mann seiner Zeit war (und seine Millionen verschenkte, um anderen zu helfen), stammt der Ausspruch: »Es hat überhaupt keinen Sinn, wenn man sich bemüht, Menschen zu helfen, die nicht bereit sind, sich selbst zu helfen. Man kann niemanden eine Leiter hinaufstoßen, der nicht willens ist hinaufzuklettern.«

Mit Hilfe der bewährten Techniken, die Sie in den nächsten Kapiteln dieses Buches kennenlernen werden, können Sie die Stufen zum Erfolg mit Leichtigkeit hinaufklettern. *Aber die Beine müssen Sie selbst bewegen!* Wir stellen nur die Leiter zur Verfügung. Wir können Sie nicht hinaufstoßen oder Sie zwingen, sich emporzuarbeiten. Das Klettern ist allein Ihre Sache!

»Wissen ist Macht« ist ein Ausspruch, den wir alle kennen. Der Satz bedarf der Ergänzung. Denn: *Erst die Anwendung des Wissens verleiht Macht.*

Setzen Sie darum von Anfang an jede BEWÄHRTE ERFOLGSMETHODE, die Sie kennenlernen, sofort ein. Schieben Sie das nicht auf, bis Sie das ganze Buch zu Ende gelesen haben. Klettern Sie die Stufenleiter zum Erfolg Stufe um Stufe hinauf. Bleiben Sie nicht zögernd am Boden in der falschen Hoffnung, am Schluß mit einem Riesensprung ganz hinaufzukommen.

Vergessen Sie nicht: Schritt um Schritt, einer nach dem anderen. *Ihr erster Schritt ist das nächste Kapitel.*

Kapitel 3

# Mehr und weniger – aber wovon?

Der sicherste Weg zum Erfolg ist die Anwendung jener Techniken, die schon anderen auf dem Weg nach oben geholfen haben. Je größer ihr Erfolg war, desto verläßlicher sind die Methoden.

Groß nun war, wie jedermann weiß, der Erfolg von General Motors. Dieses Unternehmen kann zweifellos auf Spitzenerfolge zurückblicken; aber natürlich begann der Automobilgigant von heute seinerzeit nicht als Spitzenreiter. Das Unternehmen wurde nur einfach größer und größer und schließlich ganz groß.

Und das war weder Zufall noch Glück. Es war vielmehr – und das ist das Erstaunliche – *hauptsächlich das Resultat einer auf den ersten Blick simpel anmutenden Erfolgsmethode.* Es fing schon mit CHARLES KETTERING an, der, ganz im Sinne dieser Erfolgsmethode, eine ganze Menge überaus erfolgreicher Neuerungen einführte, unter anderem die Startautomatik. General Motors arbeitete nämlich nach dem ERFOLGSPRINZIP NUMMER EINS:

- Geben Sie den Menschen *mehr von dem, was sie wollen.*
- Geben Sie den Menschen *weniger von dem, was sie nicht wollen.*

Wollen Sie sagen, daß das ein leicht handhabbares Erfolgsprinzip sei? Sie haben recht – und nicht recht. Beginnen Sie nur einmal, diese Erfolgsmethode auf alles anzuwenden, auf alles, was Sie denken, sagen und tun! Beginnen Sie, auf diesem Prinzip eine Karriere aufzubauen – oder ein Unternehmen wie General Motors!

Dann erweist sich die Einhaltung dieses Erfolgsprinzips als schwierig. *Nur wenige – eben die Erfolgreichen – denken und handeln so.* Genaugenommen denken überhaupt die wenigsten von uns je daran, was andere Menschen gerne hätten. Wir möchten viel lieber, daß andere uns das verschaffen, was wir uns wünschen. Wir sind so sehr Gefangene unseres Strebens zu bekommen, was wir wollen, daß wir das für unseren Erfolg Wichtigste vergessen, nämlich *auf die Wünsche der anderen einzugehen* – zumindest auf einen großen Teil ihrer Wünsche. Es versteht sich: Nicht alle Wünsche der anderen werden zufriedenzustellen sein, aber viele, und manche sogar leicht.

Je mehr Sie anderen entgegenkommen, in desto größerem Maß werden auch Sie erhalten, was Sie sich wünschen. Die Größe und der Erfolg eines Unternehmens wie General Motors beweisen die Richtigkeit dieser Feststellung. Damit wollen wir aber keineswegs behaupten, daß General Motors das einzige Großunternehmen sei, das diese BEWÄHRTE ERFOLGSMETHODE NUMMER EINS verwendet.

*Geben Sie den Menschen mehr von dem, was sie wollen.* Tatsächlich arbeiten alle erfolgreichen Menschen, Unternehmen und Organisationen genau nach diesem Erfolgsprinzip. Sonst würden sie nämlich scheitern oder zumindest erfolglos bleiben. Das Ausmaß ihres Erfolges verhält sich geradezu direkt proportional zur Anwendung dieser Erfolgsmethode.

Die Versager und die Mittelmäßigen sind im allgemeinen viel zu sehr darauf fixiert, von anderen zu erhalten, was sie wollen. Sie finden, daß das Leben voller Widerstände für sie ist. Und damit wird Erfolg praktisch unmöglich. Niemand ist schließlich daran interessiert, ihnen »für nichts« zu geben, was sie gerne hätten.

*Um daher andere Menschen zu dem zu bewegen, was wir von ihnen erwarten, müssen wir ihnen zuerst geben, woran sie interessiert sind.* Man beginnt am besten damit, einmal herauszufinden, was diejenigen, auf die es ankommt, haben wollen. Das Einfachste ist, sie zu fragen. Sie werden merken, daß die meisten Menschen geradezu darauf brennen, die Frage nach ihren Wünschen zu beantworten, vor allem dann, wenn Sie ihnen glaubhaft versichern, ihnen bei der Erfüllung ihrer Wünsche behilflich zu sein. Dann aber müssen Sie sich auch nach den erhaltenen Informationen richten. Geben Sie, wenn Sie es können, den Befragten, was sie wollen; wenn Sie es nicht können, helfen Sie ihnen nach Kräften.

Das ist aber noch nicht alles. Dieses Vorgehen wird Sie, auf ein Leben hin besehen, reich machen. Doch um schneller reicher zu werden, müssen Sie sich sogar bemühen *herauszufinden, was die Leute wollen werden, noch ehe sie es selber wissen.*

Eine – nun auf die Wirtschaft und deren Jargon zugeschnittene – ZUSAMMENFASSUNG DIESES ERFOLGSPRINZIPS muß dann wie folgt lauten:

Es geht darum,

- herauszufinden, was die Menschen – Ihre Kunden, Ihre Abnehmer, Ihr Publikum – in Zukunft wünschen werden, obwohl sie es augenblicklich vielleicht noch gar nicht wissen;
- das in naher Zukunft Gewünschte zu entwickeln und zu produzieren und
- die Menschen zu überzeugen, daß sie das dann eines Tages vorliegende Produkt nun tatsächlich haben wollen.

Das klingt vielleicht zynisch, aber *genau auf diese Weise wird das große Geld gemacht.* Die Millionen, die Milliarden von General Motors oder irgendeines anderen Industriegiganten der heutigen Multinationalen sind aufgrund dieses grundlegenden Erfolgsprinzips zustande gekommen. Das Geheimnis des Erfolgs liegt darin, Verbesserungen noch vor dem Auftreten einer allgemeinen Nachfrage, noch vor dem Bekanntwerden eines Bedürfnisses durchzuführen. Dieses Erfolgsprinzip gilt aber nicht nur für Industriegiganten; es gilt für jeden Tischler, der Möbel baut, für jeden Künstler, der Bilder malt, für jeden Arbeiter, der seine qualifizierte Leistung anbietet, für jeden Verleger, der Bücher veröffentlicht ... es gilt – wie eingangs erklärt wurde – für jeden Menschen!

Wie nun geht man aber an die geplante Verbesserung heran? Das Schlüsselwort ist bereits gefallen: »geplant«, das heißt beabsichtigt, vorsätzlich, gezielt. Sie müssen gezielt an Neuerungen arbeiten – Neuerungen Ihrer Produktion, Ihrer Leistung, Ihres Werkes – und dürfen nicht warten, bis sich etwas Neues durch Zufall oder als Glückstreffer ergibt. Sie werden in einem der nachfolgenden Kapitel erfahren, wie man Ideen schöpfen, auslösen, provozieren kann, indem man ein Programm von einundsechzig »magischen« Fragen durchgeht.

Mit Hilfe dieser einundsechzig Fragen werden Ihnen neue Ideen nur so zufliegen, oder besser gesagt, Sie werden beginnen, Ideen für Neues und Besseres wie Funken zu versprühen. Sie müssen dann diejenigen aussortieren, die zukunftweisend zu sein scheinen. Gute Ideen werden Sie tatsächlich schneller reicher machen als irgend etwas sonst – aber darüber mehr später!

Wenden wir uns dem zweiten Teil unseres ERFOLGSPRINZIPS NUMMER EINS ZU:

*Geben Sie den Menschen weniger von dem, was sie nicht wollen.* Im allgemeinen läßt sich sagen, daß die Menschen viel aggressiver werden, wenn man ihnen etwas aufdrängt, das sie nicht wollen, als wenn es sich »bloß« darum handelt, etwas nicht zu bekommen, das sie wollen. So wird geradezu »todsicher« jeder eine Wahl verlieren oder ein Versager in beruflichen oder in Herzensangelegenheiten werden, wenn er anderen etwas aufdrängen möchte, das sie gar nicht wollen – oder was auch nur assoziativ in Verbindung gebracht wird mit etwas, das niemand will.

Ich habe mich vierzig Jahre lang der Erforschung bewährter Erfolgsmethoden gewidmet und bin zutiefst davon überzeugt, daß das hier erörterte Erfolgsprinzip eines der wichtigsten, unerläßlichsten und gewinnbringendsten von allen ist, weil es nämlich *die fundamentalen Methoden kombiniert, wie man alle Menschen jederzeit unter allen Umständen motiviert.* Besser, schneller und erfolgssicherer kann man seine Ziele nicht erreichen. Doch es wird Ihnen wenig nützen, über dieses Erfolgsprinzip nur zu lesen. *Beginnen Sie sofort, damit zu arbeiten!*

- Stellen Sie schriftlich eine Liste aller jener Menschen zusammen, die für Sie von Bedeutung sind. Lassen Sie dabei unter jedem Namen genügend freien Platz.
- Schreiben Sie auf, wie Sie jedem der in Ihrer Liste Angeführten mehr von dem bieten können, was er gerne haben möchte, und wie Sie jedem weniger von dem geben können, was er nicht haben will.
- Sogar wenn Sie genau zu wissen glauben, was jemand haben will (und was Sie zur Verfügung stellen können), beziehungsweise was er nicht haben will (und was Sie vermeiden oder ändern können), sollten Sie zur Sicherheit nochmals fragen.

Fragen Sie offen und ohne Vorbehalte; Sie werden sehen, daß sich schon allein dadurch Ihre Beziehung immens verbessern wird.

Was heißt das in der Alltagspraxis? Wenn Sie zum Beispiel Angestellter sind, sollten Sie Ihren Chef – möglichst den höchsten, also Ihren Arbeitgeber – fragen: Was kann ich tun, um für Sie – für die Firma – von größerem Nutzen zu sein? Mache ich etwas falsch und wie kann ich meine Arbeit besser machen? Wie kann ich mehr lernen, um für die Firma mehr leisten zu können? Welche Bücher, welche Fachzeitschriften soll ich lesen? Welche Fortbildungskurse während oder außerhalb der Arbeitszeit soll ich besuchen? Welche zusätzlichen Arbeiten könnte ich übernehmen, um mehr über die Branche zu lernen?

Ich kann Ihnen versichern, daß schon allein *diese Fragen nachgerade Wunder wirken* werden! Vor vielen Jahren stellte ich selbst meinem Chef genau diese Fragen – ich arbeitete damals als kaufmännischer Lehrling in einem großen Konzern. Von da an zeigte mein Chef ein persönliches Interesse an mir. Er gab mir Bücher, Fachliteratur sowie den Hauskatalog der Firma zum Durcharbeiten. Er bezahlte die Gebühren für verschiedene Fortbildungskurse und ließ mich sämtliche Abteilungen durchlaufen, was mir einen Einblick in den Aufbau und die Arbeitsweise des Unternehmens gab. Schließlich ernannte er mich zum »blutjungen« Leiter einer der großen Ausstellungshallen unserer Gesellschaft – alles innerhalb von nur drei Jahren.

Später wurde ich Präsident von acht Konzernen, und daher weiß ich auch, wie sich die gleiche Situation aus der Sicht des Unternehmers ausnimmt: Jeder Angestellte, der solche oder ähnliche Fragen an mich richtete, erhielt von mir die gleiche Zuwendung, Förderung und intensivierte Ausbildungsmöglichkeit, wie ich sie selbst seitens meines ersten Chefs erfuhr.

Dies als ein Beispiel aus dem realen Geschäftsleben. *Es erweist die Wirksamkeit einer bewährten Erfolgsmethode.* Wenden Sie diese Methode bei Ihrem Chef an – und nicht allein bei Ihrem Arbeitgeber, sondern auch bei jedem anderen Menschen, der für Sie wichtig ist.

Das führt uns zu einem weiteren wirksamen Erfolgsprinzip, das Gegenstand des folgenden Kapitels sein soll.

Kapitel 4

# Mehr bieten – aber wovon?

Es gibt ein zuverlässiges Mittel, die Aufmerksamkeit von Vorgesetzten auf sich zu ziehen. Die Vorgesetzten sind ja jene, die Ihnen durch eine Beförderung helfen können, im Leben voranzukommen und schneller reich zu werden.

In der komplexen Arbeits- und Geschäftswelt von heute können Sie nur dann erfolgreich sein und Ihr Lebensziel erreichen, wenn Sie die Hilfe, die Kooperationsbereitschaft und Unterstützung anderer – und dazu gehört auch und sogar ganz besonders Ihr Chef – für sich in Anspruch nehmen können. Ich sage es in meinem *»Schlüsselwerk bewährter Erfolgsmethoden«* immer wieder: Selbst eine große Begabung und persönliche Tüchtigkeit reichen heutzutage nicht mehr aus, um allein damit Karriere zu machen. Jeder, der einen überdurchschnittlichen Erfolg errungen hat, ist dabei von der tätigen Hilfe anderer unterstützt worden.

*Natürlich muß man sich den Erfolg auch »verdienen«.* Aber auch das allein genügt nicht. Der ehemalige US-Präsident CALVIN COOLIDGE sagte einmal: »Erfolglose Menschen mit Talent gibt es wie Sand am Meer. Und die Welt ist voll von hochgebildeten Versagern.« Bildung, Talent und die Qualität, den Erfolg »zu verdienen«, stellen alles zusammen noch keine Erfolgsgarantie dar.

Eine ganze Reihe äußerst erfolgreicher Karrieremacher, die ich beobachten konnte, verfügte keineswegs über eine hervorragende Ausbildung oder auch nur über ein besonders ausgeprägtes Talent. Und »verdient« haben sie den Erfolg wohl auch nicht mehr als viele andere mit gleicher Berufserfahrung und ebenbürtigen Fähigkeiten.

Der Unterschied muß also woanders liegen! *Alle Erfolgsmenschen unserer Tage bedienen sich – bewußt oder unbewußt – bewährter Erfolgsmethoden,* und eine der wichtigsten ist vielleicht die Begabung, sich die Hilfe und Unterstützung anderer Menschen zu sichern. Wenn Sie vorwärtskommen wollen, brauchen Sie die »hilfreichen Hände« anderer, die Ihnen weiterhelfen. Die Menschen um Sie herum müssen geradezu begeistert an Ihrem Erfolg mitarbeiten!

Wie aber erzielt man eine solche Hilfsbereitschaft? Hilfe von anderen erhalten Sie dann, wenn Sie diesen zuerst beim Erlangen dessen helfen, wonach diese anderen streben. Erst dann können Sie mit Fug und Recht Unterstützung für Ihre eigenen Anliegen und Pläne erwarten.

Und wie fängt man das am besten an? Beginnen Sie damit, die AUFMERKSAMKEIT der Menschen auf sich zu lenken, von denen Sie sich Hilfe versprechen. (Angenehm auffallen ist damit selbstverständlich gemeint – nicht unangenehm!) Geben Sie zu erkennen, daß Sie jederzeit zu helfen bereit sind, wenn man Sie brauchen sollte. *Die zuverlässigste und gediegenste Art, auf sich aufmerksam zu machen, besteht darin, anderen Zusammenarbeit und Unterstützung anzubieten.* Scheuen Sie sich nicht, jemanden zu fragen, ob Sie ihm bei seinen Plänen helfen können. Sogar wenn man Ihr Angebot nicht sofort aufgreifen sollte, haben Sie zunächst einmal einen guten Eindruck hinterlassen.

An Ihrem Arbeitsplatz ist das doppelt wichtig! Sie können die Aufmerksamkeit der Topmanager in Ihrer Firma nur dadurch auf sich lenken, daß Sie Ihre Bereitwilligkeit, ja geradezu Ihre Begeisterung demonstrieren, mehr zu tun, noch Besseres zu leisten und sich noch nützlicher zu machen als bisher. Stellen Sie doch Ihrem Vorgesetzten oder Ihrem Arbeitgeber einfach die Fragen, die wir schon im vorangegangenen Kapitel aufgeführt haben:

Was kann ich tun, um mich nützlicher zu machen? Mache ich etwas falsch und wie kann ich meine Arbeit besser machen? Wie kann ich mehr lernen, um für die Firma mehr leisten zu können? Welche Bücher, welche Fachzeitschriften soll ich lesen? Welche zusätzlichen Arbeiten könnte ich übernehmen, um mehr über die Branche zu lernen? Welche Fortbildungskurse während oder außerhalb der Arbeitszeit soll ich besuchen?

So zeigen Sie ernsthaft die BEREITSCHAFT,

1. Ihrem Chef *mehr von dem zu bieten, was er von Ihnen als seinem Angestellten erwartet,* und Sie
2. zeigen ihm zugleich, daß Sie ihm weniger oder nichts von dem geben wollen, was er von Ihnen nicht haben will.

Diese bewährte Erfolgsmethode wird in positiver Weise Aufmerksamkeit auf Sie lenken, wird Ihnen zu Beförderungen verhelfen und Ihnen die bereitwillige Unterstützung derjenigen sichern, die Sie auf Ihrem Weg voranbringen können. Sie werden aber in diesem Schlüsselwerk noch zahlreiche andere bewährte Erfolgsmethoden kennenlernen, wie Sie als Angestellter vorankommen und Ihre Mitbewerber hinter sich lassen können. Das vorstehend Gesagte ist nur ein Anfang im Grundsätzlichen für die richtige Erfolgshaltung.

Lesen Sie jetzt eine unglaubliche »Geschichte«, die auf Tatsachen beruht.

Kapitel 5

# Unglaublicher Reichtum in kürzester Zeit

Dieses Kapitel befaßt sich mit der Frage, *wie man schnell extrem reich werden kann.*

Was verstehen wir aber unter »schnell extrem reich werden«? Die hier folgenden Angaben stützen sich auf Erfahrungen, die in den USA gemacht wurden. Sie gelten jedoch – abgesehen von dem hinter dem Eisernen Vorhang liegenden Teil Europas – im wesentlichen auch für Europa. Die Antwort auf diese selbstgestellte Frage geht von der Tatsache aus, was in jüngster Vergangenheit erwiesenermaßen möglich war, und lautet einfach: Als schnell extrem reich geworden wollen wir die Leute bezeichnen, die es geschafft haben, in letzter Zeit *innerhalb von fünf Jahren ein Privatvermögen zwischen fünfzig und hundert Millionen Dollar oder mehr anzuhäufen.*

Dieses Kapitel zielt darauf ab, Sie zu überzeugen, daß auch Sie durch den Einsatz bewährter Erfolgsmethoden (die wir Ihnen in diesem Buch vorstellen werden) schnell extrem reich werden können – oder daß Sie zumindest sehr reich werden können, indem Sie eine Dienstleistung oder ein Produkt anbieten, die viele Menschen benötigen bzw. von dessen »Notwendigkeit« Sie möglichst viele Menschen zu überzeugen verstehen.

Sehen Sie sich die hier folgende Liste all jener ERFOLGSBRANCHEN an, in denen Dienstleistungen oder Produkte so vermarktet werden konnten, daß die Geschäftseigentümer schnell extrem reich wurden. Die Reihenfolge ist geordnet nach den von den einzelnen erzielten Vermögen, und zwar, wohlgemerkt, Privatvermögen (was im Punkt eins mehr als eine Milliarde Dollar bedeutet). Soweit unter einer Ziffer verschiedene Branchen aufgeführt sind, handelt es sich um gestreute Unternehmungen eines einzelnen Geschäftsmannes, der sich nicht auf eine einzige Branche beschränken wollte.

1. Futtermittel und Bedarfsartikel für Haustiere (Hunde, Katzen, Zimmervögel usw.); Immobilien
2. Computerservice; Maklerbüro
3. Medizinisch-technische Einrichtungen
4. Runderneuerung von Autoreifen und Autozubehör
5. Kleinversicherungen
6. Damenbekleidung (Einzelhandel)
7. Immobilien
8. Warenhäuser
9. Versicherungen, insbesondere Zusatzversicherungen für Arbeitnehmer
10. Medizinische Produkte (Arzneimittel usw.)
11. Fernverkehr (Straße)
12. Versicherungen auf postalischem Weg
13. Wohnwagen und Mobilheime
14. Armaturen und ähnliche Metallfertigprodukte
15. Versicherungen, insbesondere für Besitzer von Wohnwagen und Mobilheimen
16. Elektromotoren
17. Klebstoffe, Fugen- und Dichtungsmaterial
18. Büromaschinen und Büroartikel
19. Industriereiniger und Industriefarben
20. Selbstbedienungsläden
21. Entdeckung von Erdöl- und Erdgasvorkommen; Immobilien
22. Saatgetreide und Sämereien; Entdeckung von Erdölvorkommen
23. Abfüllung und Verkauf von nichtalkoholischen Getränken
24. Druckfarben
25. Discountläden
26. Restaurants; Eiscreme-Erzeugnisse
27. Errichtung von Eigenheimen
28. Sicherheitsglas; Photoartikel
29. Versandhaus
30. Allgemeine und landwirtschaftliche Versicherungen

31. Immobilien; Versicherungen
32. Wasch- und Putzmittel und Sanitärprodukte
33. Fruchtsäfte

Wir wollen aber – um jedes Mißverständnis auszuschließen – nochmals betonen, daß es sich dabei um in den genannten Erfolgsbranchen erwirtschaftete *Privatvermögen einzelner Geschäftseigentümer,* also nicht etwa um Gewinne von Unternehmungen handelt.

Die breite Streuung der Erfolgsbranchen ist ein Hinweis dafür, daß Ihr Streben weniger auf die Entdeckung eines Wunderfabrikats, einer sensationellen Dienstleistung oder einer absolut außergewöhnlichen Branche (die bisher merkwürdigerweise noch niemand entdeckt hat) gerichtet sein sollte, sondern vielmehr auf die kontinuierliche, intensive und unbeirrbare Anwendung BEWÄHRTER ERFOLGSMETHODEN. Da die von uns angeführte Liste bei der Untergrenze eines Vermögenserwerbs von fünfzig Millionen Dollar endet, können Sie davon ausgehen, daß sich in den USA Tausende von Multimillionären und Zehntausende von einfachen Dollarmillionären ihr Privatvermögen durch Aktivitäten in (buchstäblich) Tausenden von verschiedenen Unternehmenszweigen, sei es auf dem Dienstleistungssektor oder sei es in Form der Produktvermarktung, erwarben. *Die Bandbreite der Möglichkeiten ist also unbegrenzt!*

Sie werden vermutlich den Bereich, in dem Sie Ihr eigenes Privatvermögen machen wollen, selbst auswählen wollen. *Vergessen Sie aber nie, daß Ihr Erfolg nicht entscheidend von der Art Ihres Geschäftes, sondern in erster Linie vom Einsatz bewährter Erfolgsmethoden abhängen wird!*

Hier wären vielleicht einige Worte fällig, die Ihnen erklären sollen, warum in diesem Buch manches so oft wiederholt wird. Es handelt sich nicht um Zerstreutheit des Autors, Verwirrung der Übersetzerin oder Nachlässigkeit des Lektors; der Grund für die zahlreichen Wiederholungen liegt in der Erkenntnis, daß ein nur einmal eingeprägter Gedanke allzu leicht vergessen wird, ohne Spuren im Denken der Menschen zu hinterlassen. Will man jedoch jemanden überzeugen, daß er eine Information ernst nehmen und sich einprägen soll, so ist die fast FORMELHAFTE WIEDERHOLUNG das richtige Mittel. Auch in der Bibel wird vieles mehrfach gesagt, und das klassische Beispiel für die Suggestivkraft der Wiederholung sind die Reden Buddhas. Oder denken Sie an die Liturgie im katholischen Gottesdienst, an Fugen und Kantaten in der geistlichen Musik.

Wir sind vollkommen sicher, daß die Gedanken, die hinter der Abfassung dieses Buches standen, für Ihr weiteres Leben so wichtig sind, daß wir eine mögliche Kritik an den ständigen Repetitionen gerne in Kauf nehmen, *um den Preis sicherzugehen, daß das Gesagte Sie wirklich erreicht und sich in Ihrem Denken festsetzt.* Nur so kann das Ziel dieses *»Schlüsselwerks bewährter Erfolgsmethoden«* erreicht werden.

Kapitel 6

# Sie haben Hunderte von Möglichkeiten

Im vorstehenden Kapitel konnten Sie lesen, daß in den USA Menschen in jüngster Zeit Privatvermögen zwischen fünfzig Millionen und einer Milliarde Dollar erwirtschaftet haben, und zwar in verschiedensten, aber jedenfalls keineswegs irgendwie außergewöhnlichen Branchen. Wenn Sie die Liste durchgehen, werden Sie feststellen, daß Sie vermutlich in jeder aufgeführten Branche eine Stelle annehmen könnten (wenn auch vielleicht nicht in einer Führungsposition) – eine Stellung in einer Branche, in der Leute mit Unternehmungsgeist in nur fünf Jahren fünfzig Millionen oder mehr gemacht und zugleich zahlreiche tüchtige Mitarbeiter ihren Erfolgswunsch verwirklicht haben! Wenn Sie sich die Mühe machen, im Branchenverzeichnis Ihres Telephonbuches zu blättern, werden Sie darüber hinaus mindestens hundert weitere Branchen finden, die gleiche oder womöglich noch bessere Erfolgsaussichten haben. Im Wirtschaftsteil jeder großen, überregionalen Zeitung, insbesondere in den Börsenberichten, können Sie weitere Angaben über Unternehmen verschiedenster Branchen finden, durch die andere Leute ebenfalls sehr reich werden – gerade in heutiger Zeit.

Tatsache ist jedenfalls, daß Sie keineswegs eine Goldmine entdecken, auf Erdöl stoßen oder ein Produkt erfinden müssen, das aus dem Alltag der Zukunft nicht mehr wegzudenken sein wird. Es genügt vollauf, wenn Sie die folgenden EINFACHEN REGELN beherzigen, was mit Sicherheit im Bereich Ihrer Fähigkeiten liegt:

1. Beginnen Sie (auf der Ebene, für die Ihre augenblickliche Qualifikation ausreicht), *in einer aufstrebenden Firma zu*

*arbeiten, in der zwei Erfolgsvoraussetzungen gegeben erscheinen:* Es werden Produkte oder Dienstleistungen angeboten, die den Menschen mehr von dem bieten, was sie haben wollen, oder es werden Produkte bzw. Dienstleistungen angeboten, die den Menschen helfen, zu vermeiden oder zu verhindern, was sie nicht wollen.
2. Versichern Sie sich vor Arbeitsantritt, daß Ihre neue Firma ein aufstrebendes Unternehmen und sowohl in der Lage als auch willens ist, ihre Größe einer steigenden Nachfrage nach ihren Produkten oder Dienstleistungen sofort anzupassen. *Wählen Sie eine expansionsfähige Firma.*
3. Klären Sie auch die Frage, ob in Ihrer neuen Firma Beförderungen nach einem starren System, vielleicht nur nach Maßgabe der Dauer der Anstellung erfolgen. Sollte dies der Fall sein, fangen Sie gar nicht erst an oder wechseln Sie sofort zu einem anderen Unternehmen, in dem Beförderungen und Gehaltserhöhungen leistungsorientiert vergeben werden. *Ihr Einsatz lohnt sich nur dort, wo bessere Leistung auch besser honoriert wird.*
4. Nachdem Sie so sichergestellt haben, daß Ihre Erfolgschancen nicht von Anfang an beeinträchtigt sind, wenden Sie die bewährten Erfolgsmethoden an, die Sie in diesem Buch kennenlernen werden. *Viel wichtiger noch als die Entscheidung, wo Sie arbeiten, ist es zu wissen, wie man vorwärtskommt.*

Wirtschaftswissenschaftler und Zukunftsforscher, die sich mit den Fragen der zu erwartenden wirtschaftlichen und technologischen Veränderungen befassen, meinen, daß sich schon in naher Zukunft die Praxis der Stellen- und Arbeitsangebote sowie auch die Arbeitsbedingungen so drastisch und schnell verändern werden, *daß unter anderem der Durchschnittsarbeitnehmer im Laufe seines Berufslebens nicht weniger als sieben verschiedene Laufbahnen einschlagen wird.* Die einzige Möglichkeit aber, sich sinnvoll auf sieben verschiedene Laufbahnen einzustellen, besteht darin, sich jene BEWÄHRTEN ERFOLGSMETHODEN anzueignen, die Sie für jede Laufbahn brauchen und die Sie befähigen werden, in jeder beliebigen Laufbahn vorwärtszukommen. Unter »Laufbahn« wollen die Wissenschaftler nicht nur und auch nicht so sehr einen vollständigen Berufswechsel, sondern vielmehr auch jede neue Position in derselben Firma oder zumindest innerhalb derselben Branche verstanden wissen.

In der Praxis bedeutet zweifellos eine jede neue berufliche Position auch eine Art neuer Laufbahn mit neuen und anderen Gelegenheiten zum Einsatz dieser Erfolgsmethoden. Wir wollen uns daher in den folgenden Kapiteln die stark fluktuierenden Verhältnisse, die für berufliche Möglichkeiten ausschlaggebend sind, näher ansehen und die sich daraus ergebenden Auswirkungen auf die zukünftige Entwicklung prüfen.

Im folgenden Kapitel geht es zunächst um die Ausbildung, die Sie benötigen, um aus dem sich rasch verändernden Arbeitsmarkt im wahrsten Sinne des Wortes Kapital schlagen zu können!

# Kapitel 7

# Trends, die sich abzeichnen

Ein abgeschlossenes Studium ist nach Ansicht von ATHENA CONSTANTINE, der Direktorin der Stellenvermittlung für graduierte Akademiker an der amerikanischen Columbia-Universität, *keineswegs mehr ein Schlüssel zum Erfolg.* Und der Direktor der Stellenvermittlungsabteilung der Michigan State University JOHN D. SHINGLETON stellt fest: »Die Colleges und Universitäten produzieren immer mehr Akademiker in Bereichen, in denen immer weniger Arbeitskräfte benötigt werden.« Shingleton meint, die Bedeutung, die der Allgemeinbildung zugemessen wird, vernachlässige die im Berufsleben benötigten Kenntnisse und die Bedingungen der laufend wechselnden Anforderungen des Arbeitsmarktes.

Überlegungen ähnlicher Art werden auch in Europa in immer deutlicher werdendem Maße laut.

Das US-Amt für Arbeitsstatistik legte Berichte vor, nach denen achtundzwanzig Prozent der College-Absolventen von heute weniger verdienen als der Durchschnitt der High-School-Absolventen (die, grob gesprochen, mit den Abiturienten im deutschen Sprachraum gleichzusetzen sind), die sich nach der Schule eine spezielle, dem Arbeitsmarkt angepaßte Ausbildung erwarben.

Da die heutigen Berufsanforderungen generell ganz spezielle Kenntnisse verlangen, gehen die großen Unternehmen immer mehr dazu über, sich aktiv an dem Ausbildungsprozeß zu beteiligen, der heute gefragt ist. Es gibt in den USA bereits Programme, die von Großbetrieben und Universitäten gemeinsam geplant und gesponsert werden und in denen die Studenten abwechselnd immer ein Semester Theorie (an der Universität) und ein Semester Praxis (in der Firma) in einem Berufszweig ableisten können, in dem der Betreffende später zu arbeiten beabsichtigt.

Parallel zu dieser verstärkt praktischen Ausbildung der Studierenden im beruflichen Alltagsleben werden auch die Hörsäle und Universitätslaboratorien in wachsendem Umfang mit hochdifferenzierten technischen Einrichtungen ausgestattet, die den in der Arbeitswelt verwendeten entsprechen. Führende Wirtschaftsleute und technische Experten werden zu Gastvorlesungen eingeladen, Universitätslehrer und Fachkräfte aus der Wirtschaft arbeiten als Partner in der beruflichen Ausbildung des akademischen Nachwuchses zusammen. Erste Ansätze einer ähnlichen Entwicklung bahnen sich auch in Europa an, wenngleich die traditionsverhaftete Struktur der europäischen Hochschulen solche Programme nicht ganz so problemlos möglich macht wie die flexiblere der meist jungen amerikanischen Colleges und Universitäten.

Allgemeinbildung ist hervorragend geeignet, die geistige »Lebensqualität« zu heben und für eine Persönlichkeit unentbehrlich, aber *sie reicht nicht mehr aus, jemanden in einer Wirtschaft finanziell abzusichern, die auf hochkomplizierte Technologie spezialisiert ist.*

Deshalb ist die konsequente Anwendung BEWÄHRTER ERFOLGSMETHODEN der einzige Weg, auf dem Sie mit Erfolg in der sich immer rascher wandelnden Berufs- und Arbeitswelt von heute mithalten können.

Wenn Sie reich werden wollen, müssen Sie dort arbeiten, wo frei verfügbares Geld umgesetzt wird. Am meisten frei verfügbares Geld (flüssiges Kapital) findet sich immer dort, wo die meisten Menschen am meisten verdienen, besser gesagt, wo die meisten Menschen in Zukunft am meisten verdienen werden.

Bei der Abwägung von TRENDS darf man nie vergessen, daß das Morgen die Gegenwart hinter sich zurücklassen wird. Die Zukunft aber ist unser Zielgebiet. Längerfristige Voraussagen sind immer sehr unsicher, wohingegen man bei kurzfristigen Zukunftsanalysen meist nicht genügend Zeit hat, um Trendentwicklungen auszunutzen. Am besten verläßt man sich auf mittelfristige Prognosen. Visieren wir etwa das Jahr 2000 an. *Es sind drastische Veränderungen, die sich aus den heute bereits erkennbaren Arbeitsmarktentwicklungen ergeben werden.*

So sehen die PROGNOSEN amerikanischer Experten hinsichtlich der Beschäftigungslage im Jahr 2000 aus:

- Nur drei Prozent der Bevölkerung werden noch in der Landwirtschaft tätig sein. Der bäuerliche Klein- und Mittelbetrieb hat kaum noch Zukunftsaussichten; landwirtschaftliche Genossenschaften werden gewaltige »Erntefabriken« betreiben, die total mechanisiert und durch computergesteuerte Saat- und Ernteplanung sowie weltweite Vermarktung gekennzeichnet sein werden.
- Nur sechzehn Prozent aller Arbeitskräfte werden noch in der Güterproduktion arbeiten, vor allem bei Spezialanfertigungen, die manuell weiterverarbeitet werden müssen. Die restliche Produktion werden computergesteuerte, vollautomatisierte Maschinen bewältigen – ein Prozeß, der sich heute schon in manchen Produktionszweigen abzuzeichnen beginnt.
- Die restlichen einundachtzig Prozent der in den USA arbeitenden Bevölkerung aber werden in Berufen mit hochqualifizierter Ausbildung oder auf dem Dienstleistungssektor arbeiten; sie werden ganz wesentlich im Umgang mit Menschen eingesetzt sein.

Prägen Sie sich das ein: Einundachtzig Prozent der berufstätigen amerikanischen und ein wahrscheinlich nicht wesentlich geringerer Teil der europäischen Bevölkerung werden im Jahre 2000 im Umgang mit Menschen tätig sein. In diesem Bereich wird daher auch die größte Menge frei verfügbaren Kapitals zu finden sein.

Hier muß also auch der Schwerpunkt dieses Buches liegen: im Umgang mit Menschen. Wir beginnen unsere Überlegungen *mit dem für Sie wichtigsten Menschen: mit Ihnen selbst!*

# Kapitel 8

# Die wirksamste aller bewährten Erfolgsmethoden

In den vierzig Jahren, in denen ich mich mit der Erforschung bewährter Erfolgsmethoden befaßte, fand ich mehr als tausend solcher Methoden, die man erfolgreich einsetzen kann. Bei dem Versuch, alle diese verschiedenen Verfahren zu ordnen, vor allem aber zu bewerten, kam ich zu der Überzeugung, daß es *nur eine einzige Erfolgsmethode gibt, die Sie unter allen Umständen einsetzen müssen!*

Diese grundlegende Erfolgsmethode aber wird Ihnen stets genügend Kraft und Motivation verleihen, auch alle anderen bewährten Erfolgsmethoden anzuwenden, die Ihnen zielführend erscheinen.

Folgendes Kriterium, nach dem Sie auf Anhieb beurteilen können, ob Sie im Berufs- und Privatleben Erfolg haben werden oder nicht, wurde erstmals von dem großen englischen Naturwissenschaftler THOMAS HUXLEY formuliert: »Die wertvollste Eigenschaft, die ein Mensch sich aneignen kann, ist die Fähigkeit, *die Dinge zu tun, die er tun muß, wenn sie getan werden müssen, ob es ihm gefällt oder nicht.«*

Genau das ist die grundlegendste Erfolgsmethode. Schon allein dadurch, daß Sie immer tun, was Sie tun müssen, werden Sie von vornhinein einen Großteil aller möglichen Probleme vermeiden. Wenn Sie von heute an immer genau das tun, was getan werden muß, ist Ihr Erfolg bereits so gut wie gesichert. Wenn Sie darüber hinaus alles dann tun, wenn es getan werden muß, werden Sie noch mehr Erfolg haben. Das schließt aus, daß Sie die Dinge erledigen, wenn Sie »gerade dazukommen« oder »wenn es Ihnen paßt«; Sie erledigen sie, wenn sie getan werden müssen – ob Sie nun gerade Lust dazu haben oder nicht!

Vieles was Sie tun müssen, werden Sie vermutlich ohnehin gerne erledigen. Aber machen Sie sich darauf gefaßt, daß auch manches Unangenehme oder gar Widerliche getan werden muß. Und dabei ist das einzig entscheidende Kriterium: *Sie tun alles, was getan werden muß, ob Sie gerade Lust dazu haben oder nicht.*

Soweit die Regel. Diese Regel ist unumgänglich. Diese Regel darf nicht ignoriert werden. *Sie ist nicht nur bei Bedarf oder nach Wunsch gültig. Sie ist bindend!*

Wenn Sie diese Regel zum obersten Gesetz Ihres Lebens erheben und ab sofort danach leben, wird sich Ihr weiteres Leben als ein einziges Erfolgserlebnis gestalten. Sie müssen sie als feste Gewohnheit, als völlig natürliche Verhaltensweise übernehmen, die Ihnen langsam, aber sicher zur zweiten Natur wird; dann werden Sie bald alles tun, was getan werden muß.

Sie werden nicht mehr mit sich selbst darüber debattieren, ob Sie etwas wirklich tun wollen. Statt dessen werden Sie sich ohne zu zögern an die Arbeit machen. Sie werden keine Zeit mehr mit langwierigen Entschließungsprozessen vergeuden, sondern handeln – genau zum richtigen Zeitpunkt! Sie werden bald merken, wieviel Zeit Sie damit sparen! Es gibt so auch keine Unentschlossenheit mehr in der Frage, wann der »beste« Moment sein könnte, etwas zu tun. Der einzig absolut richtige Moment ist dann, wenn es getan werden muß. Und es ist damit auch vollkommen irrelevant, ob Sie nun gerade Lust dazu haben oder nicht. Sie tun einfach das Nötige.

*Mit der Einhaltung dieser Regel aber haben Sie sich bereits eine neue, einfache und ungeheuer befriedigende Lebensweise zugelegt.* Denn es ist die wirksamste aller bewährten Erfolgsmethoden!

Kapitel 9

# Erfolgsmaßstab Nützlichkeit

Der einzige Weg, mehr Geld zu verdienen, ist, es zu verdienen. Das klingt verwirrend, bedeutet aber ganz einfach: Wer mehr Geld haben will, muß mehr wert sein. Der große Reformer der Pädagogik HORACE MANN schrieb einmal: »Das große Ziel im menschlichen Leben muß darin bestehen, nützlich zu sein.«

Nützlichkeit ist meines Erachtens sogar noch mehr. Sie ist der Erfolgsmaßstab in Ihrem Leben. *Je nützlicher Sie sind, desto erfolgreicher werden Sie sein.* Wenn Sie aber niemandem wirklichen Nutzen bringen, vergeuden Sie Ihr Leben. Wenn Sie nur in kleinen Dingen nützlich sind, können Sie bestenfalls kleine Erfolge erwarten. Wer nicht zu mehr dient, verdient auch nicht mehr – und bekommt auch nicht mehr. Jeder Mensch bestimmt sein Einkommen selbst durch den Grad seiner Nützlichkeit, den er zu bieten hat. Machen Sie sich also nützlich. Die geeigneten Methoden finden Sie in diesem Buch; es liegt nur an Ihnen, sie anzuwenden.

Wer sich auf vielen Gebieten nützlich erweist, wird auch auf vielen Gebieten erfolgreich sein. Und wer sich vielen Menschen in vielen wichtigen Belangen nützlich erweisen kann, *verdient großen Erfolg – und hat ihn auch.* So einfach ist das!

Erfolghaben ist nicht so schwer oder kompliziert, wie Sie vielleicht meinen. Erfolg ist sehr wesentlich eine Frage der Nützlichkeit. Je nützlicher und hilfreicher ein Mensch für andere ist, desto unentbehrlicher wird er sich machen und um so weiter wird er es bringen.

Gerade in unserer schnellebigen Zeit der Automatisierung und der Umstellung auf Computer wird es immer unerläßlicher, sich unentbehrlich zu machen. *Sie werden Leistungen erbringen müssen, die durch Computer oder Maschinen nicht ersetzt werden können.* Derartige unersetzbare Leistungen beruhen auf HÖCHST PERSÖNLICHEN VORZÜGEN, die wie folgt zusammengefaßt werden können:

1. *Führungsqualitäten:* Kein Computer, keine Automatik wird je die Tätigkeiten von Führungskräften der Wirtschaft, von Unternehmern und leitenden Angestellten, ersetzen können; selbst die kleinste Unternehmenseinheit braucht ihren denkenden Kopf, die kleinste Betriebsabteilung ihren Leiter. Wie immer vollautomatisiert in einem Unternehmen Verwaltung und Fertigung sein mögen, die Unternehmenspolitik, die Organisation, die Programme legen Menschen fest. Computer führen nur aus, was Menschen programmiert und ihnen eingegeben haben. Und was immer Computer an Ergebnissen erbringen, es bedarf denkender Köpfe, um diese zu verwerten.
2. *Verbesserungsideen:* Nie je wird ein Computer Ideen entwickeln. Es kann sehr gut sein, daß gerade in dieser Tatsache die künftige Sicherheit Ihrer beruflichen Stellung begründet liegt. Nichts bringt Sie so sehr vorwärts wie Verbesserungsideen, ganz gleich, ob Sie einen Führungsposten anstreben oder schon innehaben. Solange Sie nützliche und ergiebige Einfälle haben, wie man etwas verbessern kann, stellen alle Computer der Welt für Sie keine Gefahr dar. Sie haben ihnen die Kreativität voraus. Computer haben keine neuen Ideen, Sie können unerschöpflich neue Ideen entwickeln. (Wie man das am besten angeht, werden Sie in den folgenden Kapiteln erfahren.)

   Der Aufbau und die Führung eines jeden Unternehmens – vom Konzernunternehmen bis zum Einmannbetrieb (zum Beispiel eines Werbeagenten, Börsenmaklers, Anwaltes, Arztes oder Möbeltischlers) – jeden beliebigen Wirtschaftsbereiches hängt von der Schöpfung und Verwirklichung immer wieder neuer Verbesserungsideen ab. Computer können allenfalls zur Berechnung der Durchführbarkeit eines Verbesserungsvorschlages eingesetzt werden. Aber nur Menschen wie Sie und ich können einen Verbesserungsvorschlag, eine neue Idee, einen schöpferischen Einfall haben.

3. *Qualitäten im Umgang mit Menschen:* In Kapitel 7 konnten Sie lesen, daß in der nahen Zukunft bei einundachtzig Prozent aller Arbeitsplätze der Umgang mit Menschen eine große Rolle spielen wird. Ob Sie nun als Verkäufer oder Lehrer, als Friseur oder Anwalt tätig sind oder andere Dienstleistungen erbringen, die den persönlichen Kontakt zu anderen Menschen mit sich bringen, in jedem Fall ist die richtige Menschenbehandlung von größter Wichtigkeit. Eine »geschickte Hand«, wie man so sagt, genügt nur selten. Es gibt bewährte Erfolgsmethoden, deren Anwendung Ihnen Erfolg im Umgang mit Menschen sichert. Auch in dieser Hinsicht werden Computer – die man natürlich in großem Umfang einsetzen kann, um die zwischenmenschlichen Kontakte in den Dienstleistungsberufen zu unterstützen und zu erleichtern – niemals den persönlichen Kontakt von Mensch zu Mensch ersetzen können.

Im weiteren Verlaufe dieses Schlüsselbuches werden Sie zahlreiche bewährte Erfolgsmethoden für den zielführenden Umgang mit Menschen kennenlernen, so daß Sie auf diesem größten Erfolgstummelplatz der Zukunft jederzeit werden erfolgreich mithalten können.

# Kapitel 10

# Was man alles verbessern kann

IDEEN beherrschen die Welt! Diese Tatsache hat eine ganz persönliche Auswirkung auf Ihr Leben: Ideen – nämlich Ihre eigenen – werden darüber entscheiden, ob Sie vorankommen, ob Sie Ihr Einkommen steigern werden, wie erfolgsträchtig Ihre selbständige Berufstätigkeit, wie sicher Ihr Arbeitsplatz in einer Zukunft der Computer und Vollautomatisierung sein wird.

Die großen Konzerne und multinationalen Unternehmen investieren Milliarden in die Suche nach Ideen für Produktverbesserung, Methodenoptimierung und die Entwicklung von Neuerungen, die die Umsätze und die Produktionsraten steigern und die Effizienz und Rentabilität der Betriebe verbessern sollen. Neunzig Prozent allen Geldes, das in den USA für Forschungszwecke ausgegeben wird, bringt die Wirtschaft auf. Nur die Wirtschaft hat auch die Unsummen Geldes, die für Forschungsprojekte benötigt werden. *Aber Geld allein bringt noch keine Ideen. Nur Menschen können Ideen produzieren.*

Und erstaunlicherweise stammen etwa siebzig Prozent aller Verbesserungsvorschläge von Einzelpersonen (Menschen wie Sie und ich) und nicht von den dafür eigentlich zuständigen professionellen Forschungsteams mit ihren Millionen verschlingenden Laboratorien. Das ist auch der Grund, warum die Wirtschaft ständig um Verbesserungsvorschläge seitens ihrer eigenen Angestellten und Arbeiter, der Mitarbeiter auf allen Ebenen, aber auch seitens Betriebsfremder bemüht ist.

Zehntausende von Menschen (ganz »gewöhnliche Leute«, nicht etwa nur »Erfinder« oder »Forscher«) werden jährlich befördert, erhalten Prämien, ja manche werden reich, weil sie

Verbesserungsvorschläge gemacht haben. Alles kann weiter verbessert werden – und jeder kann sich Methoden ausdenken, um etwas zu verbessern.

Es bedarf keiner Genialität, Verbesserungsmöglichkeiten zu entdecken und auszuarbeiten. *Es bedarf allein des gezielten Einsatzes Ihrer schöpferischen Phantasie.* Es gibt einen sicheren Weg, auf dem Sie Ihre Kreativität geplant entfalten können. Es ist ein PROGRAMM DER »IDEENPRODUKTION«. Sie können mit seiner Hilfe lernen, Ideen am laufenden Band zu produzieren. Das ganze Programm besteht lediglich aus einer Liste von einundsechzig »magischen« Fragen (die allerdings nichts »Magisches« an sich haben, sondern so benannt sind, weil man durch ihren Einsatz wie durch Magie Resultate erzielt). Diese Fragen stellen eine Checkliste verschiedener Möglichkeiten und Alternativen dar, die sich auf alles anwenden lassen, das Sie verbessern möchten. *Jede dieser Fragen wird das Ideenfeuerwerk Ihrer Kreativität entzünden – probieren Sie es aus!*

Kapitel 11

# Wie man neue Ideen entwickelt

Im nächsten Kapitel finden Sie die bereits erwähnten einundsechzig Anregungen für Verbesserungsideen, eine Liste von Fragen, die Sie sich vorlegen müssen, wenn Sie etwas besser machen bzw. etwas verbessern wollen. Eine einzige neue Idee hat schon viele reich gemacht. Sie können Dutzende neuer Vorschläge produzieren!

Gleichgültig in welcher beruflichen Position Sie sind; Sie können über die Höhe Ihres Einkommens entscheiden, indem Sie immer wieder nützliche und ergiebige Verbesserungsvorschläge machen. *Sie selbst sind zweifellos das wertvollste »Produkt«, das Sie zu bieten haben.* Jemand, der immer neue, gute Ideen zur Weiterentwicklung hat, ist unersetzlich. Er wird nie in Gefahr geraten, infolge Automatisierung oder Computereinführung um seine Stellung gebracht zu werden. Denn sollte es je an Ideen fehlen, dann braucht kein Mensch noch Computer!

Nutzen Sie daher Ihre Zeit optimal, indem Sie neue Ideen produzieren und diese verwerten, und zwar in der Weise, die für Sie persönlich den größten Nutzen und den größten Vorteil einbringt.

Es gibt dafür eine ganz einfache Vorgehensweise: Prüfen Sie das, was Sie verbessern möchten, in jeder Hinsicht auf alle Alternativen und zusätzlichen Möglichkeiten hin. Die einundsechzig »magischen« Fragen werden Ihnen die Suche nach alternativen Lösungen leicht machen. Es sind dieselben Fragen, die ich mir selbst zur Prüfung und Kontrolle meiner Tätigkeit als Erfolgsberater von Millionen Amerikanern immer wieder stellte – einer Tätigkeit, die einfach einen unaufhörlichen Strom nützlicher und ergiebiger Einfälle erfordert, wenn sie anderen Menschen helfen soll.

Halten Sie sich beim Arbeiten mit den einundsechzig magischen Fragen an die folgende VORGEHENSWEISE:

1. Stellen Sie sich bei allem, was Sie verbessern möchten, *sämtliche Fragen.*
2. Natürlich werden die meisten Fragen Ihr spezielles Problem nicht betreffen. Aber *andere werden es genau erfassen* und Ihnen zündende Verbesserungsideen eingeben. Vergessen Sie nie, daß es manchmal nur einer einzigen guten Idee bedarf, um das große Glück zu machen!
3. *Schreiben Sie alle Verbesserungsideen auf, die Ihnen einfallen.* In dem Moment, wo Sie einen Einfall haben, müssen Sie ihn auch schon notieren. Überlegen Sie nicht erst lange hin oder her, ob der Gedanke auch etwas taugt. Dazu ist später Zeit. Ideen muß man fließen lassen. Seien Sie an diesem Punkt völlig unkritisch. Kritik hemmt den Gedankenfluß. Später können Sie dann Ihre Einfälle kritisch betrachten, verändern, perfektionieren – oder sogar verwerfen. Zunächst schreiben Sie sie einmal auf, wie sie kommen.
4. Beim Durchgehen der Fragenliste *müssen Sie jede Möglichkeit in Betracht ziehen,* die etwas mit Ihrem Problem zu tun hat. Überlegen Sie genau, welche Alternativen in Frage kommen. Sobald eine Idee zündet – sofort aufschreiben!
5. Während Sie die Liste durchgehen, *sollen Sie Ihrem Denken freien Lauf lassen.* Befreien Sie Ihre Kreativität von den Fesseln logischen Denkens, auch wenn dabei nur Kapriolen herauszukommen scheinen. Stellen Sie sich auch das Unvorstellbare vor! Denken Sie das Unmögliche! Erwägen Sie sogar auf den ersten Blick Sinnloses! Es geht hier nur darum, Einfälle zu produzieren, gute, mittelmäßige, ja: auch schlechte. Die Qualität Ihrer Ideen beurteilen Sie später.
6. Wenn Sie sich sicher fühlen, alle Ideen ausgewertet zu haben, die Ihnen die Fragenliste zu dem betreffenden Thema eingibt, wenn Sie alle Einfälle noch im Augenblick ihres Auftauchens niedergeschrieben haben, dann setzen Sie sich, um *nun Ihre Gedankenblitze zu überdenken und zu bewerten.* Akzeptieren Sie dies, verwerfen Sie jenes, verändern Sie den Gedanken-

gang, revidieren Sie ihn, verbessern Sie ihn – und falls Sie sicher sind, daß er vollkommen nutzlos ist, vergessen Sie ihn!

7. Es ist jedoch eher unwahrscheinlich, daß auch nur einer der Gedanken, die durch die Checkliste angeregt werden, völlig unbrauchbar ist. Schließlich entsteigen sie alle Ihrem Unterbewußtsein, durch das Sie persönlichen Zugang zum universellen Geist höherer Dimension und seiner unendlichen Weisheit haben. Erscheint Ihnen ein Gedanke völlig unbrauchbar, dann *liegt der Fehler meist in der Interpretation der Idee und nicht in ihr selbst.* Sie haben dann vermutlich die eigentliche Idee mißverstanden. Vielleicht hat sie eine tiefere Bedeutung, als Sie im Augenblick oder überhaupt je begreifen können. Aber wenn Sie einen Gedanken nicht so verwenden können, wie Sie ihn im Augenblick der Prüfung sehen, und wenn Sie keinen Weg finden, ihn zu verändern oder zu verbessern, so daß er für Sie brauchbar wird, dann lassen Sie ihn fallen. Arbeiten Sie nur mit den Ideen weiter, die Sie momentan als nützlich und ergiebig empfinden.

Im nächsten Kapitel finden Sie nun die Fragenliste. Anschließend werden Sie erfahren, wie Sie Ihre Verbesserungsideen verwerten, wie Sie sie vorschlagen und präsentieren können, damit Sie als deren Urheber zum Zuge und zu den dadurch verdienten Vorteilen kommen.

# Kapitel 12

# Zündende Ideen mit Hilfe der einundsechzig magischen Fragen

Stellen Sie sich jede einzelne der folgenden einundsechzig Fragen zu dem, was Sie gerade verbessern möchten. Wie schon gesagt sind natürlich nicht alle Fragen auf jede Problemstellung anwendbar. Doch *durchdenken Sie gleichwohl jede Frage sorgfältig.* Einige Fragen, vielleicht sogar viele, werden nämlich wunderbar »passen«. Aber auch wenn Sie nur eine einzige Frage auf der ganzen Liste finden sollten, die auf Ihre ganz spezielle Aufgabenstellung hinzielt, könnte Ihnen diese eine Frage vielleicht die Verbesserungsidee eingeben, die Ihnen den ganz großen Erfolg bringt.

*Die Reihenfolge der einundsechzig Fragen ist unwichtig.* Vielleicht bringt die Antwort auf gerade die allerletzte Frage die Erleuchtung, nach der Sie gesucht haben. Machen Sie sich also wirklich die Mühe, jede einzelne Frage ohne Ausnahme durchzugehen. Sogar dann, wenn eine Frage Ihr momentanes Problem nicht betrifft, löst sie vielleicht weiterführende Assoziationen aus oder bringt Sie auf neue Fragen, die ihrerseits wieder zu neuen Antworten führen. Denken Sie also unter allen Umständen jede Möglichkeit sorgfältig durch und stellen Sie sich alle Alternativen vor, die Ihnen dazu einfallen.

Im Folgenden nun die CHECKLISTE DER EINUNDSECHZIG FRAGEN:

1. Was wollen Sie verbessern? Welche Sachlage, welchen Gegenstand, welches Produkt, welche Organisationsform, welchen Plan, welche Methode – was ist es genau, das Sie verbessern wollen?
2. Wie lautet die Problemstellung, die Zielsetzung?

3. Wie ist der augenblickliche Zustand?
4. Wer oder was ist für den jetzigen Zustand verantwortlich, wer ist dafür zuständig, wer oder was hat ihn verursacht? Warum? Wann? Wo? Wie?
5. Was soll – kann, darf oder muß – dafür oder dagegen getan werden?
6. Wer soll etwas tun? Sie allein? Oder müssen Sie andere dazubringen, mit Ihnen zu arbeiten, Ihnen zu helfen?
7. Warum ist eine Verbesserung nötig? Wann?
8. Wie kann Ihrer Meinung nach an der Sachlage, dem Gegenstand, dem Produkt, der Organisationsform, dem Plan, der Methode, kurz dem, womit Sie sich befassen, etwas verbessert werden? Notieren Sie sofort, was Ihnen dazu einfällt, bevor Sie die weiteren Fragen in Angriff nehmen.
9. Kann das, was Sie verbessern wollen, dadurch gewinnen oder besser werden, daß es *größer* gemacht wird? Vergrößerung hat oft schon viel bewirkt. Denken Sie nur an die »Haushaltspackungen« bei Putzmitteln und Lebensmitteln, aber auch an Gebäude, Maschinen, Schiffe (Tanker!) und vieles andere. Denken Sie in großräumigen Dimensionen!
10. Kann das, was Sie verbessern möchten, besser oder erstrebenswerter werden, wenn es *kleiner* wird? Je kleiner manche Dinge heute sind, desto mehr Chancen haben sie in unserer immer enger werdenden Welt. Der Trend zur Verkleinerung ist unübersehbar! Denken Sie beispielsweise an Kameras, elektronische Geräte; denken Sie daran, daß die moderne Technologie zu einem großen Teil erst durch raumsparende Grundelemente möglich geworden ist. Denken Sie raumsparend!
11. Können Sie etwas verbessern, indem Sie eine *größere Anzahl* einsetzen? Wahlen gewinnt man durch mehr Wählerstimmen. Durch hinaufschnellende Umsätze haben zum Beispiel die Getränke- und die Lebensmittelindustrie Vermögen gemacht: Zweier-, Vierer- und Sechserpackungen haben die Umsätze wesentlich gesteigert. Organisationen expandieren und vergrößern sich aufgrund steigender Mitgliederzahlen. Die militärische Überlegenheit hängt oft genug von der Erhöhung des Truppenbestandes, von einem Mehr an Waf-

fen (Raketensprengköpfe!) usw. ab. Jegliche Werbung zielt darauf ab, die Zahl der Leser, Zuschauer und Hörer zu vervielfachen, die das beworbene Produkt kaufen sollen. Eine zahlenmäßige Vergrößerung ist auf vielen Gebieten ein sicherer Weg zur Verbesserung.

12. Würde es etwas verbessern, wenn Sie die *Anzahl verringern?* Verringerte Stückzahlen sind manchmal gleichbedeutend mit Qualitätsverbesserung, sparsamerer Verarbeitung, erhöhter Effizienz, reduzierten Kosten. Sie sollten also ganz planmäßig daran denken, ob sich die Anzahl von etwas (von Einzelbestandteilen, Ersatzteilen, Lagerbeständen, Einzelbewegungen, Einzelauslieferungen, Vorgehensweisen, Produktionsschritten, Fertigungsabläufen usw.) nicht vorteilhaft verringern ließe.
13. Können Sie etwas dadurch verbessern, daß Sie es mit einer anderen Sache *kombinieren?* Die Verbesserungsmöglichkeiten mit Hilfe von Kombinationen sind geradezu unbegrenzt. Die Waschmaschine mit angeschlossenem Wäschetrockner, der Kühlschrank mit eingebautem Tiefkühlfach, die Postkarte mit aufgedruckter Marke sind nur ganz banale Beispiele, es gibt noch tausend weitere.
14. Was können Sie *hinzufügen,* das den Wert des einzelnen Produktes erhöht? In der Praxis wird gern mit Produkt-Accessoires operiert: eine Zahnbürste zu einer Mehrfachpackung Zahnpasta, der Dosenöffner zur Sardinendose, das Etui zur Brille usw.
15. Was können Sie *weglassen,* um größere Wirksamkeit zu erreichen, die Kosten zu senken, etwas zu vereinfachen (einen Arbeitsablauf, eine sprachliche Formulierung, eine Anzeige usw.).
16. Können Sie etwas vervollkommnen, indem Sie das *Tempo steigern?* Größere Geschwindigkeit steigert die Produktivität und senkt meist die Kosten. Können Sie einen Arbeitsablauf beschleunigen?
17. Können Sie die Qualität, die Sicherheit steigern und die Fehlerquote, die Materialbeanspruchung oder den beruflichen Streß für die Angestellten verringern, indem Sie das *Tempo reduzieren?*

18. Können Sie die Prüfungsvorgänge optimieren? Wie? Die Prüftechnologie bietet ungeahnte Möglichkeiten.
19. Können Sie etwas verbessern, indem Sie es *weicher* machen? Viele Materialien sind erst dadurch Verkaufserfolge geworden, daß man sie weicher machte (zum Beispiel Kunst- und Kleiderstoffe).
20. Können Sie etwas im übertragenen Sinn weicher machen, um es zu verbessern? Man kann Ansprüche und Formulierungen, die zu hart ausgefallen sind, »weicher« machen, Einstellungen gegenüber anderen Menschen (Personalpolitik) oder auch gegenüber sich selbst.
21. Können Sie etwas durch *größere Härte* verbessern? Härtere Metallegierungen zum Beispiel führten zu umwälzenden Neuerungen.
22. Können Sie etwas im übertragenen Sinn härter machen? Man kann beispielsweise seine Einstellung sich selbst gegenüber, sportliches Training oder die Linienführung bei einer Zeichnung härter machen.
23. Können Sie das zu Verbessernde leichter erhältlich, leichter zugänglich, leichter anwendbar machen? Etwas *leichter zugänglich* zu machen ist ein sicherer Weg, es in seinem Wert zu erhöhen.
24. Wie können Sie etwas *vereinfachen?* Es weniger kompliziert anlegen? Steigt dadurch die Nachfrage, wird es wesentlich billiger?
25. Welche speziellen Änderungen sollten durchgeführt werden, um zu ändern, was jetzt Anlaß zur Klage gibt? Eine solche Änderung bewirkt oft schon erstaunliche Verbesserungen.
26. Können Sie *die Farbe* ändern oder verbessern? Farbe dient nicht nur der Verschönerung, sie hat auch einen psychologischen Effekt. Die Farbpsychologie ist ein weites Gebiet mit unbegrenzten Anwendungsmöglichkeiten. Verkauft sich ein Produkt besser, wenn es in einer Verpackung mit blauem Grund angeboten wird? Arbeitet man mit mehr Freude in einem Zimmer mit gelben Tapeten?
27. Können Sie *das Material* verändern und verbessern? Es gibt so ungeheuer viele verschiedene Materialien mit so bemerkenswert variierenden Eigenschaften, daß es nahezu unbe-

grenzte Möglichkeiten für die Verbesserung von fast allem gibt, das hergestellt wird. Suchen Sie nach neuen Grundstoffen und neuen Kombinationen bekannter oder gerade erst entwickelter Materialien.

28. Welche Änderung im *Produktionsvorgang* könnte die Qualität, den Warenausstoß verbessern? Könnten dadurch Kosten gesenkt, Abfallprodukte und Arbeitsstunden verringert werden?
29. Welche Änderungen sind im *Personalbereich* nötig? Braucht man mehr – oder weniger – Leute? Braucht man besondere Fachkräfte? Gibt es Ausbildungs- oder Trainingsprogramme, Kurse, Lehrgänge, die nützlich sein könnten? Sind die Betreffenden genügend motiviert?
30. Welche Verbesserungen sind schon bei der *Planung* möglich? Sie werden feststellen, daß sich, wenn man sie überprüft, fast jede Planung in mindestens zehn Punkten verbessern läßt.
31. Welche Veränderungen in der *Zeiteinteilung* könnten eine größere Wirksamkeit oder einen effektiveren Einsatz der menschlichen Arbeitskraft oder ein besseres Betriebsklima ergeben? Könnten zeitliche Umstellungen die Ausnützung der Maschinen oder der Räumlichkeiten optimieren und laufende Kosten senken helfen? Es gibt so teure Einrichtungen, daß sie nur in der Verwendung rund um die Uhr rentabel sind.
32. Wie können Sie die *Zeitdauer* der einzelnen Arbeitsprozesse optimieren, die Arbeitsaufteilung verbessern und den Arbeitsablauf reibungsloser gestalten?
33. Wie können Sie die *Arbeitsergebnisse* verbessern, die Resultate vervielfachen? Zusätzliche Ergebnisse sind gut, aber vervielfachte sind besser.
34. Wie können Sie bereits bestehende *attraktive Eigenarten* von irgend etwas ausbauen, um die Attraktivität noch zu erhöhen?
35. Kann das, was Sie verbessern möchten, dadurch gewinnen, daß Sie *die Form*, die Gestalt verändern? Tausende von Produkten wurden schon allein dadurch wirksam verbessert, leichter anwendbar, deutlicher erkennbar, besser verkäuflich. Betrachten Sie diese Frage auch im übertragenen Sinne:

Können Sie durch die Änderung der Form Ihres Auftretens, Ihres Verhaltens mehr erreichen?

36. Welche *charakteristischen Merkmale* sollten beibehalten werden, wenn Sie etwas ändern? Manchmal geht man in der ersten Begeisterung mit den Veränderungen zu weit und opfert dabei Besonderheiten, die man hätte beibehalten sollen. Es ist unter Umständen abträglich, wenn etwas ganz plötzlich zu neu und zu anders ist. Ist es für eine Dame günstig, gleichzeitig die Haarfarbe, die Frisur und das gesamte Make-up zu verändern? Werden die Kunden die neue Firma, das unter neuem Namen lancierte Produkt noch identifizieren können?
37. Was können Sie *weglassen,* um vorteilhaftere Resultate zu erzielen? Sie werden überrascht sein, wieviel unnötiges Beiwerk und überflüssige Arbeit man einsparen kann, wenn man sich einmal daran macht, routinemäßig Übernommenes zu entrümpeln und scheinbar Notwendiges in Frage zu stellen.
38. Sollten Sie eine strikte *Grenze* ziehen? Manchmal stellen Grenzen eine nützliche und sogar notwendige Kontrolle dar, um bestimmte Situationen in den Griff zu bekommen (beispielsweise Budget- und Kostengrenzen, Plafonds für Zeit- und Arbeitsaufwand, Toleranzgrenzen usw.).
39. Wie können Sie das, was Sie zu verbessern wünschen, *modifizieren,* also nur leicht verändern, ohne drastische Eingriffe vorzunehmen, die bisweilen weder empfehlenswert noch wünschenswert sind? Gelegentlich ergeben schon kleine Korrekturen sensationelle Resultate.
40. Wie können Sie Gefahren beseitigen und für *größere Sicherheit* sorgen? Damit sprechen Sie eines der tiefsten menschlichen Bedürfnisse an, den Wunsch nach Sicherheit.
41. Wie kann das, was Sie verbessern wollen, mit etwas in Verbindung gebracht werden, das bereits einen guten Ruf am Markt hat? Kombinierte Angebote oder Zusammenschlüsse von Unternehmen zu einem gemeinsamen Zweck dienen oft dem beiderseitigen Vorteil und bringen manchmal spektakuläre Ergebnisse.
42. Wie können Sie die *Erscheinungsform* verbessern? Menschen, Organisationen, Produkte, alle möglichen Dinge wer-

den nach der äußeren Erscheinung eingeschätzt. Sie beeinflußt (leider) oft die Beurteilung, aber es hat keinen Sinn, diese Tatsache zu ignorieren.

43. Wie können Sie die *Aktivität* steigern? Das alte Sprichwort, daß »Taten mehr sagen als Worte«, gilt nach wie vor. Fast jede Aktivität läßt sich steigern.
44. Können Sie die *Garantie* im Hinblick auf Schäden oder Verluste verbessern und die Haftung im Falle eines Schadens so weit wie möglich verringern? Das ist aktiv und passiv zu verstehen; es betrifft Sie als Konsument, wenn Sie eine Garantie verlangen, und als Produzent, wenn Sie eine Garantie geben sollen. Können Sie im zweiten Falle für die Wirksamkeit der von Ihnen angebotenen Garantie Beweise anführen?
45. Kann das, was Sie zu verbessern wünschen, durch erhöhten *Reinheitsgrad*, durch größere Sauberkeit oder durch verminderte Umweltverschmutzung gewinnen?
46. Könnten eine oder mehrere der folgenden *Veränderungen* von Nutzen sein?
    - ○ Hinaufsetzen, steigern;
    - ○ senken;
    - ○ härten;
    - ○ biegsamer machen, Flexibilität erhöhen;
    - ○ verstärken;
    - ○ versteifen;
    - ○ verfeinern;
    - ○ umdrehen, das Innere nach außen kehren;
    - ○ in Umlauf setzen, drehen oder rotieren lassen;
    - ○ verkehrt einsetzen;
    - ○ wiederverwenden (Recycling);
    - ○ kondensieren, verdichten, kürzen, verflüssigen;
    - ○ expandieren, erweitern, ausdehnen, vergrößern;
    - ○ hinzufügen, aufsetzen, dazugeben;
    - ○ schwingen lassen, pendeln, schwanken, oszillieren lassen;
    - ○ vibrieren lassen;
    - ○ herumwirbeln, schleudern, kreisen lassen;
    - ○ schwenken;
    - ○ isolieren, absondern, vereinzeln;

- O enger machen, anziehen, schrumpfen lassen;
- O lockern;
- O leiser machen, stiller, unauffälliger machen, beruhigen;
- O eleganter machen, mit Stromlinienform versehen, von Überflüssigem befreien, klären, glätten, Gleitfähigkeit verbessern;
- O automatisieren; selbsttätig machen;
- O selbstregulierend machen, eigenständig machen, unabhängig machen; Selbstkontrolle steigern, Eigenverantwortlichkeit steigern;
- O auf Computer umstellen; mechanisieren, mit Computer ergänzen, durch Computer bearbeiten, über Computer laufen lassen.

47. Würde das, was Sie verbessern wollen, gewinnen, wenn es leichter, schwerer wäre?
48. Können Sie es *praktischer,* bequemer, handlicher, nützlicher gestalten?
49. Können Sie für *mehr Freude,* Vergnügen, Spaß, Genuß sorgen? Können Sie die Bequemlichkeit, den Komfort, das Wohlbefinden, die Entspannung vergrößern?
50. Sehen Sie irgendwelche Möglichkeiten im *Zusammenschluß*, in einer Fusionierung, Serienherstellung, Reihenbildung, Kettenbildung?
51. Können Sie *Service,* Wartung und Reparaturdienst verbessern? Leichter, schneller, billiger machen?
52. Können Sie etwas *moderner,* eleganter, aufwendiger, aktueller gestalten? Moden, Designs und Verkaufsschlager wechseln ungeheuer rasch. Sind Sie um einen Schritt voraus?
53. Können Sie etwas eindrucksvoller, ausdrucksvoller, *wirkungsvoller* gestalten?
54. Sehen Sie Möglichkeiten in *besseren Konditionen* oder einer leichteren Finanzierbarkeit? Gibt es eine Möglichkeit, bei Abnahme größerer Mengen, bei Kauf mehrerer zusammengehöriger Artikel oder bei raschem Verkaufsabschluß einen (höheren) Rabatt zu gewähren oder einen solchen (höheren) zu bekommen?
55. Können Sie das Produkt, das Sie verbessern wollen, durch ein passendes, wirkungsvolles und einprägsames *Produktsymbol*

kennzeichnen? Assoziation gilt als wichtiger Erinnerungsfaktor.

56. Sehen Sie Verbesserungsmöglichkeiten in bezug auf folgende Merkmale:
    - ○ Namen;
    - ○ Aufschrift, Beschilderung, Beschriftung, Kennzeichnung;
    - ○ Markenzeichen, Symbol, Signet;
    - ○ Verpackungskennzeichen;
    - ○ Design bei einem der vorher genannten Punkte?
57. Sehen Sie Möglichkeiten in *Empfehlungen* durch anerkannt unbestechliche Warentests oder überzeugende Referenzen (eventuell durch Garantien unterstützt)?
58. Kann das, was Sie verbessern wollen, zeitsparender ablaufen? Arbeitsparender? Kostensparender? Kann es anderen Zeit, Arbeit, Kosten sparen?
59. Versprechen Sie sich von *Gratisstücken*, Gratisproben, Probenummern, Bonuszahlungen, Werbegeschenken besondere Anreize?
60. Lohnt es sich, einen *Extrawert* hinzufügen, einen Zusatz, einen Duftstoff, ein besonderes Merkmal, einen »Geheimfaktor«?
61. Werden die von Ihnen vorgeschlagenen Verbesserungen
    - ○ den Menschen *mehr* von dem geben, was sie wollen, und bzw. oder
    - ○ *weniger* von dem geben, was sie nicht wollen?

*Die letzte Frage ist der absolute Prüfstein für jede Verbesserung, die Sie durchführen möchten. Sie entscheidet über Erfolg oder Mißerfolg!*

Vergessen Sie nie: Alles kann verbessert werden . . . alles! Vergessen Sie aber auch nicht, daß die Checkliste, die Sie eben kennengelernt haben, *auch dazu dienen kann, Neues zu verbessern,* das eben erst entstanden oder noch im Entstehen begriffen ist – gleichgültig, ob es sich nun um geistige oder materielle Produkte, um Vorgehensweisen oder Planungen handelt, um Theorien oder überhaupt wissenschaftliche Arbeiten, um Projekte der verschiedensten Art. Sie werden erstaunt sein, wie viele Hilfen Ihnen diese einundsechzig Fragen geben werden, wie

Ihnen auch bei neuen Problemstellungen eine zündende Idee nach der anderen kommt.

Natürlich werden auch dann vielleicht nur wenige Punkte auf das anwendbar sein, was Sie gerade in Arbeit haben; aber wenn nur eine einzige Frage Sie bei der Lösung eines Problems unterstützt, ob Sie nun etwas neu gestalten oder ob Sie etwas schon Bestehendes verbessern wollen, dann kann genau das der Gedanke sein, der Ihnen den entscheidenden Anstoß gibt, der die Kugel ins Rollen bringt, *der Sie auf Ihrem Weg zu Erfolg und Wohlstand voranbringt, emporträgt und zu weiteren Ideen beflügelt.*

Kapitel 13

# Es gibt Millionen Möglichkeiten!

Eine IDEE ist der Beginn einer neuen Wirklichkeit. Alles, was wir uns vorzustellen vermögen und woran wir glauben, vermögen wir auch zu verwirklichen. *So ist jede Idee, die in unser Bewußtsein tritt, von größtem Wert.*

Die Idee steht am Anfang. Sie wird sich meistens im Zuge der Konkretisierung in der Welt Ihrer Vorstellung oder während des Entwicklungs- und Ausarbeitungsvorganges verändern; aber sie ist der Beginn – der Beginn von allem!

Die Gewißheit, daß eine Idee der Anfang einer neuen Wirklichkeit ist, sollte Ihnen den Mut und den Elan verleihen, jede auftauchende Idee aufzugreifen, sie weiterzuentwickeln, ihr jede Chance zu geben, Wirklichkeit zu werden. Sie müssen *begreifen, daß Ihre Idee Wirklichkeit werden kann.* Sie können vielleicht die in Ihnen – vor allem in Ihrem Unterbewußtsein – schlummernden Möglichkeiten gar nicht erkennen; aber sie sind vorhanden. Sie sollten also niemals einen Einfall verwerfen, ehe Sie nicht alle seine Entwicklungsmöglichkeiten (am besten anhand der einundsechzig Fragen unserer Checkliste) durchgegangen sind.

In Ihrem ureigenen Interesse sollten Sie versuchen, jeden Einfall, den Sie haben, weiterzuentwickeln; auch wenn er erst noch verändert, verbessert, zehnmal umgemodelt werden muß, bevor er sich verwirklichen läßt. Jeder Versuch lohnt sich. *Ohne einen fortwährenden Strom von immer neuen Einfällen treten wir alle auf der Stelle!*

Es gibt grundsätzlich drei MÖGLICHKEITEN, lohnende Ideen zu entwickeln:

1. *Entdecken Sie etwas.*

Entdecken bedeutet immer, in beweisbarer und allenfalls verwertbarer Weise etwas bewußtzumachen, das zwar schon immer existiert, aber bislang niemand gewußt hat. Ein typisches Beispiel stellt ISAAC NEWTONS Entdeckung des Gesetzes der Schwerkraft dar. Anderen, und zwar zahllosen Pionieren ist die Entdeckung neuer Elemente, neuer Substanzen, neuer Methoden, die auf neuen Prinzipien basieren, zu verdanken.

Sich aufgrund seiner Ideen als Entdecker zu bewähren, ist unter den Möglichkeiten, wie man lohnende Ideen verwirklichen kann, sicher die schwierigste. Dazu kommt, daß die meisten Entdecker zwar berühmt, aber nur selten reich geworden sind.

2. *Erfinden Sie, kreieren Sie etwas.*

Bei einer Erfindung handelt es sich um eine Zusammenstellung von – zumeist bereits bekannten – Elementen zu etwas Neuem. Ein Beispiel dafür stellt ALEXANDER GRAHAM BELLS Erfindung des Telephons dar oder vielmehr seine Verbesserung der Erfindung von PHILIP REIS, der seinerseits ein gutes Beispiel dafür bietet, wie man mit einer Erfindung nicht umgehen sollte.

Natürlich muß eine Erfindung Ihrerseits keineswegs so revolutionierend oder auch nur entfernt so kompliziert sein wie das Telephon, das Radio, das Fernsehen, der Benzinmotor oder irgendeine jener umwälzenden Erfindungen, die einem auf Anhieb einfallen und die unsere Zivilisation entscheidend verändert haben. Blicken Sie sich nur einmal um, dann werden Sie bemerken, daß jeder Gegenstand – und jede einzelne der Methoden, mit deren Hilfe die Gegenstände hergestellt werden können – eine Erfindung darstellt! Kaum eine Erfindung aber bleibt unverändert. Die meisten werden durch neuerfundene Veränderungen mittels neuerfundener Methoden weiterentwickelt.

Jeder Mensch kann aufgrund seiner Kreativität und Phantasie Neues erfinden. THOMAS ALVA EDISON, der besser »erfinden« konnte als jeder andere, brachte es auf Tausende von Erfindungen. Er nahm sich allerdings »bloß« die Mühe, auf eintausendunddreiundneunzig (!) seiner Erfindungen Patente anzumelden!

Sie müssen aber auch keineswegs ein Edison sein. Es ist, genaugenommen, aufgrund der bestehenden Millionenchance viel einfacher, als Sie denken: Um etwas zu erfinden, müssen Sie sich nur eine neue Zusammenstellung von bereits bekannten

Elementen ausdenken und dadurch etwas Neues schaffen. Und warum die »Millionenchance«? Weil es tatsächlich Millionen Möglichkeiten gibt, bei denen eine Erfindung ansetzen kann. Die einundsechzig magischen Fragen unserer Checkliste werden Ihnen dabei helfen, zündende Ideen zu entwickeln, wenn Sie sie im Hinblick auf die besondere Problemstellung durchgehen: Wie können schon bekannte Elemente so neu kombiniert werden, daß sie eine »Erfindung« darstellen?

Eine »Erfindung« ist natürlich auch jede künstlerische Kreation. Es gibt genug Maler, Musiker, Schriftsteller, Bildhauer, Architekten, kurz Künstler, die aufgrund ihres Schaffens reich geworden sind (andere, die ihre Leistung nicht zu verwerten verstanden oder ihrer Zeit zu sehr voraus waren, blieben arm). Da aber künstlerische »Erfindungen« Sonderbegabungen voraussetzen, bedarf es dazu keiner weiteren Erörterung.

3. *Verändern Sie etwas bereits Bestehendes.*
Sie müssen keineswegs ein völlig neues Produkt herbringen – nur ein besseres. Das genügt. Und auch in dieser Hinsicht bieten sich Millionen Möglichkeiten! Denken Sie nur einmal an all das, womit Sie im täglichen Leben in Berührung kommen. Alles kann verbessert werden. Die gesamte Zivilisation wartet nur auf Leute, die Verbesserungsideen haben.

Vergegenwärtigen Sie sich regelmäßig die einundsechzig Punkte der Checkliste und wenden Sie sie auf alles an, was Ihnen als verbesserungswürdig und verbesserungsbedürftig auffällt. Schon allein bei dieser Beschäftigung werden Ihnen genügend zündende Ideen kommen, die Ihre Kreativität anregen und Ihre Phantasie beflügeln. Die so entstehende Kettenreaktion aber wird Sie auf wirklich gute, neue Einfälle bringen, die sich nützlich verwerten lassen. Wie – das schildern die folgenden Kapitel.

# Kapitel 14

# Die goldenen Regeln des Verbesserns

Sie haben dieses Buch gekauft, weil Sie es zu Wohlstand, zu Reichtum bringen wollen. Im Folgenden finden Sie drei GOLDENE REGELN, die für jeden Menschen, der sich dieser Zielsetzung verschrieben hat, gültig sind.

1. *Verbessern Sie Produkte.*

Unter Produkten verstehe ich alles, was Sie anfassen können. Natürlichlich wird es Ihnen leichterfallen, sich Verbesserungsideen einfallen zu lassen für etwas, mit dem Sie jeden Tag in Berührung kommen, was Sie selbst benützen, selbst herstellen oder was Ihnen aus sonstigen Gründen vertraut ist. Wahrscheinlich werden Sie von Verbesserungen in Ihrem unmittelbaren Lebensbereich auch mehr haben. Da sich aber jedes Produkt mindestens auf eine Art – und meistens auf mehrere Arten – verbessern läßt, können Sie selbstverständlich auch hinsichtlich eines außerhalb Ihres persönlichen Umfeldes liegenden Produktes zündende Ideen haben.

Wenn Sie ein Produkt täglich benutzen oder es sogar herstellen, speichern Sie Ihrem Unterbewußtsein unwillkürlich tagtäglich Informationen über dieses Produkt ein. Aus diesem Ihr bewußtes Wissen weit überschreitenden Fundus des Wissens Ihres Unterbewußtseins tauchen dann Ideen in bezug auf dieses Produkt auf, die es zweckmäßig verändert, neu zusammengesetzt oder neu gestaltet zeigen: ein verbessertes Endprodukt Ihrer Idee! Prüfen Sie solche neuen Einfälle sofort auf ihre Verwendbarkeit.

Genau so nämlich wurden die meisten Gebrauchsgegenstände erfunden und weiterentwickelt zu dem, was wir heute benutzen. Und auf die gleiche Art werden sie auch in Zukunft weiterentwikkelt werden – unter den Händen von Menschen wie Ihnen und mir. Vergessen Sie nicht, was wir schon in Kapitel 10 festgestellt haben: Siebzig Prozent aller Verbesserungsvorschläge kommen von Laien und nicht, wie man vermuten würde, von berufsmäßigen Forschern!

2. *Verbessern Sie Methoden.*

Die Arbeitsmethoden ändern sich heute so rapid und so drastisch, daß die Gelegenheit für zündende Ideen mit gutem Grund als geradezu unbegrenzt bezeichnet werden können. Bezüglich Methoden lassen sich die gleichen Überlegungen anwenden wie auf das Verbessern von Produkten. Das vorstehend unter Punkt eins Gesagte gilt im gleichen Maße für die Verbesserung von Arbeitsabläufen, Herstellungsmethoden, Vorgehensweisen, Techniken aller Art.

Geben Sie sich auf diesem Gebiet Mühe, es lohnt sich! Die Verbesserung gängiger Methoden ist eine jener Leistungen, durch die Sie sich immens nützlich erweisen und somit im Leben sprunghaft vorwärtskommen können. Lesen Sie daher Punkt eins dieses Kapitels nochmals durch, ersetzen Sie dabei aber im Geiste das Wort »Produkt« oder »Gegenstand« jeweils durch »Methode«.

Versuchen Sie ab sofort, bei allem, was Sie tun, unterschwellig immer daran zu denken: Was kann ich verbessern? Verbessern! Machen Sie sich das ganz bewußt zur festen Gewohnheit. Nach einiger Zeit wird Ihnen dieser Gedanke so in Fleisch und Blut übergegangen sein, daß Sie nach Gelegenheiten gar nicht mehr gezielt suchen müssen; Sie stoßen, Sie fallen geradezu auf die Dinge, die Sie verbessern können.

Die meisten Menschen leben so dahin und »verschwenden« keine Sekunde auf das, worauf es im Leben ankommt: auf kreatives, konstruktives Denken, das übrigens voll schöpferischer Spannung ist. Natürlich denken sie auch etwas: sie hängen ihren alltäglichen Routinegedanken über die Arbeit, die Familie und das Vergnügen nach, kommen aber nur selten dazu, über dieses Einerlei des Alltags hinauszudenken.

Das ist kein Lebenskonzept für Sie! So kann man keinen nennenswerten Erfolg haben! So kann man nicht reich werden! Der unfehlbare Weg zu Erfolg und Wohlstand nimmt seinen

Anfang in der aufregenden, schillernden, ergiebigen Welt unbegrenzten kreativen Denkens.

Von nun an sind Sie aufgefordert, ständig empfänglich zu sein, wie man etwas besser machen könnte. Für den Menschen, der kreativ denkt und ganz bewußt seine schöpferische Phantasie einsetzt, gibt es die unantastbare Selbstverständlichkeit des Optimalen nicht; er wird daran denken, wie man selbst optimal Scheinendes weiter verbessern kann.

3. *Verbessern Sie sich selbst.*

Wer sich selbst verbessert, macht sich auf diese Art zuverlässig immer nützlicher. Nützlich zu sein aber ist gleichbedeutend mit dem Geheimnis, wie man vorankommt. Dieses Thema ist so wichtig, daß ein Kapitel bei weitem nicht für seine Behandlung ausreicht. Wir werden daher dieser Frage eine ganze Reihe von Kapiteln widmen und Ihnen auch geeignete bewährte Erfolgsmethoden an die Hand geben.

Zunächst muß noch klargestellt werden, wie Sie aus Ihren Verbesserungsideen den größtmöglichen Gewinn ziehen können. Dies im nächsten Kapitel.

# Kapitel 15

# Wie Sie Ihren Ideen »auf die Beine« helfen können

Ideen muß man »auf die Beine« helfen. Die beste Idee, von der kein Mensch etwas erfährt, hat keinen Wert! Haben Sie Verbesserungsideen, so müssen Sie sie mitteilen, an den richtigen Mann bringen; sonst wird Ihnen weder eine Beförderung noch eine Anerkennung, noch ein finanzieller Vorteil zuteil.

Die Schöpfung und die gewinnbringende Verwertung von Ideen jeder Art beruht auf drei einfachen, aber unerläßlichen PRINZIPIEN, die Sie sich unauslöschlich einprägen sollten. Vergegenwärtigen Sie sich diese immer wieder, denken Sie über sie nach, schreiben Sie sie auf Kärtchen, die Sie überall dort ablegen, wo sie Ihnen mit Sicherheit unter die Augen kommen werden. Zwei dieser Prinzipien haben wir schon erörtert; wegen ihrer Wichtigkeit wiederholen wir sie hier unter einem anderen Aspekt.

Warum das alles? *Weil es sich bei diesen Prinzipien um Grundbedingungen für Ihren Aufstieg zu Erfolg und Reichtum handelt:*

- Lassen Sie sich etwas einfallen!
- Schreiben Sie es auf!
- Bringen Sie es »an den Mann«!

Das klingt sehr einfach, ich weiß. Ganz so einfach, wie es klingt, ist es nicht. Doch es ist viel einfacher, als Sie jetzt denken!

*Lassen Sie sich etwas einfallen:*

Es ist ungeheuer aufregend, sich Verbesserungen auszudenken. Ihr gesamtes Denken wird dadurch einen neuen Sinn, einen neuen Elan bekommen. Jeder neue Gedanke – selbst wenn er nur eine geringfügige Verbesserung betrifft – wird für Sie zum Erfolgserlebnis. Sie werden, erfüllt von Ihren Erfolgserlebnissen, reden, handeln und wirken wie ein Mensch, der Erfolg hat, mit Recht!

*Dazu kommt, daß jede neue Idee zu weiteren Ideen und jeder Erfolg zu neuen Erfolgen führen wird.* Eine Idee fügt sich der anderen an – wie die Glieder einer Kette, denn jeder Mensch denkt in Gedankenketten. Entwickeln Sie also jeden guten Einfall, jede Verbesserungsidee, und achten Sie auf jeden neuen Einfall.

Sooft Sie einen Einfall haben, gehen Sie ihn anhand der Einundsechzig-Punkte-Liste durch; Sie werden dann merken, daß die Ideen zu fließen beginnen. Die Abfolge ist immer die gleiche: Zuerst provozieren Sie mit Hilfe der Fragen der Checkliste einen Einfall, dann prüfen Sie ihn anhand der Liste, die Resultate gehen Sie erneut anhand der Liste durch, und so weiter. Die Ergebnisse werden Sie verblüffen! Sie werden plötzlich *entdecken, daß Ihnen ein System zur Erarbeitung neuer Ideen zur Verfügung steht, das in Ihnen eine Fülle von Assoziationen auslöst, die Sie wiederum zu neuen Ideen anregen.*

Wie man Ideen anhand der Fragen der Checkliste entwickelt, haben wir in den Kapiteln elf und zwölf ausführlich erörtert. Gehen Sie diese beiden Kapitel noch einmal durch. So können Sie sich nochmals vergegenwärtigen, wie Sie mit Hilfe der Einundsechzig-Punkte-Liste Verbesserungsideen nicht nur provozieren, sondern auch überprüfen können.

*Schreiben Sie Ihren Einfall auf.*

Schreiben Sie ihn vor allem, wie er kommt, unverzüglich auf. Versuchen Sie nicht, ihn zu verbessern, ihn weiterzuentwickeln, zu vervollständigen oder logisch zu untermauern, noch bevor Sie ihn festhalten. Schreiben Sie ihn zuerst auf! Überlegen Sie auch nicht die Formulierung, sie ist Nebensache. *Wichtig ist nur, daß Ihr Einfall zu Papier kommt.* Ist er einmal festgehalten, können Sie ihn in Ruhe überdenken und alle Möglichkeiten prüfen, wie Sie ihn variieren oder verbessern können.

Nun gehen Sie die Checkliste mit den einundsechzig Fragen durch, um aufgrund Ihres neuen Gedankens zu weiteren neuen Gedanken zu kommen. Aber schreiben Sie auch alle diese weiteren Einfälle sofort auf.

Verwenden Sie für Ihre Notizen das System, das am besten zu Ihrem Arbeitsstil paßt. Das können Karteikarten sein, es kann auch ein Notizblock oder gewöhnliches Briefpapier sein (das sich am besten in Ordnern ablegen läßt).

Wenn Sie Karteikärtchen für Ihre Gedankenblitze verwenden, sollten Sie es sich zur Angewohnheit machen, ständig ein paar davon auszuwählen und in Ihrer Brieftasche oder in Ihrem Handtäschchen bei sich zu tragen. So können Sie sich immer wieder Ihre Absicht ins Gedächtnis rufen, an einer bestimmten Verbesserungsidee zu arbeiten. Versuchen Sie demgegenüber nicht, sich einen Gedanken zu merken. Sie schreiben ihn auf und behalten so den Kopf frei.

*Bringen Sie Ihren Einfall »an den Mann«.*

Eine Idee, auch wenn sie noch so gut ist, hat, wenn Sie in Ihrem Kopf oder auf dem Papier bleibt, keinerlei Wert, weder für Sie noch irgendeinen Menschen auf der Welt. Sie müssen Ihren Einfall mitteilen, und zwar dem richtigen Mann oder Interessentenkreis, auf eine Art, die vom Wert Ihres Vorschlages zu überzeugen vermag, und planmäßig, sei es nun mündlich oder sei es schriftlich.

Die Möglichkeiten, einen Verbesserungsvorschlag weiterzugeben, reichen von einer Bemerkung, die Sie einem Vorgesetzten gegenüber fallenlassen, über eine detaillierte schriftliche Darstellung, eindrucksvoll in angemessener »Verpackung« präsentiert, bis zu einer mitreißenden Rede vor einem kleineren oder größeren oder sogar großen Auditorium oder der Anmeldung Ihrer Idee beim Patentamt. *Wichtig ist vor allem, daß Sie Ihren Einfall dort anbringen, wo er Ihnen am meisten nützt* und wo er am besten zur Wirkung kommt. Sie können sicher sein, daß man einen Verbesserungsvorschlag prüft, weil Ideen Fortschritt bedeuten, tatsächlich Verbesserungen versprechen und unter Umständen sehr viel Geld einbringen!

Da es aber entscheidend wichtig ist, wie Sie Ihren Einfall »an den Mann« bringen, wollen wir uns damit noch eingehend im nächsten Kapitel befassen.

# Kapitel 16

# Wie Sie Ihre Ideen »an den Mann« bringen

Wenn Sie einen VERBESSERUNGSVORSCHLAG haben, an dem Ihrer Ansicht nach Ihre Firma interessiert sein könnte, sollten Sie ihn Ihrem Chef unterbreiten. Achten Sie darauf, daß Sie das höflichst tun, ohne anmaßend zu erscheinen oder womöglich Mißfallen zu erregen. Gehen Sie davon aus (ob es nun zutrifft oder nicht), daß Ihr Chef mehr Branchenkenntnisse und Erfahrung hat als Sie, und erwecken Sie nie den Eindruck, Sie würden vom Geschäft mehr verstehen als er; das brächte nur Ärger.

*Sie sollten daher Ihre Ideen am besten in Form von Fragen präsentieren*, zu denen Sie seine Meinung hören möchten. Fragen Sie etwa wie folgt:

- »Was würden Ihrer Meinung nach geschehen, wenn (hier folgt Ihre Idee) . . .?«
- »Falls unsere Firma einmal (hier folgt Ihre Idee) . . . ausprobiert, was, denken Sie, könnte dabei herauskommen?«
- »Glauben Sie, daß wir Kosten sparen können, wenn wir (hier folgt Ihre Idee) . . .?«
- »Meinen Sie, daß es die Produktion beschleunigen würde, wenn wir (hier folgt Ihre Idee) . . .?«
- »Was meinen Sie, wie würden unsere Kunden reagieren, wenn wir (hier folgt Ihre Idee) . . .?«
- »Ich wüßte gerne, ob unsere Angestellten nicht vorzögen (hier folgt Ihre Idee) . . .?«

Das sollte genügen, um Ihnen *eine Vorstellung zu geben, wie die Methode »Was wäre, wenn . . .« gehandhabt werden sollte, mit der Sie Ihre Idee an Ihren Mann bringen.* Diese Methode hat einige Vorzüge:

Sie laufen nicht die Gefahr, daß Sie den Eindruck erwecken, klüger zu sein als Ihr Chef. Sie haben höflich und unaufdringlich um seine sachliche Meinung gebeten. Wenn Ihre Idee von Wert ist, sind klarerweise Sie es, der sie aufgebracht hat und die gebührende Belohnung verdient. Wenn hingegen Ihre Idee Ihrem Arbeitgeber nicht realisierbar erscheint, wird er Ihnen das mitteilen und Ihnen vermutlich auch seine Gründe nennen. Dann können Sie immer noch geschickt argumentieren: »Deshalb wollte ich zuerst Ihre Meinung einholen, bevor ich mich weiter mit dieser Idee befassen wollte.« *So machen Sie aus der Ablehnung Ihres Einfalles ein Kompliment für Ihren Chef.* Wenn die Situation es erlaubt, können Sie vielleicht noch einwerfen: »Ich versuche immer, mich im Interesse der Firma einzusetzen. Ich hoffe, Sie haben nichts dagegen, wenn ich Sie weiterhin um Ihre Meinung zu Ideen frage, die ich für brauchbar halte!«

Falls Ihr Chef – nicht irgendein Abteilungsleiter, sondern der maßgebende Chef Ihnen dann sagt, er sei an Ihren Einfällen nicht interessiert, Sie sollten sich lieber mit dem beschäftigen, wofür Sie bezahlt würden . . ., dann *sollten Sie sich baldigst nach einem neuen Arbeitsplatz umsehen,* und zwar bei einer dynamischeren Firma, die Ihren Einsatz anders einschätzt und zu würdigen weiß.

Vergessen Sie nie: Sie kommen voran, indem Sie sich nützlich zu machen verstehen. Sie ziehen mit Sicherheit die Aufmerksamkeit Ihres Arbeitgebers auf sich, wenn Sie ihn fragen, wie Sie dabei vorgehen sollten. Die BEWÄHRTEN ERFOLGSMETHODEN, die Sie einsetzen sollten, um sich nützlich zu machen, sind – prägen Sie sich das noch einmal ein – die folgenden:

- ○ Verbessern Sie Produkte!
- ○ Verbessern Sie Methoden!
- ○ Verbessern Sie sich selbst!

Für ein wachstumsorientiertes Unternehmen, in dem *Verbesserungsvorschläge der Mitarbeiter jederzeit unterstützt und auch honoriert werden,* ist dies ein zuverlässiger Weg, reich zu werden. . .

Kapitel 17

# Einkommensmaßstab Kreativität

Ein bekannter amerikanischer Managementberater schockiert nicht ohne Humor mit dem Appell: »Wenn Sie über keinerlei Kreativität verfügen [das heißt: wenn Sie sich keine Verbesserungsvorschläge ausdenken können], dann hält Ihre Firmenleitung Sie für eine ›Leuchte‹ von der Qualität einer ausgebrannten Glühbirne! Sie können sich doch vorstellen, was man mit ausgebrannten Glühbirnen im allgemeinen macht?«

*Kreativität ist das Kriterium schlechthin für ein hohes Einkommen!* Der amerikanische Fachverband für Arbeitspsychologie verglich die Testwerte aus Intelligenztests einer Gruppe hochbezahlter leitender Angestellter mit den Werten, die derselbe Test bei einer Gruppe wesentlich schlechter bezahlter Angestellter erbracht hatte. In drei der vier Aufgabengruppen des Tests schnitten die beiden »Teams« fast gleichwertig ab. In der vierten Aufgabengruppe – ein Test speziell der Kreativität – erwiesen sich jedoch die hochbezahlten Angestellten als enorm überlegen!

Man muß es klar sagen: Sie brachten es nur zu ihrem hohen Einkommen, weil sie kreativer waren als ihre Konkurrenten.

Deshalb ist Kreativität auch für Sie von ausschlaggebender Wichtigkeit. *Ihre Kreativität aber zeigt sich konkret in der Fülle und Qualität Ihrer Verbesserungsideen.* Es lohnt sich mehr als vieles andere, was Sie leisten, Verbesserungsideen zu entwickeln.

In diesem Zusammenhang aber kann ich Ihnen einen GEHEIMTIP geben, der den größten amerikanischen Konzernen abgelauscht ist: Die Manager dieser Riesenbetriebe beklagen übereinstimmend, daß fast alle Vorschläge, die ihnen von Angestellten unterbreitet werden, höhere Ausgaben verursachen würden. Sie stimmen durchgehend darin überein, daß sie Beförderungen und Sonderprämien viel lieber solchen Angestellten zukommen lassen, die sich Möglichkeiten der Kostensenkung ausdenken.

Das bedeutet natürlich keineswegs, daß sich Ihre Verbesserungsvorschläge nur auf kostensenkende Einfälle beschränken müssen; aber Sie sollten doch immer im Auge behalten, daß gerade solche Vorschläge am dringlichsten, ja seitens der Wirtschaftsführer am sehnlichsten erwartet werden.

Jeder gute Vorschlag zur Entschärfung eines der für jedes Unternehmen vitalen Probleme wird Sie mit Sicherheit voranbringen und auf der Stufenleiter Ihres beruflichen Erfolges nach oben und damit zu neuen Einkommensdimensionen führen.

Vitale Probleme sind natürlich vor allem diese:

- Kostensenkung und Einsparungen welcher Art immer;
- Rationalisierung der Produktion, des Vertriebs, der Verwaltung;
- Steigerung des Umsatzes;
- Anpassung der Produktion einschließlich Produktanpassung und -neufindung;
- Erschließung neuer Märkte;
- Erhöhung des Gewinns.

Und es gibt noch tausend andere Möglichkeiten! Ich könnte den Rest dieses Buches ausschließlich mit dringend benötigten Verbesserungsideen für alle Bereiche eines Unternehmens oder der Wirtschaft schlechthin füllen; aber das ist nicht unser Anliegen. Sicher ist: Jeder Verbesserungsvorschlag Ihrerseits – ob er verwirklicht wird oder nicht – ist eine Übung, eine Probe der Bewährung in Kreativität. Und *Kreativität ist das große Erfolgsgeheimnis!*

Kapitel 18

# Wie Ihr kreatives Denken zum Fließen kommt

Immer wenn Sie sich gerade mit der »Produktion« von Verbesserungsideen befassen, schreiben Sie jeden Einfall sofort auf. *Versuchen Sie nicht, sofort seinen Wert zu überprüfen.*

Es kann nicht oft genug gesagt werden, daß auch die auf den ersten Blick häufig geradezu lächerlich oder sinnlos wirkenden Einfälle sich später bei näherem Hinsehen als hervorragende Ideen herausstellen können. Indem Sie kritisch zu prüfen und zu bewerten beginnen, unterbrechen Sie den Ideenfluß; zahllose weitere Einfälle, die Ihnen zu demselben Thema vielleicht noch gekommen wären, bleiben in Ihrem Unterbewußtsein »stecken«, ohne ans Licht des Bewußtseins zu kommen. Es kann außerdem überaus schwierig sein, den Strom der Gedanken wieder zum Fließen zu bringen.

In dem Augenblick, in dem eine Idee auftaucht, notieren Sie sie kurz; dann lassen Sie Ihrem kreativen Denken weiter freien Lauf. Verwandte Gedanken, ähnliche Einfälle werden folgen; schreiben Sie sie auf. Der Wert kreativen Denkens ist nur nutzbar, wenn Sie alle möglichen Varianten zu jeder auftauchenden Idee auch festhalten: eben notieren.

VERBESSERUNGSIDEEN gehen Sie dann anhand unserer Checkliste durch. Erst nachdem Sie alle Gedanken und Einfälle, inklusive jeder möglichen Variante und Alternative (das können hunderte sein), auf einer Liste beisammen haben, erst dann darf der Prüfungs- und Bewertungsvorgang einsetzen.

Dann sollen Sie kritisch prüfen, möglichst objektiv bewerten und – nötigenfalls – verwerfen. Aber seien Sie gerade mit dem Verwerfen nicht allzu voreilig. Auch wenn ein Gedanke auf den ersten Blick unpraktisch oder sogar lächerlich erscheint, ist es besser, zuerst »ein bißchen herumzuprobieren«, ob er sich nicht vielleicht verbessern läßt!

Ich galt einmal – bitte folgen Sie wohlwollend der Geschichte – als »Amerikas Barsch-Champion« (dieses Attribut für mich dachte sich die Zeitschrift *Outdoor Life Magazine* in der April-Nummer 1957 aus). Ich fing seinerzeit im Durchschnitt pro Angeltag achtundzwanzig Barsche, und zwar unter den verschiedensten äußeren Bedingungen. Später begann ich mir dann Einfälle zur Verbesserung des Barschangelns auszudenken und konnte tatsächlich meine durchschnittlichen Fangergebnisse (wieder ungeachtet der jeweils herrschenden Bedingungen) auf sechzig Barsche pro Tag steigern.

Ich berichte von diesem Rekord nicht, um mir als Angler selbst auf die Schulter zu klopfen, sondern weil er keineswegs das Ergebnis meines Angeltalents war (es gibt tausende Sportangler, die viel besser sind als ich). Die Geschichte soll nur zeigen, was man durch originelle Verbesserungen erreichen kann. Meine Verbesserungen betrafen vor allem die Herstellung und Färbung der (künstlichen) Köder. Einige meiner Ideen schienen so absurd, daß sie vor mir nie jemand ausprobiert hatte. Aber im konkreten Versuch stellte sich dann heraus, daß gerade diese »absurden« Köder die sensationellsten Fänge erbrachten.

Diese kleine Anekdote soll Ihnen noch einmal drei GRUNDLEGENDE PRINZIPIEN im Umgang mit kreativen Ideen ins Gedächtnis rufen, die ganz besonders wichtig sind:

- Kreative Verbesserungsideen sind auf jedem Gebiet nützlich (sogar beim Angeln).
- Geben Sie niemals eine Idee nur deswegen auf, weil sie Ihnen auf den ersten Blick lächerlich oder nicht realisierbar vorkommt. Prüfen Sie Ihren Einfall ruhig und nach allen Seiten. Vielleicht stellt sich heraus, daß Sie einen Volltreffer gelandet haben!
- Aber auch wenn Ihre ursprüngliche Idee nicht funktioniert, kann sie sich immer noch in abgewandelter oder weiterentwickelter Form als brauchbar erweisen.

An dieser Stelle möchte ich Ihnen gerne noch einige Tips für kreatives Denken geben: Wenn Sie sich etwa ausdenken wollen, sollten Sie nicht vor einem leeren Blatt Papier sitzen und warten, bis Ihnen »der Bombeneinfall«, die »Superidee des Jahres« kommt. Kritzeln Sie einfach vor sich hin, während Sie nachdenken, schreiben Sie von Anfang an alles auf, was Ihnen in den Sinn kommt, ganz egal, wie lächerlich oder uninteressant es erscheinen mag.

Ein ziemlich bekannter Schriftsteller, den ich kenne, beginnt jeden Tag seine Arbeit, indem er den Satz in die Maschine tippt: »Der Mond besteht aus grünem Käse . . .« Dann tippt er weiter über »Mond« oder »Käse« oder »grün«, was ihm gerade in den Sinn kommt, so lange, bis sich, wie er es nennt, »seine Phantasie aufgewärmt« hat. *Damit hat er den Strom der Gedanken zum Fließen gebracht* – und Publikum und Kritiker halten seine Bücher im allgemeinen keineswegs für (grünen) Käse!

Wer einen Gedankenstrom »produzieren« will, muß sich in erster Linie um Quantität bemühen (viele, viele kleine Bächlein sind nötig, um die Wasser des Stroms zu füllen). *Zum Zeitpunkt der Produktion der Ideen darf man der Qualität keine Aufmerksamkeit schenken.* Das geschieht später, aber niemals während der kreativen Phase. Und hören Sie mit der Produktion neuer Einfälle ja nicht zu früh auf. Ein Gedanke ist zunächst einmal nur ein Anfang; er stellt noch keine durchstrukturierte Verbesserung dar. Er kann aber mit ein wenig Glück durchaus ein bedeutender Eckstein Ihres Ideengebäudes werden. Nie oder kaum je stellt ein einzelner Einfall für sich schon einen verwertbaren Verbesserungsplan dar.

Jeder Einfall muß von anderen ergänzenden Einfällen begleitet und unterstützt und mit ihnen zu einer tragfähigen Einheit verbunden werden. *Erst aufgrund der Kombination zu einem einheitlichen Ganzen entstehen praktikable Pläne, Projekte, Verbesserungsprogramme.*

Jedem Einfall muß sofort die Frage folgen: Was noch? und: Was jetzt? und: Was, wenn? oder: Wie wäre es mit? Damit aber sind wir wieder am Ausgangspunkt, nämlich bei der in Kapitel 12 angeführten Checkliste. Hier schließt sich der Kreis, muß er sich schließen. Denn Sie begreifen nun sicher, daß kreatives Denken, daß Planen, Verbessern, Vollbringen nie aufhören. Ein einmal in Gang geratener Prozeß führt von einer Überlegung folgerichtig zur nächsten und immer weiter. Der unaufhörliche Strom von Einfällen und guten Ideen hat zu fließen begonnen . . .

An Ihnen liegt es jetzt, die Chancen zu nützen, die Ihnen Ihr kreatives Denken eröffnet. *Sie befinden sich jetzt auf Erfolgskurs, halten Sie ihn ein.*

lich erfolgreich sein – wobei es keine Rolle spielt, wo und wie er diese Methoden gelernt hat und ob er sie bewußt oder unbewußt anwendet.

# Kapitel 20

# Ideen bahnen den Weg – wenn Sie ihn gehen!

Sie können nicht vorwärtskommen, wenn Sie einfach nur die Arbeit erledigen, die routinemäßig über Ihren Schreibtisch oder an Ihrem Arbeitsplatz läuft; denn dann sind Sie nichts weiter als ein kleines Zahnrädchen im Räderwerk eines Geschäftsbetriebes, noch dazu ein leicht und billig ersetzbares. Um von einem dem Gesamtmechanismus eingefügten Zahnrädchen zu einem Schwungrad Ihrer Firma zu werden, müssen Sie Ideen entwikkeln.

Wir haben das bereits erörtert; doch sei hier der Inhalt mehrerer vorangegangener Kapitel nochmals kurz zusammengefaßt:

1. *Denken Sie sich praktische Verbesserungen aus.* Anregungen geben Ihnen die in Kapitel 12 angeführten Fragen der Checkliste. Denken Sie daran, daß es Millionen Möglichkeiten der Verbesserung gibt (Kapitel 13), und an die goldenen Regeln des Verbesserns (Kapitel 14) und den Geheimtip (Kapitel 17). Schreiben Sie jeden Einfall auf, der Ihnen beim Durchgehen der Liste kommt.
2. *Überprüfen und verbessern Sie Ihren Gedanken.* Kombinieren Sie ihn mit neuen Einfällen. Verändern, klären, glätten oder modifizieren Sie diese nach besten Kräften, bis sich etwas herauskristallisiert. Tun Sie das aber gleich. Lassen Sie Ihre Ideen nicht liegen, um irgendeinen Tip zu deren Vervollkommnung abzuwarten.
3. *Sprechen Sie dann über Ihre Ideen mit dem richtigen Mann,* und zwar ruhig, höflich und bescheiden. Verkünden Sie Ihre Einfälle um Himmels willen nicht so, als ob sie bereits, wie einst die Zehn Gebote, auf steinernen Tafeln eingraviert

wären. Gehen Sie nach der in Kapitel 16 empfohlenen Methode »Was wäre, wenn ...« vor.

Dr. WILLIAM M. SCHOLL, den man sicher zu Recht einen der erfolgreichsten Geschäftsleute der Welt genannt hat, sagte zu diesem Thema treffend: »Wenn Ihnen ein Einfall kommt, müssen Sie sofort daran arbeiten. Wer auf die richtige Zeit wartet – wenn er dann einmal genügend Spielraum und Muße haben wird, sich damit zu befassen –, kommt vermutlich nie dazu! Wann immer Sie eine Idee haben, probieren Sie sie aus. Es ist besser, augenblicklich zu wissen, wie Sie damit dran sind. Wenn der Einfall nichts wert ist, können Sie ihn vergessen und sich neuen Ideen widmen.«

*Bleiben Sie nicht an einem Einfall kleben.* Indem Sie sich an einen Gedanken klammern, blockieren Sie den Fluß weiterer Einfälle, die normalerweise in freier Assoziation in Form verwandter Gedanken einströmen.

*Es wäre auch falsch, Ihre Ideen zu «verstecken«.* Wenn Sie sie insgeheim mit sich herumtragen, fangen Gedanken förmlich zu schrumpfen an, sie werden wie zu lang im Keller gelagerte Äpfel schäbig und runzelig und sterben schließlich aus Mangel an Luft und Licht. Wie ein lebendiger Organismus braucht auch ein Einfall, der leben soll, günstige äußere Bedingungen. Geben Sie daher einer Verbesserungsidee den Lebensraum, der ihr Gedeihen fördert: lassen Sie sie an die Luft.

Holen Sie die Ansicht anderer ein, wenn möglich Expertenmeinungen; auch wenn diese hart oder sogar negativ ausfallen sollten, *Sie brauchen den Aufwind, ja die Zugluft der Kritik und den befruchtenden Regen zusätzlicher Ideen!*

Lassen Sie sich durch kritische Bemerkungen nicht beleidigen. Jeder Gedanke benötigt den »Dünger« anderer Ideen. Begrüßen sie alternative Einfälle Ihrer Mitmenschen, fordern Sie sie geradezu heraus. Geben Sie zu erkennen, daß Sie für Tips jeder Art dankbar sind.

Denken Sie daran, daß solche zusätzlichen Anregungen das Ergebnis einer Beschäftigung mit Ihrem Einfall sind und Ihre Idee auf diese Art nur gewinnen kann. Und auch wenn einige Ihrer Einfälle nicht akzeptiert werden: es ist besser, wenn sich überhaupt jemand wie immer mit Ihrem Gedankengut befaßt, als wenn es still im Verborgenen »blüht« – von keinem Menschen bemerkt, von keinem kommentiert.

Viele Wege führen zu Ihrem Lebensziel; sie werden allesamt von Ideen gebahnt. Je mehr Ideen für Sie am Werk sind, desto geringer ist die Gefahr, daß Sie in eine Situation kommen, in der es um Biegen oder Brechen geht, weil es keinen Ausweg mehr gibt.

*Ideen bahnen viele Wege. Einer dieser Wege führt an Ihr Ziel. Aber gehen müssen Sie selbst.*

# Kapitel 21

# Kritik kann Ihren Ideen nur nützen!

Das Grundsätzliche – das im vorstehenden Kapitel schon gesagt wurde – bedarf in einem wichtigen Punkt der weiteren Erörterung: Haben Sie keine Angst, daß jemand Ihre Ideen kritisiert. Ganz im Gegenteil: Sie sollten sich vielmehr über jede Kritik freuen! Sie können daraus lernen und sollten dafür dankbar sein. Und Sie sollten auch offen und ehrlich Ihrer Dankbarkeit für konstruktive Kritik Ausdruck verleihen.

Es ist wahr: Der Schleifstein der Kritik ist immer rauh, und wir haben sein Geräusch nicht gern im Ohr; aber das ist nur der Ton, der beim Schleifen und Polieren unserer Gedanken entsteht. Genau so jedoch werden Unebenheiten ausgeglichen und scharfe Kanten abgefeilt, bis aus dem Ganzen eine abgerundete, brauchbare Idee geworden ist.

Im übrigen: Aufmerksamkeit erregen nur Einfälle, die auch Kritik auslösen.

Die wenigsten Idee entspringen vollkommen und fertig einem Gehirn wie PALLAS ATHENE dem Haupt des ZEUS. Sie müssen entwickelt, variiert und ausgebaut werden. Wer aber vermag mehr als Sie als Einzelmensch? Eine Mehrheit: die mehreren anderen, die bereit sind, zur Perfektion einer Idee beizutragen. Setzen Sie also Ihr Geistesprodukt den Blicken anderer aus, exponieren Sie es und stellen Sie sich der Kritik. *Fragen Sie andere um ihre Meinung, bitten Sie um Ergänzungsvorschläge und – ja – auch um Kritik.*

Kritik nicht zu meiden, sondern ohne Angst vor Verletzung herauszufordern, stellt eine der BESTBEWÄHRTEN ERFOLGSMETHODEN dar, die es gibt.

Natürlich müssen Sie auch darauf gefaßt sein, daß Sie neben ehrlicher und wohlmeinender Kritik auch Neid und sogar Spott begegnen können. Es gibt genug Neurotiker, die gern jede Gelegenheit ergreifen, einem anderen eins auszuwischen. Lassen Sie Bosheiten gar nicht an sich heran, schütteln Sie sie einfach ab. In einer Weise aber kann Spott geradezu zum Testfall der Qualität einer Idee werden: er bleibt nämlich nur dort hängen, wo er nicht ganz unberechtigt ist. Wenn Sie also den Eindruck haben, daß spöttische Kritik an Ihnen nicht abprallt, sondern Sie trifft, dann besteht *hoher Verdacht, daß Ihr Einfall noch Verbesserungen oder Veränderungen nötig hat.* So können Sie sogar noch von Spott profitieren.

Andererseits kann Spott aber auch einfach der Ausdruck von Neid sein; auch damit müssen Sie rechnen. Neid sieht sich niemand gern ausgesetzt; aber *als negative Form der Anerkennung Ihrer Überlegenheit ist der Ausdruck von Neid nichts anderes als ein verstecktes Lob.*

Der englische Dichter JOHN GAY schrieb sogar wörtlich: »Neid ist nur eine andere Form des Lobes.« Schon PLINIUS, der römische Schriftsteller, traf genau den wunden Punkt: »Wo immer der Neid wohnt, ist er ein Hinweis auf das Bewußtsein der Unterlegenheit.«

Und der englische Essayist SYDNEY SMITH: »Du sollst so früh wie möglich lernen, deine Ideen gegen neidischen Spott abzuhärten, denn niemand kann seinen Verstand spielen lassen, wenn er in immerwährender Furcht vor Neid und Hohn lebt, ebensowenig kann man das Leben genießen, wenn man unter ständiger Furcht vor dem Tode zittert.«

Wertvolle Hinweise – und sei es auch nur in Form von Neid oder Spott – erhalten Sie nur, wenn Sie Ihre Ideen und Verbesserungsvorschläge der Kritik aussetzen. Um Ablehnung oder Spott nicht herauszufordern, setzen Sie Ihre Ideen in aller Bescheidenheit anderen auseinander, jedoch auch ohne zu zaudern. Allfällige Kritik kann Ihnen, wie gesagt, nur helfen, Ihre Einfälle weiterzuentwickeln und zu perfektionieren.

Es besteht also kein Grund, sich von Neidern oder Spöttern einschüchtern zu lassen. *Schütteln Sie einfach jede Kritik durch das Sieb Ihres Nutzens für Sie.* Sie werden überrascht sein, wie viele Goldkörnchen Sie in diesem Sieb vorfinden, nachdem die trübe Brühe der Bosheit abgeflossen ist.

Ein bekannter Rechtsanwalt rief mich einmal an, nachdem ich von einer Kommission anläßlich einer öffentlichen Sitzung ordentlich in die Zange genommen worden war. Er bellte ungehalten in den Hörer: »Ich gebe Ihnen ein paar gute Tips – kostenlos!« Und dann legte er los. Doch seine schonungslose Kritik war im Endeffekt für mich ein kleines Vermögen wert.

Ein anderes Mal erhielt ich ein Ferngespräch. Am Apparat war ein kleiner Verleger, der ankündigte, er werde mir in vier Worten erklären, wie man einen teuren Fehler bei der Vermarktung meiner Bücher vermeiden könne. Er schaffte es tatsächlich mit vier Wörtern – und es würde mich heute noch reuen müssen, wenn ich die Kritik dieses kleinen, unbedeutenden Verlegers ignoriert hätte!

Sie sehen, worauf ich hinaus will. Freuen Sie sich über jede Kritik. Sorgfältiges Sieben ergibt bisweilen eine ganze Menge Goldkörnchen . . .

Kapitel 22

# Ihre Idee muß nicht vollkommen sein!

Falscher Perfektionismus ist der Erzfeind aller schöpferischen Ideen. THOMAS A. EDISON kann wohl als der Erfinder schlechthin gelten; sein Einfallsreichtum brachte ihm, wie gesagt, eintausendunddreiundneunzig Patente ein, durch die er Millionen Dollar verdiente, die aber Milliarden wert waren. Er schenkte der Welt ferner noch tausende andere nützliche Einfälle, bei denen er sich gar nicht erst die Mühe machte, sie patentieren zu lassen. Von ihm können wir, wenn wir den Erfolgsgesetzen auf den Grund gehen wollen, wirklich viel lernen.

*Edison suchte nicht die Perfektion, sondern nützliche Ideen.* Auch war er bestrebt, seine Ideen so vielen Menschen wie möglich zugänglich zu machen – so daß jeder die Chance hatte, seine Gedanken aufzugreifen und zu verbessern. Tatsächlich wurden Edisons Ideen durchwegs entscheidend weiterentwikkelt! Denken Sie nur an seine erste »Sprechmaschine«, die bald zum »Phonographen« weiterverbessert wurde, der seinerseits zum Grammophon und schließlich zu den Stereoanlagen führte, die wir heute verwenden.

Oder denken Sie an die zahllosen Verbesserungen der elektrischen Beleuchtungstechnik seit Edisons Erfindung der ersten brauchbaren Glühbirne. So merkwürdig das klingen mag: *Man kann sogar allein dadurch sehr reich werden, daß man Einfälle bringt, die überhaupt nicht oder nicht gut funktionieren!* Denn eine Idee, die nicht funktioniert, muß nur von irgend jemandem aufgegriffen, adaptiert, modifiziert, neu kombiniert oder sonstwie verbessert werden, und schon kann alles bestens funktionieren.

Wenn Sie es aber sind, der die gedankliche Kette begonnen hat, werden Ihnen als dem Urheber der Idee der verdiente Ruhm und finanzielle Vorteil zufallen, den Sie – Ehrensache – mit jenen teilen werden, die Ihre Idee in die endgültige und verwendbare Form gebracht haben. Hätten aber Sie nicht den ursprünglichen guten Einfall gehabt, so wäre nichts vorhanden gewesen, was sich hätte verbessern lassen.

Deshalb: Jeder Einfall (ob das Ideenprodukt nun brauchbar ist oder erst umgearbeitet und verändert werden muß) ist immer nur ein Anfang. Ich habe in meinem ganzen Leben von keiner einzigen Idee, von keinem einzigen Produkt von Menschenhand gehört, das vollkommen war. Jeder Einfall kann, ja muß im Laufe der Zeit verbessert werden, allein schon deshalb, weil sich das Wissen, die Technologien und die Erfahrungen der Menschheit laufend erweitern. Jeder Gedanke, jede Idee, jede Erfindung unterliegt dem Gesetz der Evolution, entwickelt sich ständig weiter; manche werden dabei ausgeschieden, dafür kommen neue dazu. Das der Evolution inhärente Selektionsprinzip läßt sich auf das Denken, auf Ideen augenfälliger anwenden als auf irgend etwas sonst. Der Gedanke vom Kampf ums Dasein, vom Überleben der Bestangepaßten und somit Stärksten und vom Untergehen der Schlechtangepaßten und somit Unbrauchbaren läßt sich auf den Bereich des schöpferischen Denkens ebenso übertragen wie die Notwendigkeit der laufenden Anpassung an die ständig wechselnden Gegebenheiten der Umwelt.

Haben Sie also weder Angst noch Hemmungen, Ihre Ideen weiterzugeben. *Ihre Einfälle brauchen gar nicht perfekt zu sein!* Es gibt keine Ideen (nicht einmal die genialen Einfälle Edisons), die von Anfang an vollkommen waren. Ja – es kann gut möglich sein, daß Ihr Einfall zunächst nicht recht überzeugend, vielleicht gar nicht brauchbar ist. *Eine Idee muß nur ein guter Anstoß auf tragfähigem Boden sein.*

Ohne solchen Anfang gäbe es keine erfolgreiche Fortsetzung. Fehler zu machen ist erlaubt, Scheitern oder Aufgeben nicht! Sie erinnern sich doch noch an das Versuch-Irrtum-Prinzip? Bei der »Produktion« neuer Einfälle ist Stolpern erlaubt, sogar Hinfallen. Nur müssen Sie nach vorne fallen! Lassen Sie sich durch einen Fehler nicht entmutigen; seien Sie vielmehr überzeugt, daß jeder

Sie weiterbringt. *Jeder Einfall – Fehler oder Treffer – ist einfach ein Schritt auf dem Weg zum Erfolg.* Sie können aus Ihren Fehlern ebensoviel lernen wie aus Ihren Erfolgen und manchmal sogar mehr.

Zehn Jahre ununterbrochener Fehlschläge bei einem Versuch nach dem anderen mußte THOMAS A. EDISON in Kauf nehmen; doch sie führten zum Nickel-Eisen-Akkumulator. Mehr als siebzehntausend Versuche ergaben erst das Rezept zur Gewinnung von Latex, dem entscheidenden Rohstoff zur Kautschukgewinnung. Und da haben Sie noch Angst, Ihre Idee könnte ein Fehlschlag sein? Ihr Ideenprodukt den verschiedensten Prüfungen auszusetzen, bedeutet nichts anderes, als mit ihm zu experimentieren, um herauszufinden, inwieweit es verändert, umgemodelt, neu arrangiert oder neu kombiniert oder sonst verbessert werden muß. Erfolg besteht nicht darin, daß man gleich mit dem ersten Schuß mitten ins Schwarze treffen muß. Dieses *»Schlüsselwerk bewährter Erfolgsmethoden«* lehrt Sie nicht zaubern; es zeigt Ihnen, *wie Sie im Endeffekt Erfolg haben werden, Erfolg haben müssen.* Und darauf kommt es einzig und allein an.

CHARLES KETTERING, der »Erfinderkopf« der General Motors, sagte zum Beispiel einmal, daß der Dieselmotor das Ergebnis falscher Ideen am Laufband gewesen sei.

Tatsächlich hat sein genialer Erfinder RUDOLF DIESEL nach der Erwirkung seines Patentes erst in jahrelanger Gemeinschaftsarbeit mit der Maschinenfabrik Augsburg und der Firma F. Krupp den nach ihm benannten rationellen Wärmemotor entwickelt; und *zahllose Versuche waren noch nötig gewesen, bevor der Dieselmotor in Serie gebaut werden und seinen Siegeszug um die Welt antreten konnte.*

Durch Versuche und immer wieder neue Versuche kamen auch die meisten eigenen Erfindungen Charles Ketterings zustande. So werden fast alle Erfindungen gemacht. Vielleicht klingt Ihnen der Weg über Versuche zuwenig wissenschaftlich. Aber CHARLES KETTERING, immerhin langjähriger Leiter der Forschungsabteilung des größten und zu seiner Zeit produktivsten Automobilkonzerns der Welt, formulierte seine Erfahrung eindeutig und klar: *»Ich kenne keinen anderen Weg zum Erfolg als den, eine Idee nach der anderen auszuprobieren.«*

Was im großen gilt, sollte im kleinen noch viel leichter zum Zuge kommen – meinen Sie nicht?! Zögern Sie also nicht, mit Ihrer Idee herauszukommen, nur weil sie noch nicht vollkommen ist. Keine Idee war je auf Anhieb vollkommen. Lassen Sie sich nicht entmutigen, wenn der erste Versuch danebengeht – oder auch der zehnte.

Alle Neuerungen in der Geschichte der Menschheit – die größten wie die unscheinbarsten – mußten entwickelt, verändert, verbessert werden. Auch Ideen unterliegen dem Gesetz der Evolution – wie alles auf dieser Erde. Und das ist erfreulich; denn infolge des sich ständig ändernden Wissens der Menschheit und neuer Technologien wird es immer wieder zahllose Möglichkeiten geben, durch Ideen Bestehendes zu vervollkommnen oder Neues zu finden.

Es gibt ein altes italienisches Sprichwort, das sagt: *»Wer nie Fehler macht, wird nie reich!«* An der Richtigkeit dieser Volkswahrheit ist kein Zweifel.

Kapitel 23

# Warum Sie Ihre Ideen verschenken sollten

Sicher kennen Sie die Geschichte von dem glücklichen Mann, der eine glückliche Idee hatte, sie als seine »Erfindung« bezeichnete, ein Patent erwirkte und sein Leben lang glücklich von den Lizenzgebühren und den Zinsen seiner Lizenzmillionen lebte. . .

Aber Sie sollten auch wissen, daß auf jeden Erfinder, der eine Idee oder deren Produkt patentieren läßt, buchstäblich *Millionen anderer Menschen kommen, die auch Einfälle haben – und sie nicht patentieren lassen.* Sie erhalten ihre Belohnung in Form von Beförderungen, beachtlichen Einkommenserhöhungen einschließlich Prämienzahlungen usw. und werden auf einfache Art immer reicher, indem sie sich immer unentbehrlicher für ihre Firma machen. Verbesserungsideen in bezug auf Produkte, Rohstoffe, Dienstleistungen, Arbeits- und Vertriebsmethoden, Organisationsformen – kurz: einfach in bezug auf alles, was einer Verbesserung bedarf, sind die Grundlage solcher Erfolge.

Natürlich sollten Ideen, die originelle, einmalige Erfindungen von wahrscheinlich großer Konsequenz betreffen, unbedingt patentiert werden, wenn es möglich ist, für die Art der Erfindung ein reguläres Patent zu bekommen. *Das Patent sichert den Erfinder in seinen schutzwürdigen Urheberrechten ab.*

Aber ein Patent zu erwirken ist auch ein dorniger Weg, der zeitraubend und teuer ist und noch dazu oft den Zorn von mindestens einem Dutzend anderer Leute auf den unglücklichen Erfinderneuling zieht, die ihm Prozesse anhängen, weil sie selbst Patente auf alle möglichen Erfindungen besitzen, die auch nur entfernt derjenigen nahekommen, für die unser Erfinderneuling sein Patent angemeldet hat.

*Das soll nur einer Verkennung der Tatsachen vorbeugen,* aber natürlich niemanden entmutigen. Wer sich jedoch um die Erlangung eines Patentes bemühen will, sollte sich unbedingt der Dienste eines qualifizierten Fachmanns, in diesem Fall eines verläßlichen Patentanwaltes, versichern. Noch weniger jedoch möchte ich mit diesem und den vorangegangenen Kapiteln eine Glashauszucht von Schnellerfindungen verantworten müssen, die unter beträchtlichem Verlust an Zeit und Geld zu Patentanmeldungen führen, die letztlich zu nichts anderem gut sind als Patentanwälten und Sachverständigen Geld einzubringen.

Vergegenwärtigen wir uns also zur Sicherheit an dieser Stelle nochmals das ANLIEGEN DIESES SCHLÜSSELWERKES:

- Es ist die Zielsetzung dieses Buches, Ihnen zu zeigen, wie Sie es zu Reichtum und Wohlstand bringen,
- indem Sie – grundsätzlich und allgemein gesagt – sich immer nützlicher und somit wertvoller für Ihre Umwelt erweisen und
- indem Sie – konkret – die bewährten Erfolgsmethoden einsetzen, die Sie in diesem Buch kennenlernen;
- doch es wird nicht vorausgesetzt oder verlangt, daß Sie nun zum Genie werden oder sich gar in riskante Spekulationen einlassen,
- Sie sollen vielmehr die einfachen und todsicheren Methoden anwenden, mit denen es Millionen Menschen wie Sie und ich vor Ihnen geschafft haben, reich zu werden.

Es ist also keineswegs meine Absicht, Sie etwa glauben zu machen, Sie könnten über Nacht irgendeinen »Geniestreich landen« (und patentieren lassen), der Sie mit einem Schlag zum Millionär macht. Nein! Ich will Sie ermutigen, *Einfälle zu produzieren, sie aufzuschreiben und zum gegebenen Zeitpunkt den richtigen Leuten vorzulegen.*

Wenn Sie diese drei Punkte im Auge behalten – immer mit der Zielsetzung, in Ihrer persönlichen Umwelt Vorhandenes zu verbessern oder Fehlendes zu finden – werden Sie erreichen, was wir uns vorgenommen haben: Sie werden für Ihre Mitmenschen nützlich, wertvoll und unersetzbar. Wer das erreicht, hat keine Geldsorgen mehr.

*Und all das können Sie am leichtesten erreichen, indem Sie Ihre Ideen verschenken!* Schachern und handeln Sie nicht bei jedem

Ihrer Einfälle um eine ausreichende Honorierung. Eine solche Einstellung bringt regelmäßig mehr Verdruß als Geld. Einfälle, die mit einem Preisschild versehen sind, verlieren ihre Zugkraft. Es ist aber auch nicht nötig, daß Ihnen jeder Vorschlag sofort Geld einbringt. Viel wichtiger ist, daß Sie sich den *Ruf erwerben, eine Persönlichkeit zu sein, die voll von Ideen ist und immer wieder durch brauchbare Verbesserungsvorschläge überrascht.* Dieser Ruf nämlich ist es, der Sie voranbringen wird. Er wird Ihnen mehr einbringen als irgendein Preisschildchen, das an einer Ihrer Ideen klebt und diese verunziert. Er wird Ihnen mehr eintragen als jeglicher Versuch, einen Verbesserungsvorschlag sofort zu verhökern.

Jeder Geschäftserfolg steht und fällt mit der Fähigkeit, sich gegenüber der Konkurrenz nicht nur zu behaupten, sondern Besseres zu bieten. So ist es nur natürlich, daß jemand – ganz gleich in welcher Position –, der immer wieder Verbesserungsideen entwickelt, die die Wettbewerbsfähigkeit der Firma verbessern, für seine Verbesserungsvorschläge auch honoriert wird. Zuerst meistens nur, indem die Vorgesetzten auf ihn aufmerksam werden, dann durch raschere Beförderung und Einkommenserhöhungen, die die Norm überschreiten.

Mitarbeiter, die im Ruf von »Ideenbringern« stehen, haben überdies die Garantie eines gesicherten Arbeitsplatzes; denn die guten, die unentbehrlichen Mitarbeiter werden nirgends gekündigt. Dieser letzte Punkt aber soll im nächsten Kapitel näher erörtert werden.

Kapitel 24

# Wie Sie selbst Ihren Arbeitsplatz krisensicher machen

Dieses Buch muß Ihnen, wenn Sie nicht als selbständiger Unternehmer arbeiten, zeigen, wie Sie schneller befördert werden und dadurch automatisch Ihren Verdienst steigern. Bevor Sie sich aber – ich verstehe Ihre Sorge sehr gut – dem voll widmen können, müssen Sie die Stellung, die Sie augenblicklich haben, so sichern, daß Sie sie jederzeit als Sprungbrett dorthin benutzen können, wo *die Sicherheit Ihres Arbeitsplatzes größer ist und Ihre Position und Ihr Einkommen besser sind.* Schlechtbezahlte Stellungen sind ja auch stets einer viel stärkeren Fluktuation unterworfen als gutbezahlte.

Sie müssen sich aber auch klarmachen, daß ein Arbeitsplatz, der über kurz oder lang der Automatisierung oder personalsparenden Rationalisierungsmaßnahmen zum Opfer fallen wird, sinnlos ist. Ebensowenig sinnvoll ist es, sich ausgerechnet in einer Branche eine Zukunft aufbauen zu wollen, die sich im Niedergang befindet. Das gleiche gilt für eine Firma, deren Leitung unfähig oder die sonst in Schwierigkeiten ist und deren baldiger Ruin sich absehen läßt.

Als ich noch ein kleiner Junge war, kam im Sommer jeden Tag der Eismann mit seinem Wagen und lieferte einen schönen, langen Block Eis für unseren Eisschrank. Außer vielleicht bei einem Picknick verwendet heute kein Mensch mehr Stangeneis, es ist auch kaum noch zu bekommen. Es gibt keine Eiswagen mehr, es gibt den Eismann mit seinem Glöckchen nicht mehr ... ein Geschäftszweig, der unterging.

Lange Zeit lebte und arbeitete der größte Teil der Bevölkerung der westlichen Welt auf dem Lande, wie es ja heute noch immer in den meisten Entwicklungsländern der Fall ist. Und dennoch werden den Prognosen der Zukunftsforscher zufolge bis zum Jahre 2000 in den USA *nur mehr drei Prozent aller Beschäftigten in der Landwirtschaft arbeiten,* und in Mitteleuropa werden die Zahlen ähnlich liegen. Die Landwirtschaft wird von Methoden maschinellen Großanbaus und Erntefabriken gekennzeichnet sein.

Vor einigen Jahren war ich noch Präsident der US-Reis-Industrie, des sogenannten Reiskonsumenten-Services. Ich produzierte damals einen vielbeachteten Film über den Reisanbau in den USA. Schon heute erfolgen Aussaat, Düngung und Ungezieferbekämpfung größtenteils aus der Luft, also mittels Flugzeugen; die Ernte wird von landwirtschaftlichen Monstermaschinen eingebracht. Zehntausende von Landarbeitern verloren ihre Arbeit.

Im Jahr 2000 werden ferner *nur noch sechzehn Prozent aller Arbeitnehmer der USA mit der Herstellung von industriellen Produkten befaßt sein,* denn manuelle Arbeit, die ja auch heute schon weitgehend mechanisiert ist, wird bis dahin fast vollständig automatisiert und von Computern gesteuert sein. Diese Umstrukturierung der Wirtschaft wird nicht ohne ernste Probleme und auch Proteste vor sich gehen, aber selbst massivste Streiks werden Jobs nicht sichern, die es nicht mehr gibt.

Die verbleibenden *einundachtzig Prozent der US-Arbeitnehmer werden in Berufen arbeiten, in denen sie mit Menschen zu tun haben werden,* im Lehrberuf und in den verschiedensten Dienstleistungsbereichen. Punkt eins, den es also in bezug auf die Sicherheit des Arbeitsplatzes zu beachten gilt, ist somit, nach Möglichkeit in einer wachstumsträchtigen Branche zu arbeiten, die eine große Zukunft vor sich – und nicht nur eine große Vergangenheit hinter sich – hat.

Doch dieser Punkt eins ist nicht ausschlaggebend für Sie. Die Arbeit in welcher Branche immer bietet Ihnen persönlich noch keine ausreichende Sicherheit. Ihren Arbeitsplatz können Sie nur sichern, wenn Sie imstande sind, sich als wertvoller zu erweisen als die übrigen Bewerber, die Ihren Arbeitsplatz auch gern hätten. *Der Konkurrenzkampf um die zur Verfügung stehenden Arbeitsplätze wird sich in naher Zukunft mit Sicherheit verschärfen.* Die

Anfänge dieser Entwicklung sind bereits überall in der Welt in Form beängstigend steigender Arbeitslosigkeit feststellbar.

Sie brauchen nur einmal die in diesem Kapitel angeführten Prozentangaben auf die Bevölkerungsstatistik umzulegen, um zu erkennen, daß in Kürze Millionen und aber Millionen von Menschen auf der Suche nach neuen Arbeitsplätzen sein werden, so daß ein ungeheurer Ansturm auf die offenen Stellen einsetzen wird. Und es wird unter diesen zahllosen Arbeitssuchenden bestimmt einige geben, die gerade auch Ihren Job gerne haben möchten.

Sie sollten also rechtzeitig damit beginnen, bei der Leitung des Unternehmens, in dem Sie arbeiten, positiv aufzufallen. Das heißt:

- Sie müssen zeigen, daß Sie wertvoller als allfällige Mitbewerber sind,
- indem Sie sich als »Ideenproduzent« erweisen, der geradezu übersprüht vor Einfällen und Verbesserungsvorschlägen, die für die Geschäftsleitung ergiebig sind.

Und warum wird Sie das für Ihr Unternehmen unentbehrlich machen? Ganz einfach: Jedes Unternehmen ist darauf angewiesen, im Konkurrenzkampf besser abzuschneiden als die anderen – *ein Ziel, das sich nur durch laufende Verbesserungen erreichen läßt.* Daher stellt ein Mitarbeiter – ganz gleich welcher Position – für die Firma einen unersetzlichen Garanten ihrer Zukunft dar, wenn er sich einmal als verläßlichen »Lieferanten« neuer Ideen zur Verbesserung der Erzeugnisse oder des Warenangebotes, der Arbeitsabläufe oder des Vertriebssystems der Unternehmung erwiesen hat. Und die Möglichkeiten für Verbesserungen innerhalb eines Unternehmens sind zahllos!

Doch mehr noch: ein Mitarbeiter, der sich einmal einen Namen als Ideenbringer innerhalb der Firma gemacht hat, wird sogar dann mit Sicherheit nicht gekündigt werden, wenn sein Arbeitsplatz tatsächlich der Rationalisierung oder Automatisierung zum Opfer fallen sollte. Die Firmenleitung beziehungsweise das Personalbüro wird ihn in einem solchen Fall garantiert anderweitig einsetzen, einfach *weil sich bei dem heutigen Konkurrenzkampf keine Firma den Verlust eines ideenreichen, initiativen Mitarbeiters leisten kann.*

Die meisten größeren Industrieunternehmen haben eigene Forschungs- und Organisationsabteilungen, die mit nichts anderem befaßt sind als mit der Entwicklung von Verbesserungen auf technischem und administrativem Gebiet. Der Hauptakzent ihrer Arbeit liegt im allgemeinen auf der Verbesserung der Erzeugnisse – in Handelsunternehmen des Warenangebotes – und der Arbeitsmethoden.

Ich könnte mir eine Zukunft vorstellen, in der in großen Betrieben unter dem Motto der »totalen Verbesserung« ein Mitglied der Unternehmensleitung (im Fall einer Aktiengesellschaft des Vorstandes) ein Ressort ausschließlich für laufende Verbesserung und Optimierung innehat und zu diesem Zweck eine leistungsfähige und kreative Abteilung von »Ideenspezialisten« leitet, die nur damit beschäftigt sind, die Arbeit des Unternehmens auf jeder Stufe, vom Ankauf des Rohmaterials bis hin zum Kundendienst, fortgesetzt zu verbessern.

Bis jetzt sind wir allerdings noch nicht soweit. Inzwischen aber *können Sie sich in Ihrer Firma als Ein-Mann-Abteilung für Ideenentwicklung betätigen.* *

Sehen wir uns nun einmal an, wie eine solche Ein-Mann-Abteilung für Ideenentwicklung funktionieren könnte: Sie beginnen am besten damit, eine LISTE aller Erzeugnisse oder Waren, Projekte oder Pläne, ferner der Rohstoffe, Arbeits- und Vertriebsmethoden, Serviceleistungen usw. zu erstellen, die in Ihrem speziellen Betrieb für etwaige Verbesserungen in Frage kommen könnten. Vergessen Sie nichts in dieser Aufstellung; Sie wissen, daß sich grundsätzlich alles verbessern läßt.

Gehen Sie bei der Erstellung Ihrer Liste so genau wie möglich vor, so gut es Ihnen Ihr Wissen und unaufdringliche Beobachtung ermöglichen. Verhalten Sie sich aber nicht wie ein Privatdetektiv

* Im amerikanischen Original dieses Buches sind meist sowohl Männer als auch Frauen angesprochen. Das ermöglicht die deutsche Grammatik nicht ohne Schwerfälligkeiten, die auf Kosten der Lesbarkeit gingen. Man müßte ständig für beide Geschlechter gültig formulieren, also beispielsweise »Mitarbeiter und Mitarbeiterinnen« oder »er bzw. sie«. Ich bitte daher die Leserinnen dieses Buches um Verständnis. So sollte denn auch klar sein, daß zum Beispiel die eben zitierte »Ein-Mann-Abteilung« mit ebenso großer Effizienz als »Ein-Frau-Abteilung« arbeiten kann, wie überhaupt die bewährten Erfolgsmethoden für Frauen genauso gültig und anwendbar sind wie für Männer. (Anmerkung der Übersetzerin.)

und mischen Sie sich nicht in Belange, die Sie nichts angehen dürfen; schnüffeln Sie vor allem niemals an der Arbeit Ihrer Kollegen herum – und schon gar nicht in ihren Schreibtischen! Bleiben Sie bei Ihren Recherchen im Rahmen und vermeiden Sie, bei Ihren Kollegen Verstimmung auszulösen. *Gehen Sie also diskret und unaufdringlich vor.* Stellen Sie auch keine unwillkommenen oder bohrenden Fragen. Und behalten Sie vor allem für sich, daß Sie auf der Suche nach Verbesserungsvorschlägen sind. Stellen Sie statt dessen in aller Stille – am besten zu Hause – Ihre Liste der Produkte zusammen, die in Ihrer Firma erzeugt werden, oder der Waren, die gehandelt werden, der Arbeitsmethoden, etwaiger Serviceangebote für Kunden, der Projekte, die in Arbeit sind, oder der Pläne, die gerade erstellt werden – eine Liste einfach von allem, was Ihnen einfällt, ohne daß Sie herumbohren oder herumspionieren müßten. Sie werden sehen, daß eine solche Liste – ohne jegliches Eindringen in Bereiche, die Sie nur wenig oder nichts angehen – umfassend genug ist, *daß Sie für ein gutes Jahr der Ideenentwicklung und der Ausarbeitung brauchbarer Vorschläge vorgesorgt haben!*

Haben Sie diese Liste einmal fertig vorliegen, gehen Sie jeden Punkt Ihrer Liste anhand der einundsechzig Fragen unserer in Kapitel 12 enthaltenen CHECKLISTE durch, immer einen nach dem anderen. Das dauert natürlich eine gewisse Zeit, Sie sollten sich also einen ruhigen Nachmittag oder Abend für den ersten Anlauf freihalten. Und wenn Ihnen dann Ideen kommen, schreiben Sie sie sofort auf. Konzentrieren Sie sich auf einen Punkt Ihrer Liste so lange, bis Ihnen dazu wirklich nichts mehr einfällt – das kann eine Woche oder länger dauern; dann arbeiten Sie Ihren sich langsam herauskristallisierenden Vorschlag soweit aus, daß Sie ihn Ihrem Vorgesetzten vorlegen können, und zwar in einer Art, daß bemerkt wird, wie Sie sich für die Firma einsetzen, ohne daß Sie sich andererseits unbescheiden aufspielen.

Jeder Verbesserungsvorschlag, der nicht bescheiden und diskret vorgebracht wird, zieht unweigerlich Mißbilligung nach sich. Das vermeiden Sie, *wenn Sie Ihre Verbesserungsvorschläge in Frageform präsentieren* (wie in Kapitel 16 empfohlen wurde) unter dem Vorwand, die Meinung eines Fachmannes zu einem bestimmten Problem zu erbitten.

Lesen Sie vielleicht nochmals in Kapitel 16 nach, wie man am besten und wirkungsvollsten Vorschläge unterbreitet, ohne anmaßend oder wichtigtuerisch zu wirken.

Wenn Ihre Idee Ihrem Chef undurchführbar erscheint, wird er Ihnen das sicher sagen, und er wird Ihnen auch seine Gründe angeben. Dann haben Sie immer noch (die in Kapitel 16 aufgezeigte) Möglichkeit, seine Ablehnung durch ein Kompliment zu überspielen.

Kein Chef kann etwas dagegen haben, *wenn ein Angestellter ihn um seine Expertenmeinung zu einem Thema bittet, das eine mögliche Verbesserung betrifft.* Wenn trotz Einhaltung der angeführten Regeln Ihr Chef aber nichts tut, um Sie zu ermutigen, vielmehr sein Mißfallen an Ihrem Mitdenken erkennen läßt, dann sollten Sie einen Arbeitsplatz mit einem flexibleren Chef suchen; eine Firma mit einem Chef, der auf Verbesserungsideen (die er vielleicht zu Recht ablehnt) ungehalten reagiert, hat sicher keine besonders rosige Zukunft.

Erfolgreiches Management bedeutet unter anderem auch die Berücksichtigung der immer deutlicher erkennbar werdenden *Tatsache, daß die besten und am ehesten zielführenden Verbesserungsvorschläge zu einem hohen Prozentsatz aus den Reihen der eigenen Mitarbeiter kommen,* und zwar aller Ebenen. Die fortschrittlichsten Firmen haben daher folgerichtig Programme zur Förderung von Verbesserungsvorschlägen durch Mitarbeiter laufen. Briefkästen für Vorschläge sind an Durchgangsplätzen zu den Büros und den Fabrikhallen plaziert. Für jeden guten Vorschlag, der angenommen wird, werden Prämien ausgesetzt, deren Höhe in Relation zu seinem Wert für die Firma steht. Für manche besonders wertvolle Ideen sind in den USA schon Prämien in der Höhe von vielen tausend Dollar ausgezahlt worden. Dabei handelt es sich allerdings um Ausnahmen für äußerst lohnende Vorschläge. Durchschnittlich beläuft sich die Höhe der Anerkennungsprämien etwa auf fünfhundert bis tausend Dollar. Kleinere Beträge sollen die Mitarbeiter jedenfalls ermutigen, sich weiter gedanklich mit dem Thema Verbesserungen zu beschäftigen. Große Konzerne, wie etwa General Motors, haben Anerkennungsprämien im Wert von Millionen Dollar an Angestellte und Arbeiter ausgezahlt.

Arbeitnehmer, die sich konzentriert mit Verbesserungsideen befassen, werden erfahrungsgemäß sehr bald der Firmenleitung auffallen und gelten mit Recht als besonders wertvolle, unersetzliche Arbeitskräfte. Da aber der Erfolg eines Unternehmens mit dem Tempo steht oder fällt, in dem die zur Erhaltung der Wettbewerbsfähigkeit unentbehrlichen Verbesserungen durchgeführt werden, *gibt es keine bessere Sicherung seines Arbeitsplatzes als Ideen . . . Ideen!*

Kapitel 25

# Die Welt braucht eine Ideenexplosion!

Der Terminus »Bevölkerungsexplosion« ist eine dramatische Bezeichnung für das alarmierende Ansteigen der Weltbevölkerung. Diese unsere Welt aber braucht dringend eine Ideenexplosion.

In den USA *war es leider ausgerechnet der Zweite Weltkrieg, der die bisher letzte Ideenexplosion auslöste,* und ähnliches gilt wohl auch für die meisten in den Krieg verwickelten europäischen Staaten. Seitens der Öffentlichkeit (abgesehen jetzt von den Spezialisten der Wirtschaft und Forschung) kamen damals zahllose Vorschläge, wie man Kriegsmaterial verbessern, dessen Produktion beschleunigen und Kosten einsparen könne. Allein die Zivilangestellten des Kriegsministeriums dachten sich zum Beispiel zwanzigtausendundneunundsechzig Verbesserungsvorschläge aus, durch die in einer Zeitspanne von nur achtzehn Monaten nicht weniger als 43 793 000 Dollar eingespart wurden. Das Personal einer einzigen Marinewerft legte innerhalb von zwei Wochen neunhundert Verbesserungsvorschläge vor.

Muß es aber ein Krieg sein, der ein Volk zu einer Ideenexplosion bringt? Genügen GEFÄHRLICHE KRISENLAGEN nicht? Schließlich machen uns doch bereits verheerende Krisen zu schaffen, in den USA nicht weniger als in der übrigen Welt. Wir haben eine Nahrungsmittelkrise (heute sterben mehr Menschen an Hunger, als je in Kriegen getötet wurden); wir haben eine Wirtschaftskrise, eine Inflationskrise, eine Kreditzinsenkrise, eine allgemeine Finanzkrise. Wir haben ferner eine Energiekrise, eine Rohstoffkrise, eine Krise der Handels- und Zahlungsbilanz wegen zu hoher Importe und zu geringer Exporte ... Überall begegnen wir Regierungskrisen, zu denen es regelmäßig infolge unglaublicher Mißwirtschaft, Verschwendung der öffentlichen Mittel, bestürzender Unfähigkeit der Regierenden und, nur allzu oft, auch fragwürdiger Ethik kommt. Die Verbrechen nehmen zu, wir haben das Drogenproblem usw. Wir befinden uns in einer Krise der öffentlichen und privaten Moral.

Ich meine, daß es nicht nötig ist, die »Krisenliste« fortzusetzen, obwohl das ohne weiteres möglich wäre. An welchen Bereich immer Sie denken, überall stoßen Sie auf Krisen. Es wäre interessant, aber wenig ergiebig, die von allen möglichen Wissenschaftlern beigesteuerten Erklärungen zu erörtern, wie denn diese unsere Welt jemals in einen so traurigen Zustand geraten konnte. Es gibt eine KONSTRUKTIVERE ALTERNATIVE: Wir wollen uns lieber darauf konzentrieren, Verbesserungsvorschläge für alle Bereiche, die uns irgendwie am Herzen liegen, auszudenken, aufzuschreiben und an geeigneter Stelle vorzutragen ... *Die Welt braucht eine Ideenexplosion!*

Wir haben uns zu sehr auf überspezialisierte und meist praxisferne »Denkfabriken« verlassen; wir müssen uns dringend um nützliche Vorschläge seitens der Menschen bemühen, die aus der Praxis wissen, worum es geht: jener Millionen Menschen, die an der Basis die Arbeit tun, die die Produkte herstellen, deren wir uns täglich bedienen, die die Maschinen erzeugen, die unsere Welt in Gang halten, die all die Dienstleistungen erbringen, die wir fortgesetzt benötigen – und die schließlich auch, indem sie das verdiente Geld ausgeben, dafür sorgen, daß das Geld umläuft und alles übrige läuft.

Wir müssen endlich vom Denken von »Elfenbeintürmen« aus weg. Nur damit kommen wir auch weg vom wirtschaftlichen Desaster. Wir müssen weg von Voreingenommenheiten, die bisher von einer »glorreichen« Katastrophe zur anderen führten. Wir müssen – im großen wir im kleinen – jede Möglichkeit ausräumen, die weiterhin zu Wahlsiegen des »Meistbietenden«, statt des Fähigsten, führen könnte. Wir müssen die Lohn- und Preisspirale in den Griff bekommen, bevor es so weit kommt, daß wir weder Löhne noch Preise mehr zahlen können. Und *wir brauchen nicht allein eine Regierung aus dem Volk, sondern viel dringender noch Ideen aus dem Volk.*

Darum geht es in diesem Kapitel. Wenn die Wirtschaftsführer aller Branchen bereit sind, Ideen von Mitarbeitern aller Ebenen anzuregen und ihre im Zusammenhang mit ihrer Arbeit entwikkelten Verbesserungsvorschläge zu prüfen und zu nutzen, so wird sich aufgrund der Mobilisierung dieses immensen Potentials mehr Wohlstand erzielen lassen als durch alle anderen Maßnahmen, ein gesicherter Wohlstand für alle!

Es wäre für die Massenmedien eine leichte und lohnende Aufgabe, jeden einzelnen zu ermuntern und aufzurufen, Verbesserungsvorschläge für seine unmittelbare persönliche Umwelt auszudenken, aufzuschreiben und an geeigneter Stelle vorzulegen. Das gäbe der in allen Menschen schlummernden Begeisterung Auftrieb, die im Abenteuer, etwas verbessert zu haben, ihren Höhepunkt findet. *Die solcherart von den Medien angefachte Ideenexplosion fände in der Wirtschaft ihren Niederschlag.*

Und die Wirtschaft selbst könnte das Ihre tun. Die Unternehmen sollten, ungeachtet ihrer Größe und Bedeutung, dauernd ihre Bereitschaft bekunden, Ideen und Verbesserungsvorschläge zu prüfen und gegebenenfalls zu honorieren. Sie sollten leicht zugängliche Vorschlagsbriefkästen anbringen und mit Postern, Klebeetiketten und Anschlägen am Schwarzen Brett sowie in internen Hauszeitschriften klarmachen, daß man sich ernsthaft mit allen Vorschlägen auseinandersetzen wird.

Prämien sollten großzügig und rasch ausgezahlt werden. Jeder ernst zu nehmende Vorschlag müßte jedoch mit einer Anerkennung belohnt werden. Außerdem sollte jedes Unternehmen – je nach Größe – eine Abteilung, zumindest aber einen Referenten mit der speziellen Aufgabe betrauen, alle Verbesserungsideen im Betrieb zu sammeln, weitere anzuregen, sie zu koordinieren und einer zielstrebigen Weiterentwicklung zuzuleiten.

Der bedeutende englische Ökonom und Firmenberater HERBERT N. CASSON schrieb schon eine Generation vor uns: *»Jedes effizient arbeitende Unternehmen muß auf organisierter Freundschaft basieren.«*

Mit Sicherheit könnten Unternehmensleitung und Arbeitnehmer leichter zu »organisierter Freundschaft« gelangen, wenn mehr Nachdruck auf die gemeinsame Erarbeitung von Verbesserungen gelegt würde. Verbesserungsideen sind es ja auch, die die

Wettbewerbsfähigkeit des Unternehmens steigern, von dem schließlich alle leben.

Die Suche nach Verbesserungsvorschlägen muß übrigens nicht auf das Firmenpersonal beschränkt bleiben. Spezielle Werbekampagnen könnten auch die Abnehmer in den Kreis der »Ideenbringer« einbeziehen. Händler wissen regelmäßig am besten über die Konsumentenwünsche und -bemängelungen Bescheid und können deswegen sehr wertvolle Einfälle beisteuern. Die durch die Kunden weitergeleiteten Anregungen der Konsumenten können einen Hinweis darauf geben, was den Endverbrauchern am Waren- oder Leistungsangebot des Unternehmens nicht paßt, was sie stört. Auf dieser Grundlage kann das Unternehmen den Verbrauchern viel leichter *mehr von dem bieten, was sie wirklich wollen, und weniger von dem, was sie nicht wollen oder sie sogar ärgert.*

Obwohl die meisten Händler-Kunden sich wahrscheinlich nicht die Mühe machen werden, schriftliche Verbesserungsvorschläge einzusenden, so werden das doch manche mündlich oder telephonisch tun. Sicher wird jedoch jeder sich persönlich angesprochen fühlen und die Bemühungen einer Firma schätzen, ihn als Wiederverkäufer-Kunden mitreden zu lassen und ihn sowie seine Kunden restlos zufriedenzustellen.

Erweitert ließe sich auch die MITWIRKUNG DER MEDIEN an der Ideenexplosion vorstellen: Jede Tages- oder Wochenzeitung, jedes Fachblatt könnte mehr oder weniger regelmäßig eine Spalte oder noch besser eine ganze Seite dem Thema »Ideen für Verbesserungen« widmen, die von Lesern vorgeschlagen werden. Ich meine damit nicht die Arbeit der üblichen Leserbriefkolumnen, die ja bekanntlich keineswegs auf Verbesserungsvorschläge abzielen. Doch *ein regelrechtes Ideenforum fände mit Sicherheit ein breites Interesse – sowohl seitens der Ideenbringer als auch seitens der interessierten Leser.*

Ebenso könnten Rundfunk und Fernsehen regelmäßig Programme mit Verbesserungsvorschlägen ausstrahlen, die von Hörern oder Zuschauern unterbreitet werden. Damit könnte die breite Öffentlichkeit angeregt werden, im Sinne der erwähnten Ideenexplosion mitzuwirken. Ein solches Ideenforum könnte, zumal Begeisterung ansteckend ist, eine Fülle von Vorschlägen aus allen Lebensbereichen erbringen und wäre sicher eine willkommene und interessante, vor allem aber eine nützliche und nutzbringende Ergänzung der Fernseh- und Radioprogramme.

Schon in der Grundschule und bis zur mittleren und höheren Reife könnte der Lehrplan für unsere Kinder einmal wöchentlich *einen Unterricht in planmäßiger, kreativer Entwicklung von Verbesserungsideen vorsehen.* Solche Unterrichtsstunden könnten zum Beispiel mit besonderen Schwerpunktthemen beginnen, die die Aufmerksamkeit der Schüler auf eine bestimmte Fährte setzen. Zum Beispiel könnte doch ein Thema wie »Verbesserung der Arbeitsplatzvermittlung nach Schulabschluß« in Abgangsklassen ein wahres Ideenfeuerwerk auslösen. Oder man könnte beim Nächstliegenden ansetzen: »Wie könnte man den Unterricht spannender und nützlicher gestalten?« – sicher ein höchst anregendes Thema für alle Schulstufen.

Nachdem die grundsätzlichen Techniken kreativen Denkens einmal von den Schülern beherrscht werden, könnte man zu freien Diskussionen übergehen, in denen Vorschläge zur Verbesserung erörtert werden, die schlechthin alles zum Gegenstand haben können. Es läßt sich ja auch alles verbessern – durch kreatives Denken!

Der amerikanische Schriftsteller SHERWOOD ANDERSON sagte treffend: *»Es ist das Hauptziel jeder Erziehung (oder sollte es zumindest sein), die Kreativität des Geistes zu entwickeln.«*

Die Entwicklung von Verbesserungsvorschlägen stellt ein hervorragendes Training kreativen Denkens dar. Wir sollten das deshalb mit unseren Kindern schon von früher Kindheit an trainieren, das heißt zuerst nur spielerisch üben. Aber *kreatives Denken ist auch das Geheimnis aller Erwachsenen, die im Geiste jung und flexibel geblieben sind.*

Es gibt Psychologen, die behaupten, daß die meisten Menschen, Organisationen und auch Unternehmen unter – wie sie sagen – »Traditionsparalyse« leiden: unter selbstauferlegten Lähmungserscheinungen, die als Folge der Tatsache auftreten, daß alles gemacht wird und gemacht werden muß »wie immer«. Natürlich führt das zu völliger Stagnation, zur Unfähigkeit, sich in anderen als den eingefahrenen Geleisen zu bewegen, zum Tod aller Kreativität und damit zur Unfähigkeit jeglicher Anpassung.

Für die Wirtschaft ist das, wie W. O. DOUGLAS sagte, das Ende: »Sicherheit gibt es nur dort, wo es ständigen Wandel gibt, wo alte Ideen über Bord geworfen werden, wenn sie keinen Nutzen mehr bringen, und wo neue Ideen aufgegriffen werden, die der augenblicklichen Sachlage angepaßt sind.«

*Ein nicht mehr den Anforderungen des Wettbewerbs angepaßter Organismus der Wirtschaft geht – wie jeder Organismus – zugrunde.* Er ist verurteilt, das Schicksal jener ausgestorbenen Tierarten zu erleiden, die sich im Laufe der Evolution ihrer veränderten Umwelt nicht anzupassen vermochten. Was in der Entwicklungsgeschichte infolge mangelnder Anpassungsfähigkeit im Laufe von Jahrtausenden oder Jahrmillionen vor sich geht, spielt sich im wirtschaftlichen Leben mit rasender Geschwindigkeit ab, obwohl nur in scheinbar kleinen Schritten. Zuerst treten finanzielle Verluste auf, dann werden Arbeitsplätze eingespart, dann wird das Unternehmen liquidiert; unter Umständen geht die ganze Branche ein – mangels Anpassung an die eingetretenen Veränderungen!

*Wie können Sie nun Veränderungen erfolgreich begegnen?* Es ist eine Sache der Anpassungsfähigkeit und der geistigen Einstellung:

1. Akzeptieren Sie das Unveränderliche. Bereiten Sie sich auf jede erkennbar werdende Veränderung voll Zuversicht vor.
2. Lernen Sie erkennbar werdende Veränderungen zu lenken und zu steuern, statt von ihnen überrumpelt zu werden.
3. Versuchen Sie, rechtzeitig die Richtung und die Art der sich abzeichnenden Veränderungen zu erkennen, so daß Sie sich einstellen und entsprechend profitieren können.

So können Sie die sich erst abzeichnenden Veränderungen in Ihrer Vorstellung, in Ihrer Phantasie vorwegnehmen und sich auf die Zukunft einstellen. Aber denken Sie kühn, nicht verängstigt, an die geänderte Zukunft! Wie es uns JOHN DEWEY, einer der großen Philosophen Amerikas, lehrte: »Jeder große wissenschaftliche Fortschritt entstammt einer neuen Kühnheit der Phantasie.«

Versuchen Sie sich ruhig auch das Unmögliche vorzustellen! Wagen Sie sich mit Ihrer Phantasie über die Grenzen des Berechenbaren hinaus ins Reich des Unmöglichen – denn dort liegt die Zukunft, die erst entdeckt werden will!

# Kapitel 26

# Entscheidend ist die Wirksamkeit

Die Ausführlichkeit der vorangegangenen Kapitel erklärt sich aus der Tatsache, daß sich eine Erfolgsmethode wie die Checkliste der einundsechzig Fragen verständlicherweise nicht in Kurzfassung darstellen läßt.

Andererseits soll dieses Buch aber eine Sammlung so vieler bewährter Erfolgsmethoden wie möglich sein. Wie eingangs dieses Buches erwähnt, habe ich vierzig Jahre meines Lebens der Erforschung bewährter Erfolgsmethoden gewidmet und während dieser Zeit mehr als tausend solcher Methoden zusammengestellt. Das vierbändige *»Schlüsselwerk bewährter Erfolgsmethoden«* faßt sie in Buchform für jeden Menschen zusammen, der sich dieser praktischen Hilfen bedienen und im Leben wirklich erfolgreich sein will. Jeder der vier Bände steht im Rahmen des Gesamtwerkes für sich, hat aber jeweils ein Schwerpunktthema zum Inhalt, das in den Titeln zum Ausdruck kommt: *»Wunscherfüllung«*, *»Lebenserfolg«*, *»Persönlichkeitsbildung«* und *»Wohlstandsbildung«*.

Jeder Band – und so auch das vorliegende Buch – enthält so viele zu seinem Schwerpunktthema passende bewährte Erfolgsmethoden wie nur möglich, und zwar in so kurzer und prägnanter Form wie möglich, so daß *Sie über eine reiche Auswahl verfügen, aus der Sie die Ihnen persönlich besonders geeignet erscheinenden Methoden und Techniken auswählen können.*

Wohlgemerkt: Die Ausführlichkeit der Darstellung ist kein Hinweis auf die Wichtigkeit der Erfolgsmethode. Eine nur kurz dargestellte Erfolgsmethode kann für Sie ebenso wichtig oder gar wichtiger sein als eine ausführlich dargestellte. Messen Sie also den Wert einer Methode nicht an der Länge des Kapitels, das sie behandelt!

Alle in diesem *»Schlüsselwerk bewährter Erfolgsmethoden«* erwähnten Techniken, sind Techniken, wie sie die erfolgreichsten Menschen zu allen Zeiten verwendeten, um ihren Erfolg zu sichern, um zu Wohlstand, Ansehen und Ehre zu gelangen ... Die Wirksamkeit der Methoden beschränkt sich keineswegs allein auf finanziellen Erfolg. Sie dienen ebenso der Verbesserung Ihrer persönlichen Lebensumstände, der Lösung Ihrer Probleme und der Überwindung von Hindernissen aller Art, die Sie möglicherweise in Ihrer Weiterentwicklung einschränken. Sie können mit ihrer Hilfe alle Widerstände überwinden und Ihr Lebensziel erreichen, mit einem Wort: Sie können mit Hilfe dieser Techniken alles bekommen, was Sie sich wünschen!

So können Sie durch den Einsatz dieser Methoden auch zu dem von Ihnen angestrebten Reichtum gelangen. Doch Sie werden sehen, daß die finanziellen Erfolge, die Sie erzielen können, sobald Sie mit der Arbeit an sich selbst begonnen haben, sozusagen lediglich eine Begleiterscheinung der tiefgreifenden positiven Auswirkungen sind, die der Einsatz bewährter Erfolgsmethoden auf Ihre gesamte Persönlichkeit hat. Denn Sie werden bald feststellen, *daß Sie zu einem auf der ganzen Linie erfolgreichen Menschen werden können.*

Lesen Sie, um diesem Ziel näherzukommen, im nächsten Kapitel, wie Sie mindestens die Hälfte aller Ihrer Sorgen vermeiden können.

# Kapitel 27

# Wie Sie die Hälfte Ihrer Sorgen vermeiden können

Der amerikanische Humorist Josh Billings (alle wahren Humoristen sind auch weise Menschen) schrieb einmal: »Die Hälfte aller Schwierigkeiten im Leben kommt daher, daß man zu schnell ja und nicht schnell genug nein sagt.« Kann man es klarer ausdrücken?

Und Josh Billings machte keinen Witz, als er diese Erkenntnis niederschrieb. Er formulierte damit vielmehr eine bewährte Erfolgsmethode, eine zweiteilige Methode, genaugenommen: *Sagen Sie nicht zu schnell ja! Sagen Sie nicht zu spät nein!*

Das sollten wir uns einmal näher ansehen. Ein vorschnelles Ja ist der Grund für alle jene Fehler, die sich daraus ergeben, daß wir uns nicht die Mühe machen,

- vor einer Zusage *alle nötigen Fakten abzuwägen;*
- zuvor *alle möglichen Alternativen zu prüfen;*
- den Vorschlag zuerst logisch *bis zur letzten Konsequenz durchzudenken.*

Es ist nicht nur die ungestüme Jugend, die oft in Schwierigkeiten gerät, weil ein zu rasches Ja nicht mehr zurückgenommen werden kann (das zu einem guten Teil oft nur deswegen gegeben wird, weil »alle es so machen«). Auch »gestandene« Erwachsene aller Altersstufen lassen sich oft überrumpeln, und dann stehen sie da mit ihren Sorgen, die sie sich selbst an den Hals gezaubert haben!

Es ist eine bewährte Erfolgsmethode, Vorschlägen gegenüber, die Ihnen keine angemessene Bedenkzeit zur Prüfung aller Fakten, Alternativen und Konsequenzen lassen, mißtrauisch zu begegnen. *Jedes Angebot, das eine sofortige Entscheidung ver-*

*langt, stellt eine Art Nötigung dar, und das sollte Grund genug für eine glatte Ablehnung sein.*

Bilden wir uns auch nichts auf eine vorschnell, weil »intuitiv« gefällte Entscheidung ein, wenn unsere Intuition nur darin besteht, daß wir auf Sorgfalt und Logik verzichten. Es ist eine erwiesene Tatsache, daß jeder nur einigermaßen geschickte Betrüger, aber sogar auch jeder, der nur ein paar gute psychologische Tricks ausspielt, unsere »Intuition« zu manipulieren versteht und für sich arbeiten lassen kann. Man merkt das allerdings erst zu einem Zeitpunkt, da es zu spät ist ... *Sagen Sie also nie vorschnell ja.*

Ich möchte Sie aber andererseits nicht ermuntern, sich in einen gewohnheitsmäßigen Neinsager zu verwandeln. Ein »kluger Kopf« gibt ganz einfach eine Zusage erst dann, wenn er alle Fakten untersucht, vernünftig alle möglichen Alternativen geprüft und den Vorschlag in seinen Konsequenzen bis zu Ende durchdacht hat. Wenn Sie sich an diese bewährte Erfolgsmethode halten, können Sie sich im Anschluß an Ihre Entscheidungen so manches Kopfzerbrechen und darüber hinaus einige schlaflose Nächte sparen.

Eine wohlüberlegte Entscheidung erlaubt Ihnen dann auch, so zu handeln, wie es WILLIAM JAMES empfiehlt: »Wenn die Entscheidung einmal gefallen und der Zeitpunkt zum Handeln gekommen ist, dann sollte man jegliche Angst und Sorge bezüglich der Folgen dieser Entscheidung ein für allemal fallenlassen.« Sie sollen dann Ihre einmal getroffene Entscheidung nicht rückblickend in Frage stellen, sondern den guten Rat des Ölmillionärs WAITE PHILLIPS beherzigen, der rät: »Es kommt der Zeitpunkt, wo wir uns entscheiden müssen und wo es dann um Taten geht, und dann gibt es kein Zurückblicken mehr!«

Blicken Sie lieber *geradeaus nach vorne, denn dort liegt Ihre Zukunft!* Und vergessen Sie nie, daß Ihre Zukunft nur eine folgerichtige Entwicklung dessen darstellt, was Sie heute tun. Wenn Sie also mit Ihren Zusagen zu rasch bei der Hand sind oder wenn Sie nicht nein sagen können, werden Sie morgen die Konsequenzen zu tragen haben. Finden Sie nicht auch, daß Ihre Zukunft zu wichtig ist, als daß Sie sich über die hier erörterte bewährte Erfolgsmethode hinwegsetzen könnten? Es ist eine jener Erfolgsmethoden, die alle Großen der Geschichte, aber auch unserer Tage, angewendet haben – *sonst wären sie nicht groß geworden.*

Kapitel 28

# Binsenwahrheiten – für Saurier!

Es gibt Binsenwahrheiten, die man oft zu hören bekommt, die aber einfach nicht stimmen. So habe ich zum Beispiel die Erfahrung gemacht, daß der immer wieder gehörte Ratschlag »Sei ganz du selbst!« oder »Bleib nur, wie du bist!« zumeist völlig fehl am Platz ist.

Gleichwohl erteilen so manche Berater und Therapeuten den Menschen den Rat, ganz »sie selbst« zu sein. Natürlich kann ohnehin niemand jemand anderer sein als er selbst. Der Ratschlag zielt also (von einer gehörigen Portion Schmeichelei abgesehen, die wiederum verschiedene Gründe haben kann) hauptsächlich darauf ab, die Menschen davor zu warnen, so werden zu wollen, wie jemand anderer ist. *Vorbilder wären danach nicht mehr nötig!*

Wenn Ihnen also jemand zuredet und schmeichelt, doch ganz »Sie selbst« zu sein und um Himmels willen nur ja so zu bleiben, wie Sie sind, und Ihnen das gefällt, so brauchen Sie nicht weiterzulesen. *Dieses Buch wurde für jene geschrieben, die nicht so bleiben wollen, wie sie sind,* und es hat von Vorbildern übernommene bewährte Erfolgsmethoden zum Inhalt, mit deren Hilfe man sich verändern und zu Erfolg und Wohlstand gelangen kann.

Wenn Sie erfolgreich werden wollen, dann gibt es nur einen BEGEHBAREN WEG: Sie müssen genau die persönlichen Eigenschaften in sich entwickeln, die Voraussetzungen für Erfolg sind, und die Methoden einsetzen, deren Wirksamkeit sich aufgrund des Erfolges anderer Menschen erwiesen hat.

Im gleichen Maß, wie Sie die in diesem Buch empfohlenen bewährten Erfolgsmethoden anwenden, werden Sie sich zu

Ihrem Vorteil verändern. Je vorteilhafter Sie sich aber entwickeln, desto mehr Erfolg werden Sie haben und desto sicherer werden Sie Ihres Erfolges künftig sein. Der Dinosaurier war eines der größten Tiere, die je auf der Erde gelebt haben. Das schien damals, noch vor dem Morgendämmern der Intelligenz, Grund genug, »ganz er selbst zu sein« und sich nur ja nicht zu verändern. Nun: Vorbildlich auszusterben wie ein Saurier kann ja wohl niemandes Absicht sein!

Schon bloßes Überleben verlangt Anpassung. So war es in der Jura- und Kreidezeit, so ist es heute. ERFOLGREICH LEBEN aber verlangt mehr. Es ist wirklich nicht genug, »man selbst zu sein«. Erfolg verlangt ständigen Wandel, *den Wandel zu einer erfolgreicheren Persönlichkeit, die sich bewährter Erfolgsmethoden zu bedienen versteht.*

Bleiben Sie nicht am Ist-Zustand kleben. Schließlich lesen Sie dieses Buch, weil Sie sich verändern und weiterentwickeln wollen, weil Sie eine Persönlichkeit werden wollen, der der Erfolg zufällt.

Seien Sie darum für jede Entwicklung, für jede Veränderung zu Ihrem Vorteil offen. Bedienen Sie sich der Techniken und Methoden, die Ihrer Selbstvervollkommnung dienen. Setzen Sie Veränderungen und Neuem keinen inneren Widerstand entgegen. Beginnen wir in diesem Sinn ein neues Kapitel.

Kapitel 29

# Hätten Sie sich selbst gern zum Vorgesetzten?

Die Phantasie ist manchmal ein großer Lehrmeister. Man kann sich interessante und spannende Situationen jeder Art ausmalen und sich vorstellen, wie man sich in der eingebildeten Szene verhalten, wie man der fiktiven Herausforderung begegnen, die erdachte Situation meistern würde.

Solche PHANTASIEÜBUNGEN können Ihnen helfen, die Reaktionsgeschwindigkeit für den Bedarfsfall zu steigern und Methoden zur Krisenlösung zu testen, ohne sich tatsächlich einer gefährlichen Lage auszusetzen. (In meinem Buch *»Persönlichkeitsbildung«* sind solche Phantasieübungen genauer beschrieben.)

Spielen wir einmal das im Titel angetönte Beispiel durch: *Hätten Sie sich selbst gern zum Chef?* Verfügen Sie über die notwendigen Führungsqualitäten? Wie würden Sie zum Beispiel schlampige Arbeit von Ihnen unterstellten Mitarbeitern korrigieren? Wir würden Sie sich mit Beschwerden und Problemen Ihrer Untergebenen auseinandersetzen? Auf welche Weise würden Sie Ihre Mitarbeiter zu höheren Leistungen motivieren? Welche Anregungen und leistungssteigernden Reize würden Sie ihnen bieten? Warum gerade diese? Welche Veränderungen würden Sie durchführen? Wie würden Sie versuchen, die Verhältnisse in Ihrem Einflußbereich zu verbessern?

Das sind nur einige der vielen Fragen, die Ihnen zeigen sollen, was Sie alles können müssen, um sich für eine Position wie die Ihres Chefs zu qualifizieren. Können Sie sich ungefähr vorstellen, was es erst braucht, wenn Sie die Spitzenposition in Ihrer Firma oder einem großen Unternehmen einnehmen?

Falls Sie aber schon ein leitender Angestellter oder Ihr eigener Unternehmer sind, sollten Sie einen langen prüfenden Blick auf sich selbst richten und sich dabei *vorstellen, Sie seien einer Ihrer Untergebenen,* wobei Sie mehrere durchgehen sollten. Wenn Sie zum Beispiel der Registrator Müller wären, können Sie sich vorstellen, was Sie dann von Ihrem Chef erwarten würden? Würden Sie vielleicht besser arbeiten, wenn Ihr Chef freundlicher zu Ihnen wäre? Wenn er mehr Einfühlungsvermögen für Ihre Probleme aufbrächte? Wenn er sich sogar persönlich engagierte, um Ihnen bei der Lösung behilflich zu sein?

Und dann stellen Sie sich vor – wir kehren das Phantasiespiel um –, was der Registrator Müller von Ihnen als Chef hält! Gehen Sie diese Punkte für Ihre anderen Mitarbeiter ebenfalls durch. *Versuchen Sie sich einmal ehrlich so zu sehen, wie die anderen Sie sehen müssen.*

Das sollte jedermann gelegentlich einmal tun. Die Übung klärt die Stellung in beruflicher Hinsicht (ganz gleich, welche Position man einnimmt) und kann auch zur Verdeutlichung der Stellung in der Familie und zur Verbesserung der familiären Beziehungen viel beitragen.

Jeder von uns hat »seinen Karren zu ziehen«. Und niemand kann selbst darin fahren, man kann höchstens andere ziehen. Aber Sie sollten niemals übersehen, daß der, der den Karren zieht (sogar, wenn andere drin sitzen), dabei ganz schön weiterkommt und auf jeden Fall als erster, noch vor dem Karren, ins Ziel kommt!

Kapitel 30

# Die wahre Kunst der Überredung

Einer der Spitzenmanager eines großen amerikanischen Unternehmens pflegt zu behaupten: »Wer andere überreden kann zu tun, was er will, braucht nichts weiter! Wer hingegen über diese Fähigkeit nicht verfügt, dem nützt alles andere, was er vielleicht sonst kann, nichts.«

Beschäftigen wir uns also mit dem Erwerb dieser Fähigkeit. Dabei sollte klar sein, daß man ein so grundlegendes Thema nicht in einem Kapitel abhandeln kann. Wir werden daher in einigen weiteren Kapiteln ebenfalls noch das – etwas weiter gefaßte – Problem diskutieren, wie man andere Menschen dazu bringt zu tun, was man von ihnen erwartet. (Sehr ausführlich ist das übrigens in meinem Buch *»Wunscherfüllung«* behandelt.)

Und es gibt wirklich allerhand, das man zu dieser Frage lernen kann. Ich werde Ihnen alle Methoden verraten, die mir selbst bekannt sind; aber das Wesentlichste findet sich schon in dem an den Beginn dieses Kapitels gesetzten Zitat. Wer nämlich andere Menschen veranlassen, im Gespräch überreden kann, das zu tun, was er von ihnen erwartet, der hat wirklich das ganze Geheimnis entdeckt. Und vielleicht hilft uns auch ein Ausspruch des französischen Schriftstellers JOSEPH JOUBERTS (ein Freund und Berater Chateaubriands) auf diesem Gebiet weiter; er sagte: »Wir vermögen andere vielleicht durch unsere Argumente zu überzeugen. Überreden können wir sie jedoch nur mit ihren eigenen Argumenten.«

Ich möchte dieser Weisheit hinzufügen, daß meiner Erfahrung nach der scheinbar befriedigende Ausgang, einen anderen Menschen durch unsere Argumente überzeugt zu haben, fast immer ein Scheinsieg bleibt; denn im stillen hält jeder Mensch so lange an seiner ursprünglichen Meinung fest (ganz gleich, wie überwältigend die Argumentation sein mag, mit der wir ihn bombardieren), als *er sich nicht selbst dazu überredet, uns zu glauben.* Auch wenn er halbherzig zustimmen mag, im Innersten ist er dennoch nicht überzeugt – und fühlt sich vermutlich noch dazu von uns angegriffen und in die Enge gedrängt.

Die BEWÄHRTE ERFOLGSMETHODE für diesen Fall besteht darin, den Gesprächspartner dadurch für sich zu gewinnen, *daß man ihn mit Hilfe seiner eigenen Ansichten dazubringt zu tun, was man will.* Das klingt vielleicht zunächst etwas verwirrend, wird aber sofort klarer, wenn Sie sich vergegenwärtigen, wie Sie dabei im einzelnen vorgehen sollen:

1. Äußern Sie niemals als erster Ihre Meinung in der bestimmten Sache.
2. Hören Sie immer erst aufmerksam und interessiert die Ansicht Ihres Gesprächspartners an.
3. Dann stimmen Sie zu, daß die Argumente Ihres Gegenübers genau die Gründe dafür beinhalten, warum eine bestimmte Vorgehensweise (nämlich die, die Sie anstreben) ganz allgemein für die beste zu halten ist.
4. Auf diese Art passen Sie die Meinung Ihres Gesprächspartners Ihrer eigenen an, während Sie gleichzeitig seine Ansichten lebhaft unterstützen, vor allem natürlich in den Punkten, in denen sie sich am ehesten mit Ihren Absichten decken.
5. Natürlich müssen auch Sie Ihre eigenen Ansichten etwas anpassen; modifizieren Sie sie bereitwillig, soweit Ihre grundlegenden Ziele nicht beeinträchtigt werden; eben diese Ziele sollten nun aufgrund der leicht modifizierten beiderseitigen Standpunkte langsam auch zur Zielsetzung Ihres Gegenübers werden, wenn alles gut läuft.
6. Sie können es sich dabei ohne weiteres erlauben, eine ganze Reihe von unwichtigen Gefechten in der Argumentation elegant zu verlieren und sich »überzeugen« zu lassen, solange diese scheinbaren Kompromisse Sie näher an Ihr ursprüngliches Ziel heranführen.

Fassen wir also zusammen: *Versuchen Sie niemals, andere Menschen durch Argumente zu überzeugen, die ihren eigenen wider-*

*sprechen.* In einem solchen Fall stimmen Sie der Meinung Ihres Gegenübers zu und versuchen sie nur ganz langsam und vorsichtig »umzugestalten«, so daß die Meinungen und Ansichten Ihres Gegenübers schließlich genau das unterstützen, was Sie selbst von Anfang an wollten.

Dazu müssen Sie vor allem Ihren Gesprächspartner unentwegt zum Reden ermuntern, so daß Sie leichter herausfinden können, welche seiner Argumente sich problemlos Ihrer Zielsetzung anpassen lassen.

*Diese Technik ist nicht ganz einfach,* wie Ihnen jeder Diplomat bestätigen wird, der mit solchen Taktiken berufsmäßig umgehen muß. Aber seien Sie versichert, daß sich der Aufwand lohnt, sich diese Methode zu eigen zu machen; denn es gibt kaum eine Verhandlungstaktik, kaum eine Technik der Menschenführung, die Ihnen das Leben so sehr erleichtern wird wie diese – vorausgesetzt, Sie beherrschen sie wirklich.

Lesen Sie also dieses Kapitel nochmals durch und immer wieder, denn es enthält eine der ausschlaggebendsten, grundlegenden Fähigkeiten, die Sie benötigen, um schneller voranzukommen.

Kapitel 31

# Was Sie gewinnen, indem Sie auf die Bedürfnisse anderer eingehen

Eine weitere bewährte Erfolgsmethode kann Ihnen sehr helfen, andere dazuzubringen zu tun, was Sie wollen. Sie besteht in der Befriedigung GRUNDLEGENDER BEDÜRFNISSE, die jeder Mensch hat. Diese weitgehend unbewußten Bedürfnisse lassen sich im allgemeinen ohne besondere Schwierigkeiten stillen.

Natürlich trifft das nicht auf alle unbewußten Sehnsüchte und Wünsche der Menschen zu. Wir beschränken uns hier auf einige wenige, die bei allen Menschen gleichermaßen vorhanden sind und die man ohne tiefergehende psychologische Kenntnisse erkennen und befriedigen kann. Weitere Einzelheiten zu dieser Problemstellung finden sich in meinem Buch »*Wunscherfüllung*«, in dem ich detailliert auf diese Thematik eingegangen bin.

Wenn Sie es sich zur Aufgabe machen, auf solche Bedürfnisse der Menschen, die Ihnen jeden Tag begegnen, einzugehen, werden Sie bald feststellen, daß sich Ihre persönliche Beliebtheit und Ihr Einfluß in ungeahntem Maße steigern. Sie müssen aber in dieser Weise ohne Unterschied auf alle Menschen eingehen, mit denen Sie zusammentreffen, und nicht nur auf jene, von denen Sie sich etwas Bestimmtes versprechen.

Im folgenden finden Sie einige dieser weitgehend unbewußten Bedürfnisse angeführt. *Es handelt sich um zentrale Wünsche und Sehnsüchte eines jeden Menschen.* Wenn Sie auf diese Bedürfnisse einzugehen verstehen, werden all die Menschen, denen Sie solcherart entgegengekommen sind, Sie als sympathische und großzügige Persönlichkeit einschätzen und jederzeit bereit sein, Ihnen, wenn Sie das wünschen, jeden möglichen Dienst erweisen.

- Erfüllen Sie den sehnlichen Wunsch jedes Menschen nach *Bewunderung*. Jeder Mensch hat eine Eigenschaft an sich oder eine Leistung vollbracht, die sich aufrichtig bewundern läßt. Wenn nicht, dann hat er (oder Sie) vielleicht Schmuck, ein Möbelstück, ein Reitpferd oder irgend etwas, das bewundernswert ist.
- Erfüllen Sie den sehnlichen Wunsch jedes Menschen nach *Anerkennung*. WILLIAM JAMES, der schon mehrfach zitierte berühmte Psychologe, vertrat die Ansicht: »Anerkannt zu werden ist das tiefste Verlangen des Menschen.« Die Nichterfüllung dieses Bedürfnisses führt zu Ehe- und Arbeitskonflikten wie auch sogar zu sozialen Unruhen verschiedenster Art.
- Erfüllen Sie den sehnlichen Wunsch jedes Menschen nach *Bedeutung*. Eine ganze Reihe anderer Psychologen hält das Geltungsbedürfnis für das menschliche Motiv schlechthin, für die Triebkraft, die hinter allen Leistungen, ja überhaupt allen Handlungen steht, die der Stärkung des eigenen Selbstwertgefühls dienen.
- Erfüllen Sie den sehnlichen Wunsch jedes Menschen, *gebraucht zu werden*. Jemand, der sich nicht mehr gebraucht fühlt, verliert bald jede Freude, jedes Interesse am Leben. (Es ist das Problem Nummer eins älterer Menschen.) Sie können daher niemandem einen schöneren Dienst erweisen, als ihm zu zeigen, daß er benötigt wird, daß Sie mit ihm rechnen, auf ihn zählen.

*Gehen Sie darum auf diese menschlichen Bedürfnisse ein, wann immer sich die Gelegenheit bietet* – ganz gleichgültig, ob es sich nur um eine flüchtige Bekanntschaft oder um eine tiefergreifende Beziehung handelt. Bedenken Sie immer: Auch wenn bei einem Menschen solche Sehnsüchte nicht auf den ersten Blick erkennbar sind, weil er verschlossen oder schüchtern ist und vielleicht nicht gelernt hat, seiner Bedürfnisse innezuwerden oder sie mitzuteilen, sie sind immer da, sie sind in jedem von uns und harren ihrer Erfüllung.

*Eine Persönlichkeit versteht auf diese menschlichen Bedürfnisse einzugehen.* Denken Sie daran, wenn Sie mit Menschen zusammenkommen, wenn Sie telephonieren oder wenn Sie einen Brief schreiben.

Und warum das alles? Warum sollen Sie auf die Bedürfnisse anderer eingehen?

Erstens ist das eine Qualität einer jeden Persönlichkeit. Zweitens kommt nur eine Persönlichkeit im Leben groß voran. *Und, drittens, erhalten Sie Ihre Generosität hundertfach zurück . . .*

Kapitel 32

# Ein Spiel mit lauter Gewinnern

Der amerikanische Schriftsteller Oliver Wendell Holmes kennzeichnete Freundschaft einmal als das »hübsche Spiel, Komplimente auszutauschen«. Natürlich hat jede wirklich echte Freundschaft auch tiefersitzende Wurzeln, aber der Gedanke ist so liebenswert, daß wir ihn ruhig in unsere Erwachsenen-Spiele, mit denen wir uns alle täglich unterhalten, aufnehmen können. Sie können gleich jetzt beginnen, in der Phantasie ein bißchen zu üben, nur um ein Gefühl für die warme, freundschaftliche Atmosphäre zu bekommen, die sich zwangsläufig bei diesem Spiel einstellt. Stellen Sie sich zum Beispiel vor, Sie sprächen gerade jetzt mit einem Freund oder einem Verwandten. Lassen Sie sich eine bewundernde Bemerkung einfallen, die Sie ehrlichen Gewissens anbringen können. Natürlich wird sich Ihr Freund darüber freuen und wird sich nun seinerseits bemühen, Ihnen etwas Nettes zu sagen, das Ihnen Freude macht. Erfreut und angeregt bemühen Sie sich nun wieder, Ihrerseits mit einem Kompliment oder einer bewundernden Feststellung zu antworten – und so weiter und so weiter.

Höchstwahrscheinlich gefällt Ihnen dieses Spiel recht gut. *Versuchen Sie, es in die Realität umzusetzen.* Probieren Sie es doch zum Spaß bei den nächsten zehn Freunden oder Bekannten aus, mit denen Sie zusammentreffen. Ich bin ziemlich sicher, daß Sie es dann ganz von selbst auf die nächsten hundert ausdehnen werden und es schließlich als bewährte Erfolgsmethode, sich selbst und anderen eine Freude zu machen, die nichts kostet, fürs Leben beibehalten werden. Denn es gibt kaum ein Spiel, bei dem man so schnell begeisterte Mitspieler findet – und bei dem man nur gewinnen kann. Und was noch erfreulicher ist: *Alle Mitspielenden gewinnen!*

Der berühmt-berüchtigte englische Kritiker WILLIAM HAZLITT bemerkte einmal hintergründig, wie es seines Rufes würdig ist: »Die Kunst zu gefallen liegt darin, daß einem etwas gefällt.« Ich möchte gerne hinzufügen: Je besser Ihnen selbst an anderen etwas gefällt, desto besser werden Sie diesen anderen als Partner gefallen.

Geben Sie sich aber nicht ängstlich oder »lauwarm«. Machen Sie keine halbherzigen Komplimente. Mir fällt bei solchen Gelegenheiten immer ein Aphorismus aus den *»Reflexionen«* des französischen Philosophen MARQUIS DE VAUVENARGUES ein: »Es ist ein sicheres Zeichen der Mittelmäßigkeit, wenn ein Mensch auch in seinem Lob immer maßvoll bleibt.«

Und JOSEPH MURPHY, der weltweit bekannte Lehrer positiven Denkens, meint dazu: »Den Auftrieb gibt Ihnen Enthusiasmus. Er wird Sie emportragen!«

Kapitel 33

# Die Brücke auf dem Weg zum Erfolg

Eine der einfachsten bewährten Erfolgsmethoden besteht darin herauszufinden, was die Ursache von Schwierigkeiten, Konflikten und Verlusten ist – und dann genau *das Gegenteil dessen zu tun, was sich von der äußeren Sachlage her aufdrängt oder aufzudrängen scheint.*

Denken wir zum Beispiel einmal an REIBEREIEN. Jemand hat Reibereien zu Hause, mit Freunden und Bekannten, am Arbeitsplatz, überall ... Wenn man sich die Mühe macht, Konflikte jeder Art bis zu ihrer Entstehung zurückzuverfolgen, stößt man immer wieder auf die gleiche Ursache: Reibereien.

Reibereien haben – wie das Wort sagt – zur Folge, jeden Menschen aufzureiben. Wenn Sie jemanden klagen hören, er sei »total fertig«, dann können Sie mit ziemlicher Sicherheit annehmen, daß solche Reibereien – zumeist in den zwischenmenschlichen Beziehungen – der Grund sind. Reibereien machen ja einen Menschen tatsächlich ebenso kaputt, wie zuviel Reibung jede Maschine ruiniert. Es kommt zu Verlusten aller Art. Zuerst verliert man die Nerven, dann verliert man Freunde, dann die Fähigkeit und Bereitschaft zur Zusammenarbeit, dann die Chancen und bald auch sein Geld; die Verluste ziehen größere Kreise wie die Wellen eines Teiches, in den man einen Stein geworfen hat.

Wenn Sie daher einmal herausgefunden haben, was die Ursache von Schwierigkeiten, Konflikten und Verlusten ist – tun Sie das Gegenteil des Naheliegenden. Was aber ist das Gegenteil von Reibereien? Ein harmonisches Verhältnis! HARMONIE!

*Setzen Sie sich Harmonie zum Ziel, machen Sie das Wort zu Ihrem Motto.* So setzen Sie Reibereien zu Hause, an Ihrem Arbeitsplatz, überall, wo Sie sie haben, ein Ende. Und so können Sie tatsächlich in kürzester Zeit die meisten Spannungen und Konflikte beseitigen. Da Sie den Grund Ihrer Spannungen kennen – Reibereien – und Ihnen auch die Lösungsmöglichkeit bekannt ist – Harmonie –, sollte es Ihnen nicht mehr schwerfallen, die Kluft zwischen dem Ist-Zustand (Reibereien) und dem Soll-Zustand (Harmonie) schrittweise zu überbrücken.

Da ich natürlich keine Ahnung von Ihren speziellen Problemen habe, kann ich Ihnen keine konkreten Ratschläge geben. Doch wenn Sie sich fortgesetzt um Harmonie bemühen und ganz offen auch Ihre Umgebung auffordern, Ihr diesbezügliches Bemühen zu erkennen und zu unterstützen, werden Sie schneller, als Sie jetzt denken, ein harmonisches Leben führen. *Versuchen Sie es! Darauf natürlich kommt es entscheidend an.*

Das nächste Kapitel wird Sie mit wirksamen Methoden gezielten Denkens unter Einsatz von Leitworten vertraut machen. Ihre Wirksamkeit beruht darauf, daß sich ihr Inhalt – wenn Sie sie intensiv und oft wiederholen – Ihrem Unterbewußtsein einprägt und von dort aus als Leitideen fortwirken.

*Machen Sie Harmonie zu Ihrem Leitwort.* »Überfluten« Sie Ihren Geist durch Ihr Denken und Vorstellen mit dem Inhalt des zahllose Male wiederholten einen Wortes »Harmonie«. »Harmonie, Harmonie, Harmonie . . .« Es wird seine autosuggestive Wirkung nicht verfehlen.

Schritt für Schritt werden Sie merken, daß Sie im Privat- und Berufsleben mit erstaunlicher, mit einer bisher nicht gekannten Leichtigkeit vorankommen, daß sich alles harmonisch zu Ihren Gunsten ordnet . . .

Was hat jemand, der reich werden will, von der Harmonie?

Sie finden die Antwort, falls Sie sich nicht erinnern, am Ende des vorhergehenden Kapitels, Seite 131.

Kapitel 34

# Die Macht der Autosuggestion

Sie können eine in der angewandten Psychologie vielfach verwendete bewährte Erfolgsmethode für sich einsetzen, um alles zu bekommen, was Sie sich wünschen. Es ist die Methode der Autosuggestion, die von ÉMILE COUÉ, einem französischen Apotheker, entwickelt und von JOHANNES H. SCHULTZ, einem Berliner Nervenarzt, als autogenes Training ausgebaut wurde. Abseits terminologischer Haarspaltereien läßt sich der Sinn dieser Methoden sehr einfach zusammenfassen: Bestimmte Leitsätze, deren Inhalte Sie einmal Ihrem Unterbewußtsein einverleibt haben, können unerhörte Veränderungen in Ihrem Leben auslösen.

Je nachdem, welchen Leitsatz oder Wahlspruch (im autogenen Training wird das »formelhafter Vorsatz« genannt) man seinem Unterbewußtsein einprägt, kann man ein Versager oder Millionär werden!

Diese geraffte Darstellung soll Ihnen einen Begriff von der Bedeutung dessen geben, was diese Methoden wert sind. Psychotherapeuten verwenden sie zur Heilung von Ängsten, insbesondere Phobien, von Zwangsvorstellungen und einer ganzen Reihe geistig-seelischer Störungen.

Diese Methoden können auch Sie selbst einsetzen, um Angst, Schüchternheit und viele andere persönliche Probleme zu überwinden. Die gleichen Methoden aber können Sie auch einsetzen, um reich zu werden oder überhaupt um sich zu verschaffen, was Sie sich im Leben wünschen. Das Prinzip bleibt das gleiche, nur die Leitsätze, die man dem Unterbewußtsein einprägt, sind unterschiedlich.

Alle meine Bücher gehen von der Überzeugung aus, daß das wichtigste Prinzip des Lehrens und Lernens die Vereinfachung ist. Ich habe daher die Kreierung geeigneter formelhafter Vorsätze und deren Verwendung in meinem Buch *»Wunscherfüllung«* unter die einfach zu begreifende und einfach zu handhabende Devise gestellt: *»Machen Sie sich aus Ihrem Wunsch einen persönlichen Slogan!«* Darum handelt es sich nämlich, um nicht mehr und nicht weniger – wenn wir auf eine komplizierte wissenschaftliche Terminologie verzichten und statt dessen die Dinge beim Namen nennen.

Jedermann weiß, was ein Slogan ist. Die Werbung verwendet Slogans. Produkte werden mit Slogans angepriesen. *Ein gutsitzender Slogan hat schon manche Unternehmen, aber auch manche Menschen groß gemacht!* Im ersten Fall richtet sich der Slogan an die zu motivierenden Mitarbeiter oder an die Konsumenten. Im zweiten Fall richtet sich der Slogan an das eigene Unterbewußtsein, das durch den im Slogan zusammengefaßten Wunsch auf ein bestimmtes Ziel hin programmiert wird. Deshalb habe ich in einem anderen Buch (mit dem Titel *»Lebenserfolg«)* die Thematik des persönlichen Slogans unter die Devise gestellt: *»Geben Sie Ihrem Unterbewußtsein eine konkrete Zielanweisung!«*

Sie sehen also: Es ist nicht wichtig, wie wir die Methode bezeichnen; wichtig ist allein, daß sie wirkt. Und diese bewährte Erfolgsmethode wirkt, indem wir unseren sorgfältig ausgewählten Slogan durch ständige konzentrierte Wiederholung als Zielanweisung unserem Unterbewußtsein eingeben.

Wie man aus einem Wunsch einen geeigneten Slogan macht, habe ich schon in den erwähnten beiden anderen Büchern beschrieben. So wollen wir uns daher hier auf das Thema beschränken, das Sie im besonderen interessiert: Sie wünschen, reich zu werden. *Also müssen Sie diesen Wunsch auf eine inhaltlich prägnante und rhythmisch sitzende Kurzformel – Ihren ganz persönlichen Slogan – bringen.* Das erfordert sorgfältiges Überlegen. Schreiben Sie sich Ihre Einfälle auf. Dann treffen Sie Ihre Wahl. Nehmen wir jetzt an, Sie hätten als geeigneten Slogan gefunden: »Millionär sein!«

»Millionär sein! Millionär sein!« Ja, das sitzt!

Sie müssen nun diesen Leitsatz Ihrem Unterbewußtsein so nachhaltig wie nur möglich einprägen. Das erreichen Sie nur durch häufige Wiederholung. Sie müssen Ihr Unterbewußtsein förmlich mit Wiederholungen Ihres Wunsches überfluten, bis er es vollkommen beherrscht. Dadurch, daß Ihr Unterbewußtsein alle Kräfte auf die Verwirklichung des einen Ziels konzentriert, dem nun alle Ihre Handlungen und Ihr gesamtes Denken untergeordnet werden: Millionär sein!

Ihr Unterbewußtsein wird mit geradezu magnetischer Intensität alles anziehen, was Sie zur Erfüllung Ihres Wunsches benötigen. Die zielorientierte Dynamik Ihres Unterbewußtseins wird Sie auf direktem Wege zum Ziel Ihrer Wünsche führen. *Es geht einzig und allein darum, die Zielanweisung an das Unterbewußtsein so intensiv, einprägsam und oft wie möglich zu wiederholen* (täglich Hunderte von Malen, wenn möglich), bis diese Vorstellung Ihr ganzes Wesen durchdrungen hat und damit alle zielgerichteten Kräfte Ihres Unterbewußtseins freigesetzt werden, die durch die zielorientierte Beherrschung Ihres Denkens und Handelns Ihren Wunsch Wirklichkeit werden lassen.

Es ist wie bei einer Rakete, die durch ein computergesteuertes Leitsystem zur punktgenauen Landung im Zielgebiet gesteuert wird. Und Ihr Zielgebiet heißt: »Millionär sein!«

Fangen Sie einmal mit dieser Praktik an, ist der Weg zum Reichtum nicht mehr weit. Sie bedienen sich damit einer im Grunde altbekannten wissenschaftlichen Methode zur Verwirklichung Ihrer ganz persönlichen Ziele, einer Methode, die im psychotherapeutischen Alltag tausendfach verwendet wird. Sie aber verwenden diese Methode nicht zur Behebung irgendwelcher psychischer Störungen, sondern *um Ihr spezifisches Lebensziel schneller zu erreichen: Wohlstand und Reichtum.*

Kapitel 35

# Den Auftrieb gibt Ihnen Enthusiasmus

Gibt es eine Eigenschaft oder eine Fähigkeit des Menschen, die bei jeder einmal angefangenen Tätigkeit Erfolg zu garantieren vermag? Um diese Frage zu beantworten, wollen wir uns einmal einen der schwierigsten und jedenfalls höchste Anforderungen stellenden Berufe ansehen, die es gibt: den des Wissenschaftlers.

Glauben Sie, daß die wichtigste Fähigkeit eines Wissenschaftlers die der Exaktheit von Computern vergleichbare Fähigkeit des Denkens ist? Oder ein Gedächtnis mit der Speicherkapazität eines Lexikons? Oder etwa hervorragende Noten in Zeugnissen der besten Schulen, ein »Summa cum laude« der besten Hochschule? Die nachstehende Antwort auf diese Fragen stammt von dem berühmten Kernphysiker Dr. EDWARD TELLER: »Um als Wissenschaftler Erfolg zu haben, brauchen Sie keine in Sekundenschnelle ablaufenden Gedanken, kein ›wunderbares‹ Gedächtnis und keine hervorragenden Zeugnisse. *Das einzige, was Sie wirklich brauchen, ist ein unstillbares Interesse an der Wissenschaft!«*

Dieser Satz läßt sich auf jeden Beruf anwenden. Ohne echtes, gleichsam hochkarätiges Interesse an Ihrer Arbeit können Sie es nie über durchschnittliche Leistungen – und dementsprechende Erfolge – hinaus bringen. Das gilt für jegliches wissenschaftliches Arbeiten ebenso wie für jede beliebige andere Tätigkeit, für Ihre jetzige Arbeit in gleicher Weise wie für die höchstqualifizierte Arbeit, die Sie möglicherweise am Höhepunkt Ihrer Leistungsfähigkeit und Karriere leisten werden.

Wie sagte Dr. Teller? «Das einzige, was Sie wirklich brauchen, ist ein unstillbares Interesse . . .« Für Sie heißt das: Ein unstillbares Interesse an Ihrer Arbeit! Haben Sie das?

Wenn Sie kein unstillbares Interesse an Ihrer Arbeit haben, so liegt das entweder an Ihrer Arbeit – oder an Ihnen. In beiden Fällen müssen Sie dringend eine Änderung herbeiführen. Suchen Sie sich eine neue Arbeit oder – und das ist der sicherere Weg – ändern Sie sich selbst! Vielleicht fehlt es Ihnen nur an Begeisterung?

Das aber – anders ausgedrückt, als Dr. Teller es sagt – ist es, worauf es ankommt: Begeisterung. JOSEPH MURPHY, der dreifache Doktor und Lehrer positiven Denkens, hat es (Sie erinnern sich doch noch?) sehr treffend formuliert: *»Den Auftrieb gibt Ihnen Enthusiasmus. Er wird Sie emportragen!«*

Falls Sie aber in Ihrem jeweiligen Tätigkeitsgebiet in die höchste Spitzenposition kommen wollen, mag Ihnen ein Roman von LLOYD C. DOUGLAS als Anregung dienen, der sich mit diesem Thema beschäftigt; der bezeichnende Titel lautet: *»Wunderbare Besessenheit«*.

Von dem Augenblick an nämlich, da Ihre Arbeit zur Besessenheit wird – zur »wunderbaren« Besessenheit –, werden Ihnen alle anderen Fähigkeiten oder Qualitäten, die Sie sich vielleicht noch aneignen müssen, um in Spitzenpositionen aufzusteigen, geradezu in den Schoß fallen. Die Mosaiksteine Ihres Lebens werden sich aneinanderfügen wie ein grandioses Puzzlespiel, das eine Meisterhand in genialer Weise zusammensetzt.

Es ist wahr: Mit an Besessenheit grenzender Begeisterung werden Sie Erfolg haben bei allem, was Sie tun!

Kapitel 36

# Wie Sie Führungsqualitäten entwickeln können

Es ist im allgemeinen leichter, tausend geeignete Mitarbeiter zu finden als einen Menschen mit Führungsqualitäten, der sie anzuleiten vermag.

Das ist das zentrale Problem bei jedem wirtschaftlichen Projekt. Immer geht es zuerst einmal darum, einen wirklich geeigneten Chef ausfindig zu machen, der sich – bewußt oder unbewußt – bewährter Erfolgsmethoden bedient; eine Führungskraft muß sie beherrschen.

War man bei der Wahl eines geeigneten Leiters klug und gut beraten, so wird er – oder sie – mit Geschick und Fingerspitzengefühl die notwendige Anzahl loyaler und tüchtiger Mitarbeiter um sich versammeln, und damit ist das Projekt schon fast erfolgreich gelaufen – einzig aufgrund der richtigen Wahl des Projektleiters! *Der Mann an der Spitze kann den Unterschied zwischen Fehlschlag und Erfolg bedeuten!*

Der bereits erwähnte englische Managementberater HERBERT N. CASSON fand einmal treffende Worte, um jene, die von Filmklischees ausgehen, zu desillusionieren: »Die Geschäftswelt ist ein einziges Spannungs- und Konfliktgebiet, ein Feld, auf dem Gewinne und Verluste gemacht werden wie in einer Schlacht. Sie wird nicht in einem pompösen Büro ausgetragen, in dem man hinter einem Riesenschreibtisch sitzt und sich von attraktiven Mädchen anlächeln und von leitenden Angestellten Schmeicheleien sagen läßt.«

Das ist nur allzu wahr. Es trifft aber nicht allein auf die Geschäftswelt zu, sondern auch auf jede Situation im menschlichen Leben, die eine Persönlichkeit mit Führungsqualitäten erfordert. Jedes Projekt, das einer Führungskraft bedarf, bedeutet zwangsläufig eine Herausforderung, die Konflikte beinhaltet.

Der Konflikt sollte jedoch mit der Konkurrenz und den Gegenspielern von außen ausgetragen werden, nicht innerhalb der eigenen Organisation. Ein grundlegendes Kriterium für eine Persönlichkeit der Führungsspitze, die dieses Attribut verdient, ist daher die *Fähigkeit, intern die Bereitschaft zu Zusammenarbeit und Loyalität wecken, gewährleisten und verbessern zu können.*

Ein kompletter Schulungskurs für Führungskräfte würde den Rahmen, aber auch den Sinn dieses Buches sprengen. Wir wollen uns daher auf die Frage konzentrieren, wie man in eine leitende Stellung gelangt, indem man die Kooperation und Loyalität der Mitarbeiter gewinnt.

Klar muß sein: *Zusammenarbeit und Loyalität kann man nicht fordern. Sie müssen erarbeitet und verdient werden!* Wie – dafür gibt es REGELN:

- Jede Führerpersönlichkeit muß sich der Aufgabe verschreiben, die Erwartungen anderer wahrzumachen – jener, die ihm seine Aufgabe zugewiesen haben (im Fall des selbständigen Unternehmers sind es die Konsumenten) und jener, die ihm anvertraut sind. Seinem Team muß er in begeisternder Weise zeigen können, was erwartet wird und was zu erwarten ist, und dann muß er es wahrmachen.
- Eine Führerpersönlichkeit geht beispielgebend voran, nicht »mit der Peitsche« hinterdrein! Eine starke Persönlichkeit, ein wirklicher Chef, hat niemals »Untergebene«; er hat »Mitarbeiter«, die mit ihm zusammen auf ein abgestecktes gemeinsames Ziel hinarbeiten.
- Ein Mann (oder eine Frau) in einer Führungsposition braucht selbst kein Lob; er (oder sie) verteilt es, und zwar nicht halbherzig, er ist »des Lobes voll« bei jedem gegebenen Anlaß. Er vertraut seinen Mitarbeitern und spricht von ihnen überall mit wahrer Begeisterung.
- Er teilt den Ruhm und die Ehre für von ihm selbst mit seinen Leuten erzielte Erfolge. Darin liegt keine altruistische Großzügigkeit! Es steht dahinter vielmehr das überlegene Wissen einer starken Persönlichkeit, die ganz genau weiß, daß das eigene Ansehen mit dem Ansehen der von ihr geschaffenen

und bzw. oder geführten Organisation unweigerlich mitsteigt, und zwar meist überproportional.

Doch gehen wir jetzt davon aus, daß Sie noch gar nicht an der Spitze sind. Dann muß klar sein: *Sie können sich nicht selbst an die Spitze hinaufheben oder -schieben.* Sie können sich, vereinfacht gesagt, nur von der Organisation heben oder schieben lassen – und zwar nur bis zu der Höhe, zu der Sie die betreffende Organisation aufgrund deren und Ihrer eigenen Leistungsfähigkeit hochtragen kann und will. Mit anderen Worten: Eine schwache, schlecht strukturierte und mehr oder weniger erfolglos arbeitende Organisation kann Sie nicht hochtragen; eine mit Ihrer Leistung nicht zufriedene Organisation will Sie nicht hochtragen – oder zumindest, und das gilt in beiden Fällen, nicht sehr hoch.

Jeder Chef – sowohl der eminente Unternehmensleiter als auch der demgegenüber noch bescheidene Abteilungsleiter – wird den Willen zur Zusammenarbeit und die effektive Leistung seiner Mitarbeiter entscheidend erhöhen, wenn er sie, wenigstens bis zu einem gewissen Grad, *an den Entscheidungsprozessen, von der Planung bis zur Realisierung, teilhaben läßt.*

Auch wird ein wirklich guter Mann an der Spitze nicht verlangen, daß alles genau nach seinem vorgegebenen Willen abzulaufen hat. Er motiviert vielmehr und leitet seine Mitarbeiter an, bessere Verfahren zur Erreichung der Ziele zu suchen und zu finden. Dann aber steuert er die Arbeitsabläufe dementsprechend, während das gesamte Team gemeinsam weiterhin nach Verbesserungen sucht.

Es ist weder die Aufgabe noch das Vorrecht einer Führungskraft, daß von ihr alle guten Einfälle kommen müssen. Ein Chef hat vielmehr die *Aufgabe, gute Ideen seitens seiner Mitarbeiter auszulösen, indem er sie dazu zu motivieren versteht.* Kommen dann aber Verbesserungsvorschläge, dann allerdings wird sich ein guter Chef zusammen mit seinen Mitarbeitern um eine Prüfung der neuen Ideen bemühen; er wird sie bewerten und auswählen und die besten von ihnen in Wirklichkeit umsetzen – ganz gleich, von wem die Grundidee oder die Einzelheiten ihrer Weiterentwicklung stammen.

Das ist der wahre Prüfstein für jeden, der sich in führender Position bewähren muß oder möchte. Wer nicht auf diese Weise erfolgreich zu sein vermag, kann sich nicht oder zumindest nicht lange oben halten.

Die Zeit patriarchalisch-autoritärer Wirtschaftsführung ist vorbei. Heutzutage erfordert die Qualität einer Führungskraft ziemlich genau das, was das Wort besagt: die Fähigkeit, andere zu führen. *Führen aber bedeutet motivieren, nicht zwingen.*

Sie sollten also am besten einen nach diesen Kriterien hervorragenden Chef, eine Führungspersönlichkeit, haben – oder suchen: sogar wenn das Ihr einziger Grund wäre, Ihre jetzige Stellung zu wechseln! Erinnern Sie sich an die in Kapitel 7 herausgestellten Zukunftstrends, die sich bereits abzeichnen: Führungskräfte werden künftig wichtiger sein denn je zuvor. Je weiter die Automatisierung vorangetrieben wird, desto mehr und desto bessere leitende Angestellte werden sowohl im Verwaltungs- als auch im technischen Bereich der Wirtschaft benötigt werden.

Das alte Sprichwort »An der Spitze ist immer genug Platz!« gilt morgen wie heute. Nur soll es ganz sicher morgen an der Spitze wesentlich mehr Platz geben als je zuvor – und auch wesentlich mehr Geld!

# Kapitel 37

# Interessantes und Neues bieten – und eher »leise«!

Kennen Sie einen Einsiedler, der Staatschef seines Landes wurde oder irgendeinen Chefposten innehat? Natürlich nicht, und es ist klar warum: ein Mann, den man nicht kennt, hat diese Möglichkeit nicht. Es gibt Einsiedler, die bewußt ihr Los gewählt haben; aber es gibt massenhaft auch unfreiwillige Einsiedler – und das ist der uns zunächst interessierende Punkt.

Sie haben anders gewählt: Sie wollen reich werden. Dann können Sie nicht zurückgezogen leben. *Man muß Sie kennen.* Ihr Bekanntheitsgrad wird mitunter entscheiden, ob Sie Ihre Pläne durchsetzen können oder nicht. Von dem schon erwähnten Spezialisten für Führungsfragen HERBERT N. CASSON stammt der Ausspruch: »Eine Führungspersönlichkeit muß gesehen werden können. Sie muß im Scheinwerferlicht des Interesses stehen. Sie muß nichts so sehr fürchten, wie vergessen zu werden. Lob hilft ihr weiter, Kritik hält sie am Leben; nicht beachtet zu werden ist das Ende!«

*Beachtet aber wird jeder, der für die anderen interessant ist.* Und ein Mittel, interessant zu wirken, besteht darin, Neues zu bieten. »Neu« ist ein Schlüsselwort jeder Werbung und ein Wecksignal für das Interesse der PRESSEMEDIEN. Ganz allgemein gesprochen, kann man schon mit der Äußerung einer Meinung oder Idee, einer Behauptung, Interesse erwecken; *sie muß nur interessant genug sein und eben »neu«!* Daher stammt schließlich das Wort »Neuigkeiten«. Sie hören es täglich in den Fernseh- und Radionachrichten, lesen es in der Presse. Neuigkeiten sind es, die die Menschen vor allem interessieren. Doch nur wenn die neue Meinung, die neue Idee so interessant für die Öffentlichkeit oder zumindest für eine spezielle Zielgruppe ist, werden die Medien sie aufgreifen und somit an die Öffentlichkeit bringen.

Eine solche »mediengerechte« Idee oder Neuigkeit sollten Sie sinnvollerweise dem Medium übermitteln, das über die meisten Zuschauer, Zuhörer oder Leser verfügt, für die Ihr Anliegen bestimmt ist. Je nach der Situation, der Art Ihrer Mitteilung und dem Kommunikationsmittel, dessen Sie sich bedienen möchten, wählen Sie die geeignete Form der Veröffentlichung: Das kann ein Leserbrief an Ihre Zeitung, ein Anruf beim Radio oder Fernsehen sein. Es kann aber auch eine professionelle Presseaussendung über eine internationale Presseagentur sein, die dann die automatische Weiterleitung an Zeitungen, Wochenmagazine, Fernsehen und Rundfunk übernimmt. Bei derartigen Aktionen müssen Sie jedoch darauf achten, daß Ihre Mitteilung nicht in einer auf Eigenwerbung hinauslaufenden Form abgefaßt ist, denn daran ist kein Redakteur interessiert; er würde Sie in diesem Fall mit Recht an die Werbeabteilung verweisen.

Sollten Sie aber tatsächlich einmal eine Nachricht verbreiten wollen, die ihrem Wesen nach Eigenwerbung darstellt, dann sollten Sie die Kosten ihrer Verbreitung als Werbung in Kauf nehmen; denn das ist meist der beste – und einzige – Weg, die betreffenden Verantwortlichen in Presse, Rundfunk oder Fernsehen zu bewegen, etwas genau so auszudrücken, wie Sie es wünschen – auch wenn es von den im redaktionellen Teil vertretenen Ansichten abweicht.

Als langjähriger Chef u.a. einer großen Werbeagentur kann ich aus eigener Erfahrung sagen, daß die beste *Werbung mit dem größten Aufmerksamkeitswert neueste Nachrichten sind, Informationen mit der Attraktion des Neuen über interessante, nützliche oder hilfreiche Produkte, Dienstleistungen oder Unternehmen.*

Millionen werden jährlich mit Werbung verpulvert, die nichts weiter darstellt, als daß ein Produktnamen schreierisch und meist in Verbindung mit ziemlich übertriebenen Behauptungen hinsichtlich der Vorteile des Erzeugnisses angepriesen wird. In vierzig Jahren praktischer Erfahrung hat sich mir das Motto aufgedrängt und immer wieder als richtig bestätigt, wenn es um Produktwerbung geht: *»Leise verkauft es sich am besten!«*

Und das gilt noch mehr für die Werbung, die man für sich selbst macht!

Falls aber die Neuigkeiten, die Sie zu bieten haben, eine Dienstleistung von öffentlichem Interesse betreffen, die wichtiger ist als die damit verbundene Verbesserung eines Produkt- oder Firmenimages, dann werden sie gerne von den Medien aufgegriffen – und zwar gratis.

Das ist nur ein Beispiel für die zahllosen Möglichkeiten, die Medien zu interessieren. Am besten sind, wie gesagt, interessante »Neuigkeiten«, die das Produkt- oder Firmenimage auf »leise« Art verbessern.

Das zu wissen und auch in bezug auf die Bekanntmachung der eigenen Person zu beherzigen, ist für jeden Menschen, der vorankommen will, von großer Wichtigkeit.

# Kapitel 38

# Wie Kompromißbereitschaft den Erfolg fördert

Man gerät leichter in eine Auseinandersetzung hinein, als man wieder herauskommt. Aber wo man sich an einem Streit beteiligt, zieht man unweigerlich Verärgerung oder gar Feindschaft auf sich.

Das sicherste Mittel, sich bei anderen unbeliebt zu machen, ist schroffer, offener Widerspruch! Wer ständig widerspricht, wird seiner Umwelt ebenso schnell unsympathisch, ja unerträglich, wie derjenige Sympathie hervorruft, der sich konziliant zeigt. Dieses Kapitel will Ihnen daher die lohnende Taktik vermitteln, wie man Kompromisse aushandelt.

Zunächst einmal sollte man sich in eine Auseinandersetzung nicht einschalten. Wählen Sie statt dessen eine der folgenden VERHALTENSWEISEN:

- Wenn es Ihnen nur irgendwie vertretbar erscheint, stimmen Sie zu.
- Wenn Sie aus sachlichen Gründen nicht rückhaltlos zustimmen können, sollten Sie die Punkte herausarbeiten, in denen Übereinstimmung besteht; versuchen Sie diese auszubauen und so die Kluft zwischen den Standpunkten so weit wie möglich zu verengen.
- Halten Sie sich nicht mit der Auseinandersetzung über unwesentliche Einzelaspekte auf, bei denen Sie ebensogut großzügig zustimmen könnten.
- Falls Sie wirklich keine Möglichkeit der Zustimmung sehen, sollten Sie Ablenkungsmanöver einleiten – in keinem Fall jedoch offen und undiplomatisch widersprechen.

- Lernen Sie die Kunst des »interessierten Schweigens«. Natürlich können Sie durch absolutes Schweigen keinen Kompromiß aushandeln, aber Schweigen stellt oft den ersten Schritt zu erfolgreichen Verhandlungen dar.

*Das Wichtigste ist, daß Sie niemals und unter keinen Umständen als erster Ihre Meinung kundtun.* Wir haben dies schon in Kapitel 30 besprochen, doch es sei hier seiner enormen Bedeutung wegen nochmals erwähnt. Niemals als erster seine Meinung zu äußern, schafft nicht nur günstige Voraussetzungen für die Aushandlung von Kompromissen, sondern es ist auch ganz allgemein eine hervorragende Taktik, um sich aus Schwierigkeiten aller Art herauszuhalten. Wer als erster seine Stellungnahme abgibt, wird darauf festgenagelt, ob er will oder nicht.

Einmal Gesagtes kann man ebensowenig ungesagt machen, wie man ein ausgeschlüpftes Küken in das Ei zurückbringen kann. Hingegen wird nie jemand etwas verteidigen oder für etwas geradestehen müssen, das er nicht gesagt hat! Ich habe einmal von einem weisen persischen Sprichwort gehört, das sinngemäß lautet: »Ihr Sprechen haben mehr Menschen bedauert als ihr Schweigen.« Und bei uns heißt es nicht von ungefähr: »Reden ist Silber, Schweigen ist Gold!«

In einer angespannten Situation als erster eine Meinung zu äußern, ist beinahe ebenso gefährlich, wie wenn man während eines Gewitters die Hand an den Blitzableiter legt. Es verstößt auch gegen die indianische Weisheit: »Hilf deinem Feind nicht Federn an seine Pfeile stecken!«

Seien Sie also nie, ausnahmslos *nie der erste, der seine Position dadurch preisgibt, daß er seine Meinung hinausposaunt.* Falls Sie aber als erster direkt um Ihre Stellungnahme gebeten werden, können Sie immer noch nachdenklich antworten: »Ja, das ist ein interessanter Fall. Was meinen Sie denn dazu?« Damit haben Sie den schwarzen Peter fürs erste einmal weitergegeben. Ermuntern Sie den Gesprächspartner, seine Meinung zu sagen. *Dann steht Ihnen nämlich frei zu reagieren, wie Sie es für richtig halten.*

- Wo immer eine Möglichkeit der Übereinstimmung besteht, stimmen Sie voll und ganz zu. Steuern Sie aus eigenem weitere Fakten bei, die Ihre Zustimmung unterstreichen. Verwässern Sie Ihre Übereinstimmung nicht durch die Aufzählung lächerlicher Bedenken und banaler Nebensächlichkeiten. Man wird für andere dadurch liebenswert, daß man liebenswürdig Übereinstimmung beweist. Tun Sie das bei jeder sich bietenden Gelegenheit.

- Wenn Sie schon nicht voll zustimmen können, dann sprechen Sie engagiert zumindest über alle die Einzelaspekte, mit denen Sie sich identifizieren können – egal, welche Wichtigkeit ihnen zukommt. Wenn aber Einzelheiten zur Sprache kommen, denen Sie unter keinen Umständen beipflichten können, dann kleiden Sie Ihre Bedenken in Frageform, und Sie deuten durch die Frage an, »andere«, also nicht ausdrücklich Sie selbst, könnten sich an diesem oder jenem stoßen. Sie fragen zum Beispiel: »Ich möchte gerne wissen, ob hier nicht unsere Vertreter einwenden werden, daß . . .?« Oder: »Glauben Sie nicht, daß die Umweltschützer hier einen anderen Standpunkt einnehmen werden?«
- In keinem Fall sollten Sie eine mit Nachdruck vertretene Meinung direkt anzweifeln oder offen kritisieren; das führt unweigerlich zu einer unergiebigen persönlichen Auseinandersetzung. Wenn Sie die Äußerung von Zweifeln nicht vermeiden können, sollten Sie diese immer im Namen »anderer« äußern, die »vielleicht die Ansicht vertreten . . .«
- Die einzige Sympathien erhaltende, aber sicher die erfolgreichste Verhandlungstaktik besteht darin, zunächst die anderen Position beziehen zu lassen und aufgrund Ihrer abwartenden Haltung erkennen zu lassen, daß Sie kein erklärter Gegner sind. Geben Sie, im Gegenteil, zu erkennen, daß Sie die Ansicht der anderen verstehen und mit ihnen auch sympathisieren (beachten Sie den Unterschied, der zwischen »verstehen« und »sympathisieren« einerseits und »zustimmen« oder »übereinstimmen« andererseits besteht). So halten Sie Ihre Person aus dem »Schußfeld« einer direkten Konfrontation, die leicht zu unnötigen Feindseligkeiten und fast immer zu unergiebigen Streitigkeiten führt.

Dann können Sie damit beginnen, mit Hilfe der schon beschriebenen Technik (andere könnten der Meinung sein . . .) auf einzelne Aspekte der Sache einzugehen. Versuchen Sie die Einstellung Ihres Gegenübers in den Punkten, in denen Sie nicht übereinstimmen, so weit wie möglich und Ihre eigene Einstellung so rücksichtsvoll wie nötig zu verändern (wie in Kapitel 30 bereits beschrieben), bis sich eine Übereinstimmung abzeichnet. So handelt man Kompromisse aus und vermeidet Streitereien und Kontroversen!

Es gibt allerdings eine Form der Auseinandersetzung, die Sie nicht vermeiden können, nämlich im Fall einer BESCHWERDE, die direkt an Sie gerichtet ist. Ausweichen oder Abfangen ist da nicht möglich – der andere hat sich schon beschwert! Dann bleibt Ihnen nur eines: Lassen Sie den Beschwerdeführer ausreden! Ermuntern Sie ihn durch aufmerksames und freundliches Zuhören, ausführlich über Art und Anlaß seiner Beschwerde zu sprechen. Unterbrechen Sie ihn auf keinen Fall! Und vor allem: *Versuchen Sie nicht, seine Beschwerde gleich durch Argumente entkräften zu wollen.*

Erst wenn der Betreffende mit seiner Klage zu Ende gekommen ist, wenn er alle Punkte aufgezählt hat, die ihn ärgern (und er eventuell selbst schon langsam das Gefühl bekommt, daß soviel Empörung der Bedeutung der Sache nicht angemessen ist), dann bitten Sie ihn, verschiedene Punkte seiner Beschwerde nochmals genau zu wiederholen (vor allem die, die Ihnen aufgebauscht erscheinen) – natürlich nur, damit Sie »auch wirklich zweifelsfrei erfassen können, wie die Sache war«.

Bis dahin wird er schon den meisten Dampf abgelassen haben. Ihre freundliche Aufmerksamkeit wird ihn beruhigen, so daß eine friedliche Lösung im beiderseitigen Einverständnis gefunden werden kann.

Was den Umgang mit Beschwerden angeht, gibt es noch zwei weitere GRUNDPRINZIPIEN ERFOLGREICHER MENSCHENBEHANDLUNG:

1. Im Geschäftsleben wird reich nur, wer den aus Erfahrung geborenen Wahlspruch beherzigt: *Der Kunde hat immer recht – der Kunde ist König!* Natürlich wird es manchmal einen geben, der keineswegs recht hat, der vielmehr von dieser Einstellung eines Unternehmens kräftig profitiert; aber nach den Regeln seiner wahrscheinlichen Effektivität ist dieser Wahlspruch zu wirkungsvoll, als daß man ihn um Ausnahmen willen mißachten dürfte.

2. *Der gute Wille ist die beste Garantie für fortgesetzten Erfolg.* Guter Willen baut, genau wie der gute Ruf, auf einer Fülle einzelner Elemente auf, kann aber schon durch eine einzige Fehlhandlung ruiniert sein.

Sagen oder schreiben Sie also niemals etwas, bevor Sie sich nicht gefragt haben: Wird das, was ich jetzt sagen oder schreiben werde, deutlich meinen guten Willen zeigen und bei meinem Gegenüber an seinen guten Willen appellieren oder aber – im Gegenteil – Verärgerung und ungute Gefühle auslösen? Wenn Sie der positiven Wirkung Ihrer Worte oder Handlungen sicher sind, dann handeln Sie unverzüglich! Denn *eine positive Gefühlshaltung, gute Absicht und Wohlwollen sichern Ihnen den Erfolg.*

Sollten Sie sich aber ausrechnen können, mit Ihren Worten oder Ihrem Handeln nur Verstimmung, Verletztheit oder Mißfallen auszulösen – ganz gleich, wie schlau, wie berechtigt oder nützlich Ihnen Ihre »Aktion« erscheinen mag –, dann unterdrükken Sie sie in jedem Fall! In meinem schon erwähnten Buch *»Persönlichkeitsbildung«* finden Sie in Kapitel 56 mehr darüber; schon die Beachtung der Kapitelüberschrift – »Guter Wille ist Ihre Erfolgsversicherung« – wird Sie im Zweifelsfall vor einer Menge Schwierigkeiten bewahren.

Bemühen Sie sich darum, Wohlwollen, Freundlichkeit und guten Willen zur Grundhaltung Ihrer Persönlichkeit zu machen. Sie werden die Erfahrung machen, daß sich die anderen – Partner, Freunde, Kunden, ja sogar Gegner – gern »anstecken« lassen. Wem das gelingt, der hat gewonnen!

Kapitel 39

# Wie Probleme entschärft werden können

Das Grundprinzip jeder Problemlösung ist immer das gleiche. Das wird uns jeder erfolgreiche »Problemlöser« (wie wir einmal die nennen wollen, die sich professionell mit Problemlösungen befassen) bestätigen. Ein Mann, der auf diesem Gebiet Karriere machte und es zu einem Millioneneinkommen brachte, ist STANLEY ARNOLD. Auf die Frage nach seinem Geheimnis pflegt er stets die gleiche Antwort zu geben: *»Jedes Problem birgt bereits den Schlüssel zu seiner Lösung in sich.«*

Natürlich! Die Lösung eines Problems liegt in ihm selbst. Außerhalb, dort, wo die »Amateure« nach Lösungen suchen, ist nichts zu finden; der professionelle Problemlöser wird daher immer innerhalb des Problems nach Ansatzpunkten einer Lösung suchen – und sie auch entdecken.

Was geschieht, wenn im Inneren eines Gebäudes eine Bombe gefunden wird? Ein Sprengkommando wird gerufen, das darauf spezialisiert ist, Sprengsätze zu entschärfen. Nach dem Entfernen des Zünders ist die Hauptarbeit getan, denn ohne diesen Zünder wird keine Bombe mehr explodieren. Nach dem Entschärfen sind die übrigen Teile unschädlich und können ganz leicht zerlegt und abtransportiert werden.

*Probleme sind wie Bomben. Sie tragen ein ungeheures Zerstörungspotential in sich.* Der Unterschied zwischen einer Bombe und einem Problem liegt nur darin, daß eine Bombe entschärft, ein Problem aber entwirrt werden muß.

Ein Problem entwirrt man, *indem man es vom Ballast unklarer, konfuser Vorstellungen und vom gefährlichen Zündstoff unserer gefühlsmäßigen Betroffenheit befreit.* Das können wir nur, indem wir das Problem auf die ihm selbst anhaftenden Fragen reduzieren, es also gleichsam zerlegen, und die einzelnen Fragen, Schritt für Schritt, zu klären versuchen. Gelingt uns dies, so ist unser Problem meist auch schon entschärft. Abseits jeder gedanklichen Konfusion und gefährlichen Gefühlsverwirrung können die fraglichen Punkte einer nach dem anderen in Ruhe durchgearbeitet und Lösungen zugeführt werden.

*Aufgrund dieser Methode der Entschärfung und der Zerlegung eines Problems in Einzelfragen und deren Klärung kann jedes Problem gelöst werden.*

Es kann sogar richtig Spaß machen, Probleme in dieser sozusagen professionellen Art anzugehen und einer Lösung zuzuführen, die natürlich in Ihrem eigenen Interesse liegt. Deshalb sind Wissenschaftler im allgemeinen so glücklich mit ihrer Forschungsarbeit (die ja meist nichts anderes darstellt, als die Suche nach Lösungen angesichts eines bestimmten Problems). Es liegt in der Natur wissenschaftlichen Arbeitens, eine Frage nach der anderen zu klären und sich auf diese Weise schrittweise, aber systematisch der Lösung anzunähern. Jeder Schritt, jede Etappen- oder Teillösung, ist ein Erfolgserlebnis.

Das Leben stellt uns fortwährend vor Probleme. Es ist daher selbstverständlich, daß jeder, der seine Probleme erfolgreich zu lösen versteht, im Leben rascher vorankommt. Dies beides wird Ihnen gelingen, wenn Sie die hier empfohlene bewährte Erfolgsmethode anwenden und *von dem Grundsatz ausgehen, daß jedes Problem den Schlüssel zu seiner Lösung in sich enthält.*

# Kapitel 40

# Das »Gesetz der wachsenden Fülle«

Es gibt unveränderliche Gesetze, denen alles Leben auf unserem Planeten unterworfen ist. Die von der Physik definierten Naturgesetze sind für jedermann eine unbezweifelbare Selbstverständlichkeit, zum Beispiel das Gesetz der Schwerkraft oder das Gesetz von Ursache und Wirkung (Kausalitätsprinzip). *Weniger selbstverständlich, aber nicht weniger wichtig sind die den meisten Menschen unbekannten seelisch-geistigen Naturgesetzlichkeiten.* Eine von ihnen ist das Gesetz der wachsenden Fülle.

Genaugenommen handelt es sich bei diesem Gesetz um die seelisch-geistige Variante des Kausalitätsprinzips: Der springende Punkt dabei ist DANKBARKEIT – Dankbarkeit für alles, was Ihnen zukommt. *Machen Sie Dankbarkeit zu einer Grundhaltung Ihrer Persönlichkeit.* Denn diese Haltung wird Ihnen im Gegenzug in wachsendem Maße all das verschaffen, was Sie sich wünschen. Ihre Dankbarkeit ist dabei sozusagen die Ursache, die unfehlbar ihre Wirkung zeitigen wird. Sie wird in Ihr Leben eine Fülle all dessen bringen, was Sie haben möchten. Je dankbarer Sie zu sein vermögen, desto größer wird das Maß dessen, was Sie zu erhalten sich verdient haben.

Wer alles, was ihm im Leben zuteil wird, mit arroganter Selbstverständlichkeit und ohne eine Regung des Dankes hinnimmt, bezieht eine Position, mit der er sich selbst außerhalb der Wirkung des Gesetzes der wachsenden Fülle stellt. Religiöse Menschen (gleich welcher Religion oder Kirche sie angehören mögen) sehen im Wirken dieses Prinzips den Ausdruck göttlicher Gnade, die andererseits Gott den Undankbaren nicht schenkt. Von der angewandten Psychologie her können wir von der

Erklärung ausgehen, *daß die ständige Vergegenwärtigung des Guten, das uns zuteil wird, zu einer Haltung der Dankbarkeit führt, die das Gute anzieht;* wogegen Undankbarkeit es gewissermaßen abstößt – und das trifft natürlich auf alles zu, was wir uns wünschen.

Dieses Wirkungsprinzip entspricht auch dem GESETZ DER ENTSPRECHUNG, das besagt, daß alles im Leben nach Entsprechungen der inneren mit der äußeren Realität abläuft. Für einen Menschen, der ein unbegrenztes Gefühl der Dankbarkeit für den wachsenden Wohlstand in seinem Leben, für alle guten Dinge empfindet, die ihm zuteil werden, wird sich dieser Wohlstand weiter vermehren; die positiven Erlebnisse und erfreulichen Erfahrungen werden sich häufen, weil sie dem intensiven Gefühl der Dankbarkeit entsprechen.

*Diese Entsprechung, dieser Einklang ist Ausdruck der höheren geistigen Ordnung allen Geschehens in der Natur.* Sie kennt wunderbare Wege, den Gleichklang aller Lebenserscheinungen zu erhalten.

Voraussetzung, daß die Fülle in Ihrem Leben wachsen kann und wächst, ist Dankbarkeit Ihrerseits für alles, was Sie im Leben empfangen. Für alles! Es ist ja nicht schwer, für das uns geschenkte Gute eine Regung des Dankes zu empfinden – obwohl manche Menschen nicht einmal dafür dankbar sind! Das Prinzip der wachsenden Fülle erfordert aber Dankbarkeit für alles; in diesem Gefühl sollten Sie leben und es auch anderen Menschen gegenüber äußern. *Sie müssen von diesem Gefühl ganz durchdrungen sein, es muß Ihr gesamtes Leben beherrschen.*

Vielleicht hilft es Ihnen, eine Liste all der Dinge zusammenzustellen, für die Sie dankbar sein können, dankbar sein müssen. Wenn Sie dann jeden Tag die Liste durchgehen, wird Ihnen stets von neuem bewußt, was Sie alles an Gutem haben und laufend erhalten.

Mag sein, daß es nicht ganz einfach ist, anderen Menschen gegenüber von der Dankbarkeit für das Gute, das Ihnen im Leben zuteil geworden ist, zu sprechen, ohne prahlerisch zu wirken. Wenn Sie bescheiden sprechen, wie ja auch Ihre Dankbarkeit ein Ausdruck der Bescheidenheit sein soll, laufen Sie nicht die Gefahr großsprecherischer Anmaßung. *Nur eine bescheidene, geradezu demütige Haltung der Dankbarkeit mobilisiert in Ihrem Leben den Kreislauf wachsender Fülle.*

Aber nun kommt der schwierigste und zugleich der lohnendste Punkt: die Dankbarkeit *für alles!* Sie sollen nicht nur das Gute und Erfreuliche, das Ihnen im Leben widerfährt, sondern auch Unannehmlichkeiten und Fehlschläge dankbar hinnehmen. Sehen Sie in solchen Erfahrungen persönliche Herausforderungen, an denen Sie wachsen und reifen.

Ich habe mich natürlich – wie hoffentlich Sie auch – über Erfolge im Leben immer gefreut; aber ich habe auch herausgefunden, daß ich von den Fehlschlägen immer mehr lernte und somit auch mehr profitierte. Seit mir das klargeworden ist, fällt es mir leicht, auch für solche bisweilen harte Lehren dankbar zu sein.

Sie sollten sich vornehmen, aus Ihren eigenen Fehlern und Mißerfolgen die gleiche Erkenntnis abzuleiten. Denn diese Erkenntnis bestärkt immens die Grundhaltung bescheidener Dankbarkeit, die eine Voraussetzung für wachsende Fülle im Leben ist. *Ohne die Einsicht, daß man aus Fehlern mehr lernt – und somit letztlich auch mehr Vorteile zieht – als aus leicht errungenen Siegen, kommt niemand weit.*

So gesehen können Sie aufrichtig dankbar auch für erlittene Fehlschläge sein, und das nicht nur in Gedanken, sondern auch in freimütigen Gesprächen mit anderen. Fehlschläge sind Lektionen, die uns das Leben erteilt – es liegt darin nichts, wofür wir uns zu schämen hätten.

Wenn Sie sich diese Grundhaltung zu eigen machen, wird Ihnen das Gesetz der wachsenden Fülle zustatten kommen, und Sie können alles erreichen, was Sie sich wünschen. Vergessen Sie nicht, daß es sich dabei um ein immer wirksames naturgesetzliches Prinzip handelt. Es hat seine Gültigkeit wie das Gesetz der Schwerkraft; es gibt nur einen Unterschied: *Physikalische Gesetze sind allgemein bekannt, die psychischen muß jeder Mensch für sich entdecken!*

Kapitel 41

# Die Kunst erfolgreichen Telephonierens

In meinem Buch »*Lebenserfolg*« habe ich mehrere Kapitel der Frage gewidmet, wie man eine magnetische persönliche Ausstrahlung entwickeln kann. Wir wollen uns hier nur mit einem Teilaspekt dieser Frage befassen, der für Ihr Anliegen von besonderer Bedeutung ist: *Wie man am Telephon zu einer Persönlichkeit mit magnetischer Ausstrahlung wird.* Der gezielte, wirkungsvolle Einsatz des Telephons kann Ihren geschäftlichen Erfolg, Ihren Einfluß und Ihre Beliebtheit in ungeahntem Maße steigern.

Falls Sie nicht schon ein »Meister« in der Kunst des Telephonierens sind, sollten Sie davon ausgehen, *daß Sie künftighin zumindest dreimal so oft wie bisher telephonieren müssen.* Es ist dies eine ganz einfache, aber BEWÄHRTE ERFOLGSMETHODE, vor allem, wenn Sie dabei methodisch vorgehen. Sie setzen sich zum Ziel, dreimal so viele Leute anzurufen wie bisher (oder mehr, falls Sie bis dato relativ selten telephoniert haben).

Schreiben Sie auf einem Zettel oder, noch besser, unterhalb des Kopfs eines Briefbogens die Zahl der Anrufe auf, die Sie sich täglich vorgenommen haben. Darunter notieren Sie täglich das jeweilige Datum und machen daneben nach jedem beendeten Anruf ein Kreuzchen. Seien Sie fest entschlossen, jeden Tag auf die festgesetzte Zahl der Anrufe zu kommen! Zu diesem Zweck sollten Sie sich natürlich von vornherein auf eine realistische Zahl von Anrufen festlegen.

Ihr »Telephonier-Soll« darf keine unzumutbare Mehrbelastung darstellen, und andererseits sollen Sie auch nicht immerzu dieselben Leute anrufen und ihnen am Ende auf die Nerven fallen.

Sie sollen am Telephon Ihre Persönlichkeit entfalten, nicht zur Nervensäge werden!

Die festgesetzte Zahl von programmgemäß zu erledigenden Anrufen pro Tag wird Sie »zwingen«, alle Anrufe sofort hinter sich zu bringen, die Sie sonst vor sich hergeschoben hätten. Ihre Anrufquote wird Sie auch daran erinnern, wen Sie schon lange einmal anrufen wollten, vor allem aber daran, wen Sie anrufen könnten oder müßten – aus Gründen, auf die wir noch zurückkommen werden.

Stellen Sie (zusätzlich zu Ihrem normalen Nummernverzeichnis, das Sie als notwendige Arbeitshilfe benutzen) eigens im Hinblick auf die hier empfohlene Methode eine Liste von Namen und Telephonnummern zusammen; die Liste sollte nicht umfangreicher als eine Seite sein (schreiben Sie dabei klein). Dieses Blatt legen Sie offen neben Ihr Telephon und den Zettel mit der täglichen Anrufquote.

Ab sofort betrachten Sie nun Ihr Telephon nicht mehr als »Teufelsding« mit schriller Klingel, das Sie beim Arbeiten stört und Platz auf Ihrem Schreibtisch wegnimmt, sondern statt dessen als *ein Kommunikationsmittel, mit dem Sie Wohlwollen und Freundlichkeit vermitteln können.*

Machen Sie aus jedem Anruf eine persönliche Botschaft Ihres guten Willens. Über das mit fast jedem Telephongespräch verbundene bißchen freundlichen Klatsches hinaus sollte ein jeder Ihrer Anrufe zum Ziel haben, Ihren Gesprächspartner aufzumuntern, ihn »aufzubauen«, und zwar nicht nur dadurch, daß Sie anrufen, sondern, vor allem, durch das, was Sie sagen.

Was ist nun das Zaubermittel, das Ihre Gesprächspartner »aufzubauen« vermag? Es ist Ihr GEFÜHL, das »ansteckend« ist. *Bringen Sie bei jedem Telephongespräch folgende Gefühle zum Ausdruck:*

1. Sprechen Sie Dankbarkeit oder Anerkennung aus. Es gibt immer etwas, wofür Sie Dank schulden oder Bewunderung hegen.
2. Sprechen Sie Wohlwollen und Sympathie aus. Der Grundtenor ist einfach: Ich kann Sie gut leiden!
3. Sprechen Sie gute Wünsche aus. Jeder Mensch hat sie nötig und lebt dabei auf.

Dies sind die drei Punkte, die es zu beachten gilt. Notieren Sie sie, bringen Sie sie (kleingedruckt, eventuell auf Klebefolie) an, damit Sie immer an sie erinnert werden.

Wenn Sie Ihre Anrufe als persönliche Botschaften Ihres guten Willens betrachten, die tatsächlich andere Menschen in eine gute Stimmung zu versetzen vermögen, *werden Sie eine neue Einstellung zum Telephonieren bekommen.* Sie werden Ihre Namen- und Nummernliste fast unmerklich um die Namen von Leuten ergänzen, die Sie nicht anrufen müssen, sondern gerne anrufen möchten, einfach um sie aufzumuntern. Es werden vielleicht einige Einsame oder ans Haus Gefesselte dabei sein, die sich wohl am meisten über einen Anruf freuen, noch dazu, wenn er unvermutet – »nur so« – kommt.

Aber auch bei geschäftlichen Anrufen erweist sich die Drei-Punkte-Methode als äußerst wichtig. Sie werden staunen, wie bemerkenswert sich Ihre geschäftlichen Verbindungen entwikkeln, wenn Sie bei jedem Ihrer Gespräche daran denken, Dankbarkeit und Anerkennung, Ihren guten Willen und Ihre guten Wünsche zum Ausdruck zu bringen. Ihr Erfolg wird sich vervielfachen.

*Auch für Anrufe, die Sie bekommen, gilt es, bestimmte Regeln einzuhalten:*

- Gewöhnen Sie sich an, jeden Anruf als freudiges »kleines Ereignis« zu betrachten, das Farbe in Ihren Berufsalltag bringt, nie jedoch als störende Unterbrechung, als ärgerlich und zeitraubend.
- Lassen Sie in Ihrer telephonischen Begrüßung den Ausdruck Ihrer Freude, daß Sie mit dem Partner sprechen können, mitschwingen. Sie sollte gleichsam die Kennmelodie für Ihre Botschaft des guten Willens sein, die der Begrüßung folgen wird.
- Ganz gleich, worum sich Ihr Gespräch hauptsächlich dreht, halten Sie sich an die erwähnten drei Punkte! Sie sichern Ihnen in kürzester Zeit, daß jeder gerne mit Ihnen spricht, und Sie erwerben sich den Ruf einer anziehenden, sympathischen Persönlichkeit. Selbst Gespräche, in denen offensichtliche Interessenkollisionen sichtbar werden, lassen sich mit Hilfe dieser Methode entspannen. Machen Sie sich die Drei-Punkte-

Methode in Ihrem Berufs- und Privatleben zu eigen, ganz gleich, ob jemand anruft oder ob Sie eine Nummer wählen. Sie werden sehen: Die Kunst erfolgreichen Telephonierens macht Spaß!

# Kapitel 42

# Die Wahrscheinlichkeit steht vielfach zu Ihren Gunsten!

Niemand kann nur auf sich selbst gestützt und allein aus eigener Kraft erfolgreich sein. Bloß ein MÜNCHHAUSEN vermochte sich an seinem eigenen Schopf aus dem Sumpf zu ziehen; uns normalen Sterblichen, die wir der Fähigkeiten des Lügenbarons ermangeln, mißlingt dieser Trick! Um Erfolg zu haben, sind wir auf die Mithilfe und Unterstützung durch andere Menschen angewiesen.

Überlegen Sie sich, wer Ihnen Unterstützung bieten könnte. Seien Sie dabei nicht zimperlich. Schließen Sie jemanden nicht aus, bloß weil Sie denken, es sei zwecklos. Stellen Sie eine Liste all der Personen zusammen, die in Frage kommen. Dann schreiben Sie neben jeden Namen die Art und Weise, in welcher der oder die Betreffende Sie unterstützen könnte. Natürlich geht es hier nicht um Almosen; es geht um Hilfestellung durch Rat und Tat, um verdiente Förderung und Gegenleistung, aber auch um die Entdeckung neuer Möglichkeiten für Ihr Vorankommen.

Als nächstes handeln Sie. Papier bleibt Papier – auch Ihre Liste! Sie müssen handeln! Die BEWÄHRTE ERFOLGSMETHODE besteht darin, daß Sie fragen und bitten. Das klingt einfach, aber *Fragen und Bitten wirken Wunder.* Fangen Sie systematisch anhand Ihrer Liste an. Fragen Sie, bitten Sie um die benötigte Unterstützung. Bitten Sie höflich, aber ohne Scheu und ohne Herumreden und lassen Sie ruhig erkennen, daß Sie erwarten, daß man auf Ihre Bitte eingehen wird.

In meinem Buch »*Wunscherfüllung*« finden sich mehrere Kapitel, die der geradezu vitalen Frage gewidmet sind, wie man gezielt und nach Inhalt und Form richtig fragt und bittet, und dort ist auch erklärt, warum die Angesprochenen solche Fragen und

Bitten fast immer beantworten bzw. erfüllen – und wie man, falls dies nicht der Fall sein sollte, ein Nein in ein Ja zu verwandeln vermag. Ich bitte um Verständnis, daß ich in diesem Band des *»Schlüsselwerks bewährter Erfolgsmethoden«* nicht umfangreiche Wiederholungen aus einem anderen Band bringen kann.

Doch eines möchte ich zu diesem Thema noch besonders hervorheben: Wenn Sie sich an die hier beschriebene Methode halten – Sie bitten all jene, die Ihnen eine Hilfestellung bieten könnten (Liste!), um die erwünschte Unterstützung –, *dann wird Ihnen das Gesetz der Wahrscheinlichkeit zunutze kommen.* Inwiefern?

Die meisten Menschen, die Sie in der richtigen Weise um Hilfe angehen, werden auf Ihre Bitte eingehen. Probieren Sie es aus. Sie kommen mit Riesenschritten weiter! Nach jedem Fehlschlag aber unternehmen Sie drei andere, drei neue Versuche. *Die Wahrscheinlichkeit steht vielfach zu Ihren Gunsten!*

Es wird immer auch Leute geben, die Sie bei Ihren Bestrebungen nicht unterstützen, ganz gleich, wie erstrebenswert oder wünschenswert Ihre Zielsetzungen sein mögen oder wie überzeugend Sie Ihre Bitte auch vorgebracht haben. Das darf Sie jedoch nicht entmutigen. Streichen Sie die Namen in Ihrer Liste und ersetzen Sie jeden durch einen oder zwei andere. Und dann beginnen Sie das Spiel von neuem. Sie handeln! Und Sie können sich darauf verlassen, daß nach kurzer Zeit bereits zahlreiche Menschen Sie auf Ihrem Weg zum Erfolg unterstützen werden.

*Und das ist garantiert wesentlich wirkungsvoller als der Versuch, allein weiterzukommen!*

Je mehr Menschen Sie veranlassen können, auf Ihre Bitten einzugehen, desto eindrucksvoller wird Ihr Erfolg ausfallen, desto schneller werden Sie vorankommen. Womit wir wieder bei unserem nun schon vertrauten Leitmotiv sind: Das ist ein hervorragend geeignetes Mittel, um reich zu werden!

Kapitel 43

# Von der Wichtigkeit der Verpackung

Wir beklagen uns oft über die hohen Preise unserer Nahrungsmittel. Dabei entfällt ein guter Prozentsatz dieser Preise auf den hohen Anteil an Verpackungskosten; und – bewußt oder unbewußt – der Käufer will eine attraktive Verpackung.

Ohne ansprechende Verpackung kann kein Produkt ein Verkaufserfolg werden. *Des Menschen »Verpackung« ist sein Äußeres: sein Aussehen, seine Kleidung.* Wie verpacken wir uns selbst? Wie verpacken Sie sich?

Ihre »Verpackung« ist schließlich das, was andere Leute auf den ersten Blick von Ihnen zu sehen bekommen. Und wer Sie nicht kennt, weiß nichts von Ihrem Wissen, Ihrem Witz, Ihrem Charme. Zunächst werden Sie immer – und ziemlich mitleidlos – nach Ihrem Aussehen beurteilt. Wenn Sie der Ansicht sind, daß es darauf nicht ankäme – überprüfen Sie diese Ansicht am besten noch einmal. Egal, wie sehr Sie sich bemühen, Ihre inneren Werte durch eine nicht ansprechende »Verpackung« durchscheinen zu lassen, das einzige, das Ihre Umwelt wirklich sieht, ist und bleibt Ihre ÄUSSERE ERSCHEINUNG, und man muß Sie schon gut kennen und sehr schätzen, bis man Ihnen diesbezüglich grobe Verstöße verzeiht.

Es ist heute vielfach üblich geworden, dem Äußeren keine Bedeutung beizumessen, ja es zu vernachlässigen und grob zu mißachten, und zwar sowohl was Kleidung als auch Körperpflege anbelangt. Übertragen wir das doch kurz noch einmal auf die Verpackung von Nahrungsmitteln. Stellen Sie sich einmal vor, einige der allgemein bevorzugten Lebensmittel würden ab heute in verblichenen, zerknitterten, schmutzig anmutenden Packungen angeboten, die das ästhetische Empfinden der Käufer beleidigen. Ganz bestimmt würden so verpackte Waren bald von den Regalen verschwinden.

Die Erscheinung eines Menschen enthält stets eine Mitteilung an seine Umwelt; er selbst braucht dabei den Mund gar nicht aufzumachen. Und was »sagt« die Erscheinung? Die Psychologie hat sich ausführlich mit dem Problem befaßt, wie ein »Image« entsteht, das Bild also, das andere sich von uns machen. Breitangelegte psychologische Untersuchungen haben ergeben, daß bei diesem Prozeß der visuelle Eindruck eine tiefe und bleibende Auswirkung im Unterbewußtsein der Menschen hinterläßt, mit denen wir in Berührung kommen. *Es gibt so etwas wie eine unbewußte Zu- oder Abneigung, die maßgebend aufgrund des Aussehens geweckt und dann auf die gesamte Person übertragen wird.*

Haben Sie einen mannshohen Spiegel zu Hause, in dem Sie sich in aller Ruhe von Kopf bis Fuß betrachten können? Die ganze »Verpackung«, wie Sie sie der Umwelt zur Schau stellen? *Sehen Sie sich doch einmal mit den Augen anderer!*

Sehen Sie sich einmal mit den Augen (und den Gedanken) Ihres Arbeitgebers, Ihrer Kollegen, Ihrer Freunde und Nachbarn, vor allem aber auch der Leute, deren Position und Einfluß über Ihren Erfolg entscheiden können.

Machen Sie einen ansprechenden, einen vorteilhaften Eindruck? Sehen Sie erfolggewohnt oder in irgendeiner Weise beeindruckend aus? Sehen Sie wie jemand aus, der Beachtung, Wertschätzung und die besondere Behandlung von seiten jener verdient, durch deren hohe Einschätzung der Erfolg im Leben greifbar näherrückt, der Erfolg, den Sie benötigen, um reich zu werden? *Sehen Sie so aus?*

# Kapitel 44

# Ballast über Bord!

Sie sollten sich im »Rennen« um den Erfolg nicht mit nutzloser Bürde belasten. Der erfahrene Reisende reist mit leichtem Gepäck. Wie üblich hat der Volksmund diese Erfahrung in ein Sprichwort umgemünzt: *»Laß das Boot liegen, nachdem du den Fluß überquert hast!«*

Stellen Sie sich vor, der »Fluß« sei eines der Hindernisse, die Ihren Weg zum Erfolg blockieren. Ihr »Boot« war bei der Überwindung dieses Hindernisses von großem Wert. Aber nachdem Sie nun sicher am anderen Ufer stehen, brauchen Sie es nicht mehr. Ganz gleich, wie teuer es gewesen sein mag, ganz gleich auch, wie sehr es Ihnen geholfen hat, über den Fluß zu kommen – jetzt ist es für Sie nur noch eine Belastung. Lassen Sie also das Boot liegen, nachdem Sie den Fluß überquert haben!

*Es gibt so etwas wie eine Tyrannei der Habseligkeiten.* Wenn uns bestimmte Sachen nicht mehr dienlich sind, werden sie uns zur Last. Sie beengen uns im eigentlichen Sinne in der Wohnung, der Garage, im Keller und auf dem Dachboden, erst recht aber geistig!

Und sie können unser Gefühlsleben stark belasten – wenn sie uns Sorgen bereiten.

Sie erinnern sich noch an meine Geschichte vom Angeln? Nun, als Champion im Barschangeln hatte ich mir im Laufe der Zeit mehr als tausend Köder zugelegt. Ich brauche sie heute nicht mehr und in Zukunft höchstens noch einige wenige. Aber glauben Sie, ich wäre bereit, mich von ihnen zu trennen? Nicht von einem einzigen! Ich bin zweifellos ein Opfer der Tyrannei dieser Habseligkeiten . . .

Seien Sie tolerant mit mir, lächeln Sie über meine Eigenheit mit den Angelködern; aber erkennen Sie die WARNUNG, die darin steckt:

Solange es Kleinigkeiten sind, geht es ja noch an. Doch es gibt in unserem Gepäck auch schwerlastende Dinge, die uns zu Alpträumen werden können, wenn man sich – obwohl sie längst nutzlos geworden sind – nicht von ihnen trennt.

Schleppen Sie sich nicht ein Leben lang ab, gebeugt unter der drückenden Bürde von Relikten aus einer Vergangenheit, die heute für Sie keinen Wert mehr haben. Ihr Leben wird sich wesentlich vereinfachen, Sie werden auf Ihrem Weg zu Ihrem Lebensziel viel schneller vorankommen, wenn Sie all das nutzlos gewordene Dachboden- und Kellergut, das sich über die Jahre angesammelt hat, abschütteln. Das gilt mehr noch als für materielle Habseligkeiten für Gepäck, das Ihre Psyche belastet.

Trennen Sie sich von all dem. Vereinfachen Sie Ihr Leben. Gestalten Sie es möglichst unkompliziert. Werfen Sie alles über Bord, was sich als nicht windschlüpfig erweist und so die rasche Fahrt Ihres Lebensschiffes hemmt.

*Befreien Sie sich von der Tyrannei Ihrer nutzlosen Habseligkeiten – und der Vergangenheit!*

# Kapitel 45

# Wie Sie Ihr Leben besser in den Griff bekommen

*Es gibt im Leben kein Vakuum.* Entweder Sie führen ein Leben voll von Aktivitäten, die wichtig und sinnvoll sind, oder das Schicksal wird Ihr Leben mit dem Sperrmüll überflüssiger Probleme und Nöte anfüllen! Entweder Sie bekommen Ihr Leben selbst in den Griff, planen und steuern es und gestalten es durch entschiedenes Handeln in Richtung Ihres selbstgewählten Ziels, oder das Leben macht Sie zum Sklaven, der tagaus, tagein von Problemen in Schwierigkeiten, von Konflikten und Notlagen in Krisen und Katastrophen gerät.

Aber wie plant und steuert man, wie richtet man sein Leben nach eigenen Vorstellungen ein? Zunächst sollten Sie das Sprichwort beherzigen: *»Das Morgen wird für sich selber sorgen!«* Das tut es tatsächlich! Aber wenn Sie versuchen, das Morgen schon heute zu leben und so die Last der Probleme von morgen auf die von heute stapeln, dann verdoppeln Sie Ihre Bürde.

Wer sein Leben erfolgreich organisieren will, sollte dem bekannten Rezept Dr. WILLIAM OSLERS folgen, des berühmten kanadischen Arztes und Schriftstellers. Osler mahnte: »Lebe immer nur einen Tag auf einmal.« Und weiter warnte er: »Die Sorgenlast von morgen zu der von gestern gelegt und heute auf den Schultern getragen – da geht selbst der Stärkste in die Knie!«

Ärzte und Psychologen warnen uns immer wieder, wir möchten Überbelastungen körperlicher, geistiger und auch gefühlsmäßiger Art vermeiden. Es ist im Prinzip wie bei einer elektrischen Leitung: Wer deren Kapazität überfordert, riskiert einen Kurzschluß, die Sicherungen brennen durch . . . Das mag im körperlichen Bereich ein Herzinfarkt oder eine Erkrankung eines anderen lebenswichtigen Organs sein; es kann aber auch zu einem psychischen Kollaps, einem Nervenzusammenbruch oder ähnlichem kommen.

*Erlangen Sie eine größere Beherrschung Ihres Lebens durch eine vernünftige Einteilung Ihrer Zeit.* Der Schriftsteller ROBERT LOUIS STEVENSON formulierte diesen Gedanken so: »Jeder kann seine Last – und sei sie noch so schwer – bis zum Einbruch der Nacht tragen. Jeder kann seine Tagesarbeit – und sei sie noch so hart – an diesem Tag erledigen.«

Ein einziger Tag allein kann Sie nicht unterkriegen, auch wenn er scheinbar aus einer Kette von Unglücksfällen besteht; denn Sie wissen ja, daß morgen ein neuer, ein anderer Tag beginnt. Wie der englische Dichter WILLIAM COWPER schrieb: »Der dunkelste Tag, bis zum Ende durchgestanden, vergeht und macht einem neuen Platz«. Und DOROTHY DIX meinte einmal: »Ich habe gestern durchgestanden. Ich kann auch heute durchstehen.« Das können Sie auch!

Wer sein Leben auf den jeweiligen Tag hin einrichtet, bekommt es besser in den Griff. Gehen Sie dann einen Schritt weiter und teilen Sie sich die Stunden ein: Sie können sich leicht auf die Arbeit einer Stunde konzentrieren – immer nur auf eine nach der anderen. So bekommen Sie Ihre Zeit nach und nach unter Kontrolle. In dem Maße aber, in dem Sie Ihre Zeit überblicken und vernünftig entscheiden, was Sie mit Ihrer Zeit anfangen, beherrschen Sie in der Tat bereits Ihr Leben; denn darum geht es im Grunde – um die Zeit! *Es ist Ihre Zeit! Ihre Lebenszeit – und damit Ihr Leben.* Entweder Sie beherrschen es, oder es beherrscht Sie.

Die Beherrschung kleinerer, leicht überschaubarer Einheiten ist immer leichter als die eines riesigen Ganzen. Niemand hat das, wie die Geschichte beweist, souveräner gehandhabt und besser formuliert als die Römer: Divide et impera! (Teile und herrsche!) Wesentlich aufgrund dieser bewährten Erfolgsmethode errichteten die Römer ihr Weltreich!

Bedienen auch Sie sich dieser klassischen Erfolgsmethode! Teilen Sie die Zeit in überschaubare Einheiten von Stunden auf und konzentrieren Sie Ihre Aufmerksamkeit jeweils nur auf die nächste Stunde und die dafür in Betracht kommenden Probleme und Aufgaben. Lassen Sie sich nicht von Gedanken an das Danach ablenken oder von Spekulationen über Vergangenes. *Diese Konzentration auf das unmittelbar vor Ihnen Liegende wird Sie zu einer ungewohnten Leistungssteigerung befähigen,* die nicht nur eine Stunde anhält, sondern auch die nächste und übernächste ... Tag für Tag, Woche für Woche!

Leistungssteigerung aber sichert Ihren Aufstieg zu Erfolg und Wohlstand.

Kapitel 46

# Die richtige Einstellung zu Ihrer Arbeit

Sie können – niemand kann Sie daran hindern – Ihre Arbeit als langweilige Tretmühle auffassen und sie aus »vollem Herzen« verabscheuen. Sie können sie als Routine ansehen, der man nicht entkommt, und sie ertragen, so gut es eben geht.

*Sie können Ihre Arbeit aber auch als eine tägliche Herausforderung Ihrer Leistungsfähigkeit und als Gelegenheit betrachten, Ihre Leistung zu verbessern,* und sie als Ausgangsbasis für eine aufregende Karriere bewältigen, die Sie auf Ihrem Weg zu Erfolg und Wohlstand voranbringt.

Es geht im Grunde um die Frage, ob Sie Ihre Arbeit zu Ihrem Vorankommen zu gebrauchen verstehen oder ob Sie sich von Ihrer Arbeit verbrauchen lassen. Viele Menschen lassen sich von ihrer Arbeit verbrauchen. Sie bleiben ihr, ständig unbefriedigt, ständig unzufrieden, »treu«, bis sie verbraucht, enttäuscht, zutiefst fatalistisch den Ruhestand antreten; die Lebenschance ist vertan.

Aber man kann es auch anders machen. *Sie, der Sie reich werden wollen, müssen es anders machen!*

Wie? Man macht seine Arbeit um soviel besser, daß man mit Sicherheit besser ist als die Arbeit, die man macht. Ist dies der Fall, ist man klarerweise über seine Arbeit hinausgewachsen. In einer wachstumsorientierten Firma erhalten Sie in einem solchen Fall beinahe zwangsläufig einen wichtigeren Posten zugewiesen. Trifft das nicht zu, obwohl Sie an maßgebender Stelle darauf hingewiesen haben, sollten Sie zu einer anderen Firma überwechseln, die Ihnen eine Ihrer Leistung entsprechende Stelle mit höherer Verantwortung anbietet.

Es ist – pardon für den Vergleich – wie bei einem kleinen Jungen, der ganz offensichtlich aus seinen Kleidern herausgewachsen ist: er bekommt neue Kleider. Oder haben Sie je ein Kind in Ihrem Bekanntenkreis gesehen, das mit zehn Jahren in den Hosen eines Fünfjährigen herumgelaufen wäre? Irgendwie, von irgendwoher, auf irgendeine Art bekommt ein Kind immer die passenden Kleider. Mit Jobs ist es nicht anders! Wer seiner Arbeit entwachsen und deutlich erkennbar »zu Höherem berufen« ist, wird irgendwie, irgendwoher, auf irgendeine Weise eine höhere Position angeboten erhalten.

Sie sollten an dieser in der Praxis tausendfach erwiesenen Tatsache nicht zweifeln. Es handelt sich um eine BEWÄHRTE ERFOLGSMETHODE. Fassen wir sie kurz zusammen:

- Betrachten Sie Ihre Arbeit niemals als langweilige Plackerei, die Sie im Grunde Ihres Herzens verabscheuen.
- Betrachten Sie sie auch nicht als unumgängliche Notwendigkeit, der man sich nicht entziehen kann und die man daher ertragen muß.
- Fassen Sie Ihre Arbeit statt dessen als Herausforderung auf, als Gelegenheit, Ihre Leistung zu verbessern, so daß Sie schließlich Ihrer Arbeit entwachsen und, weil es so ist, beinahe zwangsläufig irgendwie, irgendwoher und auf irgendeine Art und Weise eine neue Stellung bekommen werden, die Ihrer Leistungsfähigkeit entspricht.

Die Methoden, nach denen Sie zur Verwirklichung dieses Nahziels vorgehen sollen, sind Gegenstand dieses Buches.

# Kapitel 47

# Mit dem Potential von sechzig Billionen Zellen!

Der menschliche Körper – Ihr Körper – besteht aus Milliarden und aber Milliarden Zellen. Es ist für Ihre Gesundheit, für Ihr Leben, für Erfolg oder Mißerfolg nicht gleichgültig, wie Sie mit diesen Milliarden von Zellen umgehen.

Doch beginnen wir, wie allgemein üblich, am Anfang: bei der einen einzigartigen Zelle, dem weiblichen Ei. Nach der Befruchtung durch eine andere einzigartige männliche Samenzelle beginnt es sich zu teilen, und eine Teilung folgt der anderen, bis sich in den folgenden Monaten aufgrund der zahllosen Zellteilungen an die zwei Billionen Zellen gebildet haben: das Baby ist bereit für die Geburt.

So wurden Sie geboren – eine Ansammlung von zwei Billionen Zellen. Aber auch nach der Geburt *geht die Zellteilung weiter, bis der Mensch mit nicht weniger als auf oder ab sechzig Billionen Zellen erwachsen ist!*

Die einzelnen Zellen haben allerdings keine besonders lange Lebensdauer. Sie werden rasch verbraucht und ausgeschieden. Wenn Sie ein einigermaßen gesundes Leben führen, werden die verbrauchten Zellen durch perfekte neue ersetzt, und zwar in einem Tempo von Millionen Zellen pro Sekunde.

Wenn Sie aber ein ungesundes Leben führen (körperlich, geistig, emotional), tritt unweigerlich ein psycho-physischer Verfall ein, weil Zellvermehrung und -wachstum sowie auch die Qualität der Zellen nachlassen. Wird jedoch das Zellmaterial nicht mehr schnell genug und nur noch unzureichend ersetzt, stirbt der gesamte Organismus. Und *ebenso schnell wie die*

*Erneuerung der Zellen kann auch der Verfall des Gesamtorganismus vor sich gehen.*

Wer sinnvoll und vernünftig lebt und körperliche und seelisch-geistige Überforderungen vermeidet, verbessert damit automatisch die Qualität und die Neubildungsfähigkeit des Zellmaterials. Und bei einem fortgesetzten Erneuerungsprozeß von Millionen Zellen pro Sekunde kann man seinen Gesamtorganismus auch in einem ganz erstaunlichen Maß und vor allem schnell in einen besseren Zustand bringen.

Eine Beschreibung des überaus komplizierten Zusammenwirkens der sechzig Billionen Zellen oder überhaupt der biochemischen Vorgänge im menschlichen Körper wäre weder möglich noch sinnvoll. Vergegenwärtigen wir uns nur sehr summarisch ein paar Tatsachen im Zusammenhang mit dem wunderbaren Geschehen.

Die Energie, die Ihr Körper benötigt, damit seine sechzig Billionen Zellen alle Lebensfunktionen gewährleisten, könnte man etwa mit Elektrizität vergleichen, die im Körper selbst produziert wird, und zwar in Form einer Schlüsselsubstanz im biochemischen Geschehen, dem Adenosintriphosphat (ATP). Es ist die wichtigste Substanz der Energiespeicherung im Zellstoffwechsel; sie sorgt für die Energie, die unsere Körperzellen zur Arbeit benötigen. Die Zelltätigkeit wird durch die Ribonukleinsäure (RNS) und die Desoxyribonukleinsäure (DNS), die von grundlegender Bedeutung für den gesamten Lebensprozeß sind, gesteuert. Die Kommunikation zwischen den Körperzellen übernehmen die Hormone.

Vielleicht interessieren Sie sich für die biochemischen Vorgänge, die in Ihrem Körper vor sich gehen, nicht besonders; die wenigen vorstehenden Hinweise sollten aber zumindest andeuten, wie wunderbar der grandiose Mechanismus Ihres Organismus funktioniert und daß er ganz offensichtlich sorgfältige Pflege erfordert. *Behandeln Sie daher Ihren Körper gut. Vernachlässigen oder ignorieren Sie seine Bedürfnisse nicht.* Sie würden ja Ihre Uhr auch nicht mit einem Hammer »behandeln«!

Aber trotz seiner geheimnisvollen Komplexität ist Ihr Körper mit seinen sechzig Billionen Zellen bloß der Diener und Vollstrecker des ihn beherrschenden Geistes, Ihres Geistes im weitesten Sinn. Er unterliegt Ihren geistig-seelischen Instruktionen und erfüllt seine Funktionen im Rahmen der ihm vorgegebenen Zweckbestimmungen.

Der in die Geschichte des amerikanischen Rundfunks eingegangene Frageonkel der Generation unserer Eltern BEN SWEETLAND brachte seinen Zuhörern immer wieder zu Bewußtsein: »Der Mensch ist kein Körper mit Geist, sondern vielmehr ein Geist, eine Seele mit Körper.«

Mehr noch: *Der Zustand Ihres Körpers und alles körperlich-materielle Geschehen sind der Ausdruck, die Manifestation Ihres Geistes, dem alles gehorcht!*

Sie stehen am Schaltpult! Sie bedienen die Schalthebel! Und es steht Ihnen ein Potential von sechzig Billionen Zellen zur Verfügung! Die Natur hat Ihnen dieses immense Potential zur Verfügung gestellt, damit Sie sich seiner zu Ihrem Glück und Erfolg bedienen.

Hätte sie das nicht, würde sich die Natur (Gott oder der unendliche Geist oder wie immer Sie das höchste Prinzip nennen wollen) als unsinnig erweisen. Die Schöpfung erweist sich aber nicht als unsinnig. Die wunderbare Vollkommenheit, die das Universum steuert, die seit undenklichen Zeiten einen Kosmos ohne Grenzen, ohne Anfang, ohne Ende, in Gang hält, in dem die uns bekannten Vorgänge in einer Präzision von Sekundenbruchteilen ablaufen, *verrät einen uns Menschen unvorstellbar überlegenen Geist an der Planung und Entwicklung.*

Wenn Ihnen also dieser unendliche Geist kosmischer Dimension die Herrschaft über die sechzig Billionen Zellen Ihres Gesamtorganismus übertragen hat, damit Sie mit Hilfe Ihres Geistes – der Zugang zum unendlichen Geist hat – ein Ziel erreichen, das der Mühe wert ist, dann liegt darin auch ein Auftrag. Die Methoden, mit deren Hilfe Sie – über Ihr Unterbewußtsein – die Verbindung zum universellen, unendlichen Geist herstellen können, finden Sie an anderer Stelle dieses Buches.

Jeder Mensch kann in diesem unendlich weise eingerichteten Schöpfungsplan seine Rolle erfüllen. Er muß nur ein Lebensziel haben, das sich lohnt, und es in dem sicheren Wissen verfolgen, daß der Mensch alles erreichen kann, was er sich vorstellen kann und woran er zu glauben vermag.

Haben Sie Ihren Plan, an dessen Verwirklichung Sie glauben? Wenn Sie ab jetzt Pläne machen – *planen Sie groß! Sechzig Billionen Zellen arbeiten für Sie!*

Kapitel 48

# Nutzen Sie Hindernisse – als Kraftquellen!

Mit ein wenig Humor kann man den Weg zum Erfolg ohne weiteres als Hindernisrennen oder auch als Hürdenlauf sehen; wichtig ist, daß der Läufer ins Ziel kommt! Aber wichtig sind für den Läufer auch die Hindernisse: um sie zu überwinden, läuft er ja gerade. Er betrachtet die Hindernisse nicht als Behinderungen, sondern als Anreiz, sie zu bewältigen.

*Das müssen auch Sie!* Nur Versager finden in Hindernissen ein Alibi, einen Grund, ihren Mißerfolg zu rechtfertigen. Die Tatsache, daß viele Menschen diese Einstellung haben, ändert nichts daran, daß sie falsch ist.

Das Gegenteil trifft zu: *Hindernisse vervielfachen die Energie, den angestrebten Erfolg zu verwirklichen!*

Der Erfolg der meisten großen Frauen und Männer wurde gerade eben durch jene Kraft ermöglicht, die sie aus der Bewältigung zahlloser Hindernisse schöpften. Je größer die Hindernisse, desto größer der Erfolg. Doch diese Feststellung gilt nicht allein für die ganz Großen, die wir aus der Geschichte und allenfalls aus den Massenmedien kennen; er gilt im gleichen Maße für alle erfolgreichen Menschen, ganz gleich, auf welchem Gebiet ihre Errungenschaften lagen und liegen. Dennoch liefert die Geschichte der Großen und ganz Großen hervorragendes Anschauungsmaterial für diese Tatsache. Sehen wir uns ein paar Beispiele an:

Abraham Lincoln und eine ganze Reihe amerikanischer Präsidenten begannen ihren Weg in ärmlichsten Verhältnissen, mit einer oft nur fragmentarisch gebliebenen Ausbildung und ohne jegliche Hilfsmittel oder Unterstützungen, wie sie heutzutage fast selbstverständlich sind. Der Weg zum Erfolg des wohl größten Mannes an der Spitze der USA war wahrhaftig ein Hindernisrennen!

Thomas A. Edison, der später so berühmte Erfinder, mußte die Schule verlassen, weil er angeblich zu dumm war, um irgend etwas zu lernen! So begann der Weg des wahrscheinlich bedeutendsten Erfinders aller Zeiten.

Der schwarze Arzt-Wissenschaftler Charles Drew weigerte sich, das Hindernis der Rassenschranke, das damals in noch viel stärkerem Maße das Leben der amerikanischen Neger bestimmte als heute, anzuerkennen. Er arbeitete wie besessen an seiner Methode der Blutplasmakonservierung und wurde damit zum Lebensretter von Millionen Menschen aller Rassen und Hautfarben.

Benjamin Franklin, der später so berühmte nordamerikanische Staatsmann und Schriftsteller, wurde als fünfzehntes von siebzehn Kindern eines bitterarmen Kerzenziehers geboren. Eines seiner größten Handicaps war die Tatsache, daß er nur ein einziges Jahr die Schule besucht hatte. Dessenungeachtet eignete er sich vier Sprachen, ein profundes Wissen in Philosophie, Literatur und die Grundlagen der Publizistik, der Naturwissenschaften, der Finanz- und politischen Wissenschaften und schließlich der Diplomatie an. Aufgrund seiner Persönlichkeit und seines ungeheuren Wissens verschaffte er sich über seinen Tod hinaus als einer der größten und gebildetsten Amerikaner aller Zeiten Geltung.

Irving Berlin kam mit seiner Familie aus dem Rußland der Oktoberrevolution in die USA. Die völlig mittellosen Einwanderer lebten jahrelang in einem Kellerloch, und der kleine Irving konnte die Schule nicht länger als zwei Jahre besuchen. Dennoch brachte er es, wie es sein Wunschtraum war, eines Tages doch fertig, ein Lied zu schreiben und es auch zu verkaufen – für dreiunddreißig Cent – und in seinem weiteren Leben mehr als achthundert Songs, ferner auch Musicals und Shows. Er verschenkte allein für wohltätige Zwecke viele Millionen!

Eine andere interessante Geschichte über den Umgang mit Hindernissen ist die des zwergenhaft verwachsenen, kränklichen Karl Steinmetz, der schwer kurzsichtig und ohne einen Groschen Geld das deutsche Einwandererschiff verließ, um in New York an Land zu gehen; er sprach kein Wort Englisch. Der Mann wurde als CHARLES STEINMETZ, wie er sich später nannte, zu einem wahren Genie auf dem Gebiet der Elektrotechnik, entwickelte den Wechselstrom und ermöglichte schlußendlich die Elektrifizierung der ganzen Welt.

CHARLES CLINTON SPAULDING arbeitete als Hausbesorger und Portier in einer Versicherungsgesellschaft. Als Neger war er infolge der damals noch ernsten Rassenschranken so behindert, daß er . . . Präsident der Versicherungsgesellschaft wurde und sie zum größten amerikanischen Unternehmen ausbaute, das völlig im Besitz von Schwarzen ist und ausschließlich von ihnen geleitet wird. Die Gesellschaft hat heute ein Firmenvermögen von fünfundneunzig Millionen Dollar und mehr als zweitausend Angestellte.

Ein armer irischer Junge mit nur fünf Jahren offizieller Schulbildung mußte sich als Angestellter für einen Monatslohn von (umgerechnet) zehn Mark verdingen. Da er Schriftsteller werden wollte, gab er diese schlechtbezahlte Arbeit auf und verdiente in den ersten neun Jahren seiner schriftstellerischen Tätigkeit rund siebzig Mark! Aber GEORGE BERNARD SHAW wurde auf diese Weise einer der berühmtesten Schriftsteller aller Zeiten. Er machte mit seinen Stücken, Satiren und anderen Werken ein Vermögen und erhielt den Nobelpreis für Literatur.

Die Liste ließe sich endlos fortsetzen, denn die Zahl der Hindernisse, die Menschen auf ihrem Weg vorfinden, ist ebenso unbegrenzt wie die Zahl der Behinderungen, mit denen viele Menschen von Geburt an belastet sind – doch auch die Zahl jener ist groß, die trotz solcher Handikaps reich, mächtig und berühmt wurden. *Man kann nur großen Erfolg haben, indem man Schwieriges angeht.*

Die kränkliche ANETTE KELLERMANN, die in ihrer frühen Jugend gelähmt gewesen war, wurde Weltmeisterin im Turmspringen und hatte übrigens als Frau eine absolut perfekte Figur, wie Kenner behaupteten.

Der kränkelnde, bitterarme THOMAS WATT war zu schwach, um die Schule zu besuchen; seine Mutter unterrichtete ihn zu Hause. Aber dennoch konnte er in seinem späteren Leben die

Dampfmaschine erfinden – die die industrielle Welt revolutionierte.

Und dann gibt es noch das Beispiel des armen Farmersohns, dessen Vater noch vor seiner Geburt starb. Seine Mutter erwirtschaftete mit der Farm etwa vierhundert Dollar pro Jahr, und mit diesem Geld brachte sie sich und das Kind durch. Sie kennen sicher seinen Namen: Sir Isaac Newton, der Entdecker des Gesetzes der Schwerkraft!

Tatsache ist: *Hindernisse sind da, um überwunden zu werden. Hindernisse sind Herausforderungen – sind Möglichkeiten, Gelegenheiten, Chancen!*

Einige aufs Geratewohl herausgegriffene Fälle sollen noch zeigen, daß man sogar mit ernsten körperlichen Behinderungen beste Chancen haben kann: Julius Cäsar war Epileptiker – er, der die damals bekannte Welt beherrschte. Demosthenes stotterte – und wurde der größte Redner des antiken Griechenland. Charles Darwin war nervenleidend und von furchtbaren Schlafstörungen geplagt; aber er schrieb das epochemachende Werk *»Über die Entstehung der Arten«* und wurde zum Pionier der Abstammungslehre.

Auch Alter ist kein unüberwindbares Hindernis. Cornelius Vanderbilt errichtete sein Eisenbahnimperium, mit dem er ein gigantisches Vermögen erwarb, nach seinem siebzigsten Lebensjahr. Claude Monet malte noch mit sechsundachtzig Jahren wunderbare Bilder. Vecellio Tizian schuf das unvergleichliche Gemälde der »Schlacht von Lepanto« mit Neunundachtzig.

Und wenn von Behinderungen die Rede ist: Ludwig van Beethoven vollendete sein unvergängliches Musikschaffen in völliger Taubheit. John Milton schrieb *»Das verlorene Paradies«* nach seiner Erblindung. Und Helen Keller war blind und taubstumm – und wurde aufgrund ihrer Sozialreformen gleichwohl weltberühmt.

Es ist wirklich so: *Hindernisse fordern uns heraus; sie motivieren, stimulieren uns zu Höchstanstrengungen und Höchstleistungen,* so daß der angestrebte Erfolg nicht ausbleiben kann.

Ihre a priori gegebenen Behinderungen und die auf Ihrem Erfolgsweg auftauchenden Hindernisse zu überwinden, muß Ihre ganz persönliche »wunderbare Besessenheit« werden. Erst aufgrund einer solchen von Entschlossenheit und Begeisterung getragenen Haltung gewinnen Sie die Kraft und Energie, die Sie sonst nie aufgebracht hätten.

Stellen Sie sich einen Fluß vor, der ruhig dahinfließt; er produziert keine nennenswerte Energie – bis ein Staudamm errichtet wird. Der Damm hält den Lauf des Flusses auf, wie ein Hindernis Ihren Erfolgsweg blockiert. Aber die Blockierung ist nur von kurzer Dauer. Der Fluß staut sich hinter dem Damm zu einem See auf – ein riesiges Energiereservoir, das erst durch den Damm entstand. Aus ein und demselben ursprünglich vorhandenen Potential – der Wassermassen des Flusses – ergibt sich nun ein Energiereservoir, das den Betrieb eines Kraftwerks ermöglicht, mit dessen elektrischer Energie eine ganze Stadt und das Umland versorgt werden können.

Sie werden auch in Ihrem Leben feststellen, daß Hindernisse sich als Energiequellen erweisen, die nicht existierten, bevor das betreffende Hindernis Ihren Weg zum Erfolg blockierte. Lernen Sie daher diese Kraft nutzen. Alle erfolgreichen Frauen und Männer wuchsen an den Hindernissen, die sie überwanden. Die aufgeführten Beispiele sollten Ihnen nur zeigen, daß die ganz Großen zumeist allergrößte Behinderungen zu bewältigen hatten.

Betrachten Sie daher ab sofort Hindernisse als das, was sie sind: *als Herausforderungen zur Höchstleistung! Hindernisse sind dazu da, um überwunden zu werden! Sie sind Kraftquellen, die es zu nutzen gilt!*

# Kapitel 49

# Nehmen Sie die Verwirklichung vorweg – und danken Sie dafür!

Die ganze Welt ist Bühne, und die Menschen spielen auf dieser Bühne ihre selbstgewählte Rolle! Diese Sicht des menschlichen Lebens findet sich vielfach in der Literatur, so etwa in WILLIAM SHAKESPEARES *»Wie es Euch gefällt«*, in THOMAS HEYWOODS *»Apologie für Schauspieler«* oder in MICHEL E. MONTAIGNES *»Essais«*. Aber abgesehen von dem literarischen Wert dieser Werke weisen sich ihre Schöpfer auch als hervorragende Psychologen aus.

Zweifellos kommt der Frage, welche Rolle man spielt und wie man sie spielt, im Leben eines jeden Menschen besondere Wichtigkeit zu. Wenn Sie eine Haltung einnehmen, »als ob« Sie die von Ihnen erwünschten persönlichen Eigenschaften und geistigen oder materiellen Vorteile bereits hätten und im Geiste dafür danken, nehmen Sie, psychologisch gesprochen, die Verwirklichung Ihrer Wünsche vorweg – und werden Ihre Wünsche verwirklichen. *Sie verwirklichen sie kraft Glaubens und der Haltung der Dankbarkeit,* die wir in einem anderen Kapitel dieses Buches bereits erörtert haben.

In der Bibel heißt es: »Alle Dinge sind möglich dem, der da glaubt« (Markus 9, 23). Und: »Alles, was ihr bittet in eurem Gebet, glaubet nur, daß ihr's empfangen werdet, so wird's euch werden« (Markus 11, 24). »So tun, als ob« heißt nichts anderes als daran glauben.

WILLIAM JAMES war ein entschiedener Befürworter des Prinzips des »Als ob«: »Handle stets, als ob ...« war ein wichtiges Motto seiner Lehren. Er lehrte unter anderem auch den Gebrauch des »Als ob« zur Regulierung von Gefühlen. William James stellte dazu fest: »Handeln scheint auf das Gefühl zu folgen, in Wirklichkeit jedoch findet beides gleichzeitig statt, und indem wir das Handeln, das unmittelbarer der Kontrolle des Willens unterliegt, regulieren, können wir mittelbar auch das Gefühl, das nicht vom Willen beeinflußt wird, regulieren.«

Es sagt damit, *daß wir uns besser fühlen, wenn wir so tun, als ob es uns besser ginge*, und daß wir uns glücklich, einflußreich oder erfolgreich fühlen, wenn wir so handeln, als ob wir glücklich, einflußreich oder erfolgreich wären. Bei William James heißt es wörtlich: »Der Königsweg zur Fröhlichkeit, wenn sie verlorengegangen ist, besteht darin, sich aufzurichten und *zu handeln und zu sprechen, als ob man bereits fröhlich sei.«*

Es ist allerdings zugegebenermaßen wesentlich leichter, so zu handeln, als ob man ein bestimmtes Gefühl hätte, als sich so zu benehmen, als ob man bereits bekommen hätte, was man sich wünscht.

Wir wollen Ihnen hier natürlich nicht den Rat geben, sich euphorischen Selbsttäuschungen hinzugeben. Ihre Handlungsweise muß Ihnen selbst plausibel erscheinen; erst so wird sie auch für andere glaubhaft. Nur wenn Sie sich dies zur Regel machen, können Sie das Prinzip des »Als ob« anwenden.

Warum das funktioniert? Unsere Verhaltensweisen werden durch unser Denken, unseren Glauben, durch unsere Geistes- und Gefühlseinstellung bestimmt. Solange unser Handeln vernünftig ist und sich im Einklang mit unseren Überzeugungen und mit unseren Gefühlen befindet, können wir – ohne schlechtes Theater zu spielen – erlangen, was wir uns wünschen, *indem wir eine Haltung einnehmen und handeln, als ob wir schon wären oder hätten, was wir zu sein oder zu haben wünschen.*

Es ist ohne weiteres möglich und sinnvoll, wenn Sie so handeln, als ob Sie bereits als erfolgreich anerkannt wären – indem Sie Ihr gesamtes Verhalten bei der Arbeit und in der Freizeit, Ihre Sprechweise, Ihre Art, sich zu kleiden und zu pflegen, dementsprechend anlegen. Dabei spielt auch der selektive Umgang mit Freunden und Bekannten sowie die Wahl Ihrer Vergnügungen (kulturelle Veranstaltungen, Sport) und Ihrer bevorzugten Lokale eine große Rolle. *Die maßgebende Leitlinie muß für Sie sein, sich das Image eines Erfolgsmenschen aufzubauen.*

Ich kann Ihnen aus eigener Erfahrung versichern, daß das »funktioniert«; denn das war es genau, was ich als junger Mensch selbst tat – und ich begann wirklich bei Null, wie Sie meiner Lebensgeschichte entnehmen können! Dessenungeachtet war ich nicht selten »zum Diner« in den Nobelrestaurants anzutreffen, in denen »Leute von Welt«, genaugenommen die Reichen, die Erfolgreichen der Stadt, verkehrten. Ich für mich »nahm da meine Suppe ein« (im etymologischen Sinn eher ein Souper als ein Diner). Ja, ich aß Suppe. Nur Suppe – von wegen Diät! (Daß es eine finanzielle Diät war, ging schließlich niemanden etwas an.) Um es kurz zu machen: Ich lernte im Laufe der Zeit so manche Menschen persönlich kennen, deren Bekanntschaft mir später sehr zustatten kam.

Wesentlich für die wirksame Anwendung der Methode des »Als ob« – mit deren Bewirkung Sie sich bereits am Ziel des Angestrebten sehen – ist die von der Vorstellung her einfließende Fähigkeit, sich über das vorgestellte »Erreichte« zu freuen und dafür zu danken. Danken Sie Gott, wenn Sie an Gott glauben, oder sonst dem Schicksal für die glückliche Fügung. Wer echt und zutiefst dankbar für etwas ist, als ob sich sein Wunsch schon erfüllt hätte, wird sich in seiner Erwartungshaltung aufgrund des Prinzips der Entsprechung bestätigt sehen. Er wird erlangen, was er auf diese Art durch seine Erwartung – nicht in anmaßender Weise, sondern indem er dankbar ist – vorwegnimmt. Gläubige Menschen sehen darin dann ein erhörtes Gebet.

Diese Gedanken sind für Sie von grundlegender Wichtigkeit, so daß sich hier eine ZUSAMMENFASSUNG aufdrängt.

- Gewöhnen Sie sich – wie uns zahlreiche Dichter und Denker im Laufe der Geschichte nahegelegt haben – an den Gedanken, daß die Welt eine Bühne ist, auf der die Menschen wie Schauspieler, ein jeder in seiner Rolle, auftreten.
- Aber: Sie selbst bestimmen, welche Rolle Sie spielen! Und indem Sie handeln »als ob«, entwickeln Sie tatsächlich die Persönlichkeit, die zu sein Sie anstreben, samt all den Charakteristika, die dieser Persönlichkeit – oder der Rolle, die Sie im Leben für sich ausgewählt haben – entsprechen.
- Wie ein guter Schauspieler müssen Sie aber bei Ihrem »Als ob«-Handeln Ihre Rolle ausfüllen, das heißt daran glauben,

daß Sie die Persönlichkeit in den Verhältnissen sind, die zu Ihrer Rolle gehören. In der Bibel heißt es: »Alle Dinge sind möglich dem, der da glaubt« (Markus 9, 23).

- Aber Sie sollen nicht nur fest glauben, daß Sie alles erlangen, was zu Ihrer Bühnenrolle im Spiel des Lebens gehört, sondern Sie müssen, die Verwirklichung vorwegnehmend, sich darüber freuen und im Geiste dafür danken. Diese Haltung der Dankbarkeit wird aufgrund des Prinzips der Entsprechung unweigerlich zur Verwirklichung des »Als ob« führen.
- Ihr Handeln »als ob« muß jedoch Ihnen selbst glaubwürdig erscheinen; nur so kann es auch auf andere überzeugend wirken. Die Inhalte Ihres Denkens, Glaubens und Fühlens steuern Ihr Handeln, Ihr Verhalten. Solange Ihre Handlungen Ihnen vernünftig erscheinen, laufen Sie nicht die Gefahr zu übertreiben. Übertreibungen würden zum Verlust Ihrer gedanklichen Kontrolle über Ihr Rollenspiel führen.
- Vergessen Sie nie, daß Ihr Handeln der Ausdruck Ihres festen Glaubens an die Verwirklichung Ihres Wunsches ist. Es ist dieser unwandelbare Glaube, der – in Handlungen umgesetzt – das bewirken wird.

Vielleicht lesen Sie dieses Kapitel noch einmal; es ist für Sie sehr wichtig. Und dann sollten Sie sofort und unter allen Umständen beginnen, mit der Methode des »Als ob« zu arbeiten. *Ihre ganze weitere Zukunft kann davon abhängen!*

# Kapitel 50

# Vom Wünschen zum Wollen

Wer es zu Wohlstand bringen will, muß Erfolg haben. Vergegenwärtigen Sie sich an dieser Stelle nochmals, worauf es entscheidend ankommt, weil es zwei GRUNDVORAUSSETZUNGEN FÜR JEDEN ERFOLG gibt:

1. Sie müssen wissen, wie Sie vorzugehen haben!
2. Sie müssen dieses Wissen sofort in die Praxis umsetzen, also handeln!

Die erste Voraussetzung – das Wie – gewährleistet Ihnen das *»Schlüsselwerk bewährter Erfolgsmethoden«.* Lektüre und Aneignung dieser Methoden liegen bei Ihnen. Die zweite Voraussetzung – die sofortige Anwendung der für Sie zielführenden Methoden – liegt ebenfalls bei Ihnen.

Sie verfügen über etwas, das Ihnen beides erleichtern wird: *Ihre Wünsche! Und diese Wünsche müssen Sie verdichten zum Wollen!*

Wenn Sie etwas nur stark genug wollen, gibt es nichts, das Sie hindern könnte, es auch zu erlangen. Im meinem Buch *»Lebenserfolg«* habe ich dieses Thema unter dem Kapiteltitel »Die Macht entschiedenen Wollens« bereits ausführlich behandelt. Ich ging dabei von dem von WILLIAM JAMES verfochtenen Standpunkt aus, den ich um seiner Wichtigkeit willen hier wiederholen möchte. Er sagt: »Wenn dir nur genug am Angestrebten liegt, wirst du es erreichen. Willst du reich werden, so wirst du reich werden; wenn du gelehrt werden willst, wirst du gelehrt werden; willst du ein guter Mensch werden, wirst du auch einer. Nur mußt du das Angestrebte tatsächlich wollen.«

*Tatsächlich ist Ihr kleiner privater »Generator der Wünsche« ein ungeheurer Energiespender,* aus dem Sie genügend Kraft ziehen können, um Ihre Motivation zu stärken, Ihre Willenskraft zu intensivieren, bis es Ihnen leichtfallen wird, die bewährten Erfolgsmethoden einzusetzen, die Sie an das Ziel Ihrer Wünsche bringen werden.

Alles, was Ihnen ohne die Macht entschiedenen Wollens vielleicht als unvorstellbar erscheinen mag, wird mit Hilfe Ihrer Wünsche und das durch sie bewirkte Wollen leicht erreichbar. Es ist viel leichter, etwas zu tun, das man aus ganzem Herzen will, als etwas zu tun, das man nicht will. Das gilt für alles im Leben; aber es gilt – und das beherzigen nur wenige – vor allem auch dann, wenn man wie Sie reich werden will.

Aber einmal auf dem richtigen Weg wird das Vorwärtskommen immer leichter und leichter. Denn Erfolg zieht neuen Erfolg an; wo schon Geld ist, kommt neues dazu ... Es ist bekannt, daß Geld immer mehr Geld anzieht. Das ist schon allein deshalb der Fall, weil es uns das Instrument an die Hand gibt, Vorhaben zu verwirklichen, die man ohne die notwendigen finanziellen Mittel nicht in Angriff nehmen könnte, und wäre unser Projekt noch so lohnend. Erst mit der finanziellen Erweiterung Ihrer Möglichkeiten vermehren sich Ihre Einkünfte, Ihre Gewinne; dann aber ist die Lawine ins Rollen gekommen ...

Aber es beginnt alles damit, daß Sie sich die bewährten Erfolgsmethoden aneignen und sie auch anwenden. *Die Energie beziehen Sie aus Ihren Wünschen, den Antrieb verleiht Ihnen entschiedenes Wollen.* Es stehen jetzt, wie bei einer Rakete auf der Startrampe, alle Schalthebel auf »Start« ...

# Kapitel 51

# Fragen Sie! Fragen Sie, selbst wenn Sie glauben, alles zu wissen!

Nach dem Motto »Wissen ist Macht« wird immer wieder behauptet, die Welt gehöre denen, die wissen, worum es geht. Wer wissen will, worum es in einer Sache geht, muß es herausfinden – durch Fragen! Das ist zwar ein guter Anfang, genügt aber noch nicht.

Man muß auch herausfinden, was an der Sache, um die es geht, falsch läuft und wie es besser laufen könnte – und damit ist man schon auf dem richtigen Weg. Wenn man dann aber dieses Wissen anwendet und die Sache tatsächlich zum »besseren Laufen« bringt, dann ist man am Ziel!

Sie können Karriere machen, *indem Sie herausfinden, was falsch läuft und wie man es besser machen kann, und dieses Wissen in die Praxis umsetzen.* Wenn Sie zum Beispiel herausfinden, was die Menschen – anstatt des von Ihnen bislang Angebotenen – wollen (oder wollen werden), und Sie Ihnen das Gewünschte verschaffen, dann werden Sie mit Sicherheit schneller reich! Das »Angebotene« kann eine Ware oder Ihre Arbeit sein.

Punkt eins also: Feststellen, worum es geht. Um zu wissen, was läuft und wie es besser laufen könnte, müssen Sie das herausfinden. Da jedoch Halbwissen, wie das Sprichwort sagt, immer gefährlich ist, ja sogar leicht in eine Katastrophe führt, wollen wir uns in diesem Kapitel mit dem Problem befassen, wie man klärt, was es mit einer Sache auf sich hat.

Es gibt eine BEWÄHRTE ERFOLGSMETHODE, wie man dieses Problem löst: *Man fragt!*

- Man fragt Menschen.
- Man fragt Bücher.

Erfahrungsgemäß ist es am besten, beides zu tun. *Fragen Sie, wo es geht, Bücher und Menschen um Auskunft und Rat.* Da Sie sich jetzt mit diesem Buch beschäftigen und sicher auch andere Bücher lesen, dürfen wir davon ausgehen, daß Sie wissen, wie man Bücher befragt, und können uns daher ganz dem anderen Teil dieser bewährten Erfolgsmethode zuwenden, nämlich der Befragung von Menschen.

Das Wort »Methode« sollte Sie nicht stören. Es ist eine Methode, und zwar eine der wirksamsten, die es gibt, obwohl nicht so einfach, wie sie klingt.

Wenn Sie Ihre Frage höflich und in einer Haltung vorbringen, die zeigt, daß Sie eine positive Antwort erwarten, werden Ihnen die meisten Menschen die erbetene Information ohne weiteres geben. Es überrascht immer wieder, wieviel Wertvolles und Nützliches man ganz einfach durch Fragen herausfinden kann. Angesichts dieser Feststellung, die verdächtig nach einer Binsenwahrheit aussieht, müssen Sie wissen, was die Erfahrung lehrt: Nur wenige Leute bedienen sich dieser Methode, die meisten überhaupt nicht!

Machen Sie sich einmal die Mühe und verfolgen Sie aufmerksam einige Gespräche – Sie können ruhig auch Ihre eigenen belauschen –; erinnern Sie sich auch an Unterredungen, die Sie selbst in letzter Zeit geführt haben. Sie werden zum Ergebnis kommen, daß die Leute auf allen Ebenen fast immer in Behauptungen und Feststellungen miteinander reden, die die jeweiligen Gesprächspartner aufstellen. Wer aber etwas feststellt, lernt nichts dabei, erfährt nichts Neues. Und in den meisten Fällen erreicht er damit auch nichts. Um zu überzeugen, bedarf es anderer Methoden.

Sie sollten es daher bewußt anders machen: Geben Sie sich Mühe, im Zuge sämtlicher Gespräche, die Sie diese eine folgende Woche führen, Fragen zu stellen, möglichst viele Fragen. Fangen Sie gleich damit an. Probieren Sie aus, ob Sie es schaffen, Ihren Gesprächsanteil ausschließlich (oder fast ausschließlich) auf Fragen zu beschränken. Das stellt eine echte Aufgabe dar; aber es geht dabei um etwas, das Sie brauchen. *Sie werden nämlich sehr rasch die Ergiebigkeit und – zugleich – die Kunst des Fragens entdecken.*

Sie werden auch bald dahinterkommen, wie man den oder die Gesprächspartner zum Reden bringen kann. Was immer sie Ihnen zu sagen haben, es ist Information und als solche mehr wert, als wenn Sie mit halbem Ohr hinhören, was gesagt wird, nur weil Sie damit beschäftigt sind, sich auszudenken, was Sie selber antworten wollen. Bei der Konversation in Gesellschaft können Sie sich auf die allereinfachsten Fragen beschränken, etwa: »Und was haben Sie dann gemacht?«, »Was halten Sie von . . .?«, »Und wie könnte man Ihrer Meinung nach am besten vorgehen?« usw.

Wer die Kunst des Fragens beherrscht, wird in jedem gesellschaftlichen Kreis sehr bald im Ruf stehen, er sei einer der anregendsten von allen Gesprächspartnern!

Üben Sie die Kunst der Fragestellung zunächst im privaten Kreis. Wenn Sie das Gefühl haben, sie zu beherrschen, können Sie sie auch im Geschäfts- bzw. Arbeitsleben anwenden. Sie werden damit zwei wichtige ZIELSETZUNGEN auf einmal erreichen:

1. Sie werden herausfinden, was Sie wissen müssen.
2. Sie werden automatisch jedes Gespräch beherrschen, weil es sich aus Fragen – die Sie stellen – und Antworten – die Ihr Gegenüber geben muß – zusammensetzen wird.

In meinem Buch *»Wunscherfüllung«* habe ich ausführlich (in mehreren Kapiteln) erörtert, wie man erfolgreich Fragen stellt und auch wie man um etwas bittet, so daß die Bitte erfüllt wird. Hier möchte ich daher nur eine sehr wichtige der vielen Empfehlungen wiederholen:

Fragen Sie nach Möglichkeit Experten – Leute also, die von der Sie interessierenden Sache von Berufs wegen etwas verstehen (in Finanzfragen einen Bankier; wenn Ihr Dach undicht ist, einen Dachdecker) – um ihre Meinung. Suchen Sie, wenn Sie Pläne oder Probleme haben, Fachleute und fragen Sie diese um Rat, und nicht Ihren Nachbarn. Sie werden überrascht sein, wie bereitwillig die meisten Fachleute – völlig kostenlos – ihren guten Rat zur Verfügung stellen, wenn man unter Einhaltung der folgenden Bedingungen an sie herantritt:

○ Ihre Frage (oder Bitte um Rat) darf natürlich kein Versuch sein, kostenlos etwas zu erhalten, wofür der Betreffende normalerweise ein Honorar oder eine Entlohnung verlangt (Arzt, Anwalt usw.).

- Ihre Frage darf keinen großen Zeitaufwand voraussetzen und muß sozusagen aus dem Stegreif und ohne lange Überlegungen oder Nachforschungen zu beantworten sein.

Natürlich gibt es auch Probleme, angesichts deren der allerbeste (und teuerste) Fachmann sich vielfach bezahlt macht. Wenn Sie von Steuern, vom Patentrecht oder von der elektronischen Datenverarbeitung nichts verstehen, bedienen Sie sich eines noch so teuren Fachmanns zur Lösung solcher und ähnlicher Probleme. Doch tyrannisieren Sie bezahlte Fachleute niemals mit Ihren dilettantischen Ansichten – keine Behauptungen Ihrerseits also und keine Feststellungen! Nützlich sind auch in diesen Fällen nur Fragen.

Stellen Sie, wenn Sie etwas nicht oder nicht gut genug wissen, Fragen? *Stellen Sie Fragen, selbst wenn Sie glauben, schon alles zu wissen! Diese Erfolgsmethode bringt Sie voran.*

Kapitel 52

# Sympathiezauber – warum denn nicht?

Im vorstehenden Kapitel wurde Ihnen empfohlen zu fragen, zu fragen ... Mit der Kunst richtigen Fragens kann man sich im wahrsten Sinne des Wortes zum Erfolg durchfragen. Das schließt aber nicht aus, daß Sie auch andere bewährte Erfolgsmethoden anwenden, die vielleicht nach genau gegenteiligen Prinzipien funktionieren.

Unter den mehr als tausend Methoden, die in diesem Schlüsselwerk für Sie zusammengestellt sind, haben Sie eine breitgefächerte Auswahl. *Sie können sich für die Methoden entscheiden, die Ihrer Eigenart, Ihren Zielsetzungen und Absichten am besten entsprechen.* Nicht jede Methode liegt jedem Menschen. Wählen Sie die Methoden aus, mit deren Hilfe Sie Ihr Ziel am raschesten erreichen.

Die Erfolgsmethoden, die Gegenstand meiner Bücher sind, haben sich vielfach bewährt. Es geht also für Sie nicht darum herauszufinden, welche »funktionieren« und welche nicht, sondern *welche – für sich allein oder kombiniert mit anderen – Ihnen am besten entsprechen,* welche Sie persönlich am leichtesten handhaben und in Ihrem Fall so wirkungsvoll anwenden können, daß Sie Ihr Lebensziel so rasch wie möglich erreichen.

Der Weg zum Erfolg ist kein schmaler Pfad, der durch Dickicht führt. Ganz im Gegenteil: Es gibt – um bei diesem Bild zu bleiben – viele (und mehrspurige) Autobahnen, die zum Erfolg führen. Doch Sie wählen die Route, die Ihnen am meisten zusagt.

Von daher stellt die Erfolgsmethode, die ich Ihnen jetzt vorstellen möchte, keinen Widerspruch zu dem Ihnen im vorigen Kapitel erteilten Ratschlag dar, möglichst wenig selbst zu reden und dafür lieber zu fragen. Sie können sich zum Erfolg durchfragen, aber auch durchreden! Natürlich nicht, indem Sie beliebig drauflos reden, und vor allem auch nicht, indem Sie von sich selbst reden, und zwar auf eine Weise, die den Bedürfnissen dieser anderen – Gesprächs- oder Verhandlungspartner, ganz gleich – entgegenkommt.

*Magisch wirkend wie eine Geheimformel ist die unscheinbare Wendung: »Mir gefällt . . .«* Natürlich ist kein besonderes Geheimnis mit dieser Redewendung verbunden; dennoch ist sie von geradezu unfaßbar durchschlagender Wirkung. Probieren Sie sie aus: »Mir gefällt . . .«! Die verblüffende Wirkung besteht darin, daß Ihnen jeder auf so einfache Weise »bezirzte« Mensch nach Möglichkeit und Kräften entgegenkommen wird. Türen und Tore gehen auf. So machen Sie sich beliebt, ganz egal wie beliebt (oder vielleicht unbeliebt) Sie im Augenblick sein mögen.

Sie sollten keine Gelegenheit versäumen, sei es nun bei einem persönlichen Gespräch oder bei einem Telephonat oder sei es in einem Brief, den Sie zu schreiben haben, dem Angesprochenen ein aufrichtiges Kompliment über etwas zu machen, das Ihnen gefällt. Das mag nun eine neue Frisur, eine neue Brille sein; es kann aber auch, etwa bei einem Besuch, ein Detail der Büro- oder Wohnungseinrichtung oder, gegenüber einem Hundebesitzer, sein haariger Freund sein. Die Möglichkeiten sind zahllos. Sie finden immer etwas.

Im Grunde geht es nur darum, sich auf das Gegenüber einzustellen. Diese kleine Mühe machen sich ungeschickterweise nur die wenigsten Menschen. Ihnen wird künftig die Formel helfen: »Mir gefällt . . .«!

Je mehr Menschen von Ihnen hören werden: »Mir gefällt . . .«, *desto mehr Menschen werden Sie gefallen!* Denken Sie jetzt nicht, das sei primitiv. Die Menschen sind so – nicht primitiv, sondern empfänglich für jede ihnen erwiesene Liebenswürdigkeit. Und was für Sie wichtig ist, nie zu vergessen: Niemand kann ganz allein Erfolg haben. Jeder Erfolgreiche braucht die Unterstützung vieler anderer Menschen, die ihm bei seinem Weg nach oben zur Hand gehen und ihn unterstützen. Die Sympathie möglichst vieler wird Ihnen Türen öffnen, die Ihnen sonst wahrscheinlich verschlossen geblieben wären.

# Kapitel 53

# Jedes Lob setzt positive Kräfte frei

Schon zu den Zeiten des *»Alten Testaments«* war ein Prinzip bekannt, von dem wir allerdings annehmen dürfen, daß die Menschen es schon seit jeher kennen: *Jedes Lob erhöht den Wert der (gelobten) Sache bzw. Leistung sowie des Gelobten (Menschen).* Es setzt immer starke positive Kräfte frei. (In der Verhaltenspsychologie spricht man daher vom Prinzip der »positiven Verstärkung«.)

Mein Buch *»Persönlichkeitsbildung«* geht ausführlich auf dieses allgemeingültige Prinzip ein, weshalb hier nur auf einige GRUNDLEGENDE TATSACHEN verwiesen werden soll.

- Wissenschaftliche Reihenversuche haben erwiesen, daß Schulkinder, die für ihre Arbeiten gelobt werden, um Grade bessere Leistungen erzielen; wogegen ihre Leistungen bei vorhergegangener Kritik stark abfallen.
- Geschäftspartner werden mit Ihnen viel lieber und ergiebiger zusammenarbeiten, Mitarbeiter werden ihre Leistungen verdoppeln, wenn sie gelobt werden. Kritik bewirkt das Gegenteil.
- Man kann durch gezielt eingesetztes anerkennendes Lob (das nicht einen Pfennig kostet!) die Produktivität, die Effizienz und ganz allgemein die Wettbewerbsfähigkeit eines Geschäftsunternehmens in positiver Weise entscheidend beeinflussen.
- Wenn Sie bei jeder sich bietenden Gelegenheit Ihre Familienmitglieder, Freunde und Bekannten loben, werden sie alle (obwohl ihnen das gar nicht bewußt wird) Sie einen »wunderbaren Menschen« finden und sich glücklich schätzen, mit Ihnen zusammenzusein.

William James versicherte immer wieder, daß der entscheidende Beweggrund aller Menschen der – weitgehend unbewußte – Wunsch, das Verlangen nach Anerkennung sei. Und *Lob ist der deutlichste, der beste Ausdruck der Anerkennung.*

Es geht einfach darum, das Prinzip der positiven Verstärkung dafür einzusetzen, Ihre Beziehungen zu Ihrer Umwelt zu verbessern. Das ist doch nicht allzu schwer!

Aber es geht dabei auch um mehr. Wer nämlich andere Menschen anzuerkennen und deshalb zu loben vermag, *befreit dadurch automatisch sein eigenes Leben von Angst, Sorgen und Depressionen!* Der große Psychiater und Begründer der Individualpsychologie Alfred Adler pflegte Patienten, die als unglückselige Opfer von Angst, Niedergeschlagenheit und Verzweiflung zu ihm kamen, den Rat zu geben: »Sie können in vierzehn Tagen völlig geheilt sein, wenn Sie die ganze Zeit nur darüber nachdenken, wie Sie anderen Menschen gefallen könnten.« (An diesem Ausspruch des großen Psychologen erkennen Sie auch sozusagen die Kehrseite der Wichtigkeit der im vorangegangenen Kapitel erörterten formelhaften Redewendung »Mir gefällt . . .«.)

Die sicherste und leichteste Methode aber, anderen zu gefallen, besteht darin, sie zu loben. Denn das ungestillte Verlangen nach Anerkennung steckt in jedem von uns. Auffallenderweise betrifft das nicht allein Menschen, sondern auch Tiere und (wie neueste Forschungen zu belegen scheinen) auch Pflanzen.

Menschen, die viel mit Tieren arbeiten, Dompteure, Dresseure, Tierpfleger, sie alle verwenden Lob – unterbaut durch kleine Belohnungen – zur Steigerung des Gehorsams und der Leistung der ihnen anvertrauten Tiere, ob es sich nun um gezähmte Wildtiere oder um Nutz- und Haustiere handelt wie Zimmervögel, Kätzchen und Hunde. Reagiert das betreffende Tier während des Trainings auf eine Aufforderung, lobt man es laut und enthusiastisch; dann erhält es noch eine kleine Belohnung in Form eines Futterhappens, den es besonders gerne mag. Dadurch wird in dem Tier der Wunsch nach noch mehr Anerkennung und Lob geweckt, und es bemüht sich, den gestellten Anforderungen so gut wie möglich zu entsprechen. Ist es nicht bemerkenswert: Der »Herr« lobt seinen Hund, der Reiter sein

Pferd – *und kaum jemand denkt daran, einen Menschen zu loben?*

Ich persönlich habe keine Erfahrung in der Frage, ob die »gefühlsbesetzte Besprechung« von Pflanzen wirksam ist oder nicht. Doch ich weiß, daß überall in den USA Zehntausende von Farmern jeden Tag von der Saat bis zur Ernte laut das Gedeihen ihrer Feldfrüchte preisen. Und sie bleiben dabei, Jahr für Jahr. Und Millionen von Hausfrauen schwören darauf, daß liebevolles Lob ihre Zimmerpflanzen zu üppigem Wuchs veranlasse. Eine Bekannte sagte mir wörtlich: »Loben Sie Ihren Gummibaum, und er wird verschämt-beglückt versuchen, noch schöner zu werden, damit Sie ihn noch mehr loben!« Nun, wie gesagt, ich bin kein Experte in botanischen Fragen.

Interessant ist aber, daß die neuesten Forschungen der Parapsychologie so manche Ergebnisse beigesteuert haben, die den vorerwähnten weitverbreiteten Volksglauben an die Beeinflussung pflanzlichen Wachstums stützen. So wurde beispielsweise aufgrund eines strengkontrollierten Versuchs erwiesen, daß Getreide unter Musikberieselung – eine andere Form der Anerkennung – größer wird und mehr Früchte trägt. Generell aber legen die Forschungen der Parapsychologen auf dem Gebiet der Psychokinese nahe, daß tatsächlich die Materie und materielle, somit auch biologische Abläufe sich kraft Geistes beeinflussen lassen. Bahnbrechend auf diesem Gebiet waren die Forschungen von Joseph Banks Rhine, dem berühmten Pionierforscher an der Duke-Universität in Durham, USA, und seiner Frau, Louisa E. Rhine, ebenfalls Professorin an der Duke-Universität, die über diese Forschungen in ihrem aufsehenerregenden Buch *»Psychokinese – die Macht des Geistes über die Materie«* berichtet hat (die deutsche Ausgabe ist 1975 im Ariston Verlag erschienen).

Wie immer weit die Beeinflussung der Materie möglich ist oder sein mag – es gibt keine leichtere und wirksamere Möglichkeit, Menschen zu beeinflussen als durch Lob. Bedienen Sie sich dieser Macht. Sie kann zur Steigerung Ihres Erfolges und Ihres Wohlstandes wesentlich beitragen.

Kapitel 54

# Betonen Sie die gute Seite – dieser öffnen sich die Türen!

Sie werden im Leben besser und rascher vorankommen, wenn Sie überall willkommen sind. Es ist sehr simpel, aber wahr: *Je beliebter Sie als Gast, als Freund, als Mitarbeiter, als Geschäftspartner sind, desto mehr Türen und Tore stehen Ihnen offen.*

Ich habe gelegentlich den ERFOLG als Ergebnis der Fähigkeit beschrieben, so viele Türen wie möglich aufzustoßen. Aufgrund dieser Fähigkeit ergeben sich die meisten Gelegenheiten zu neuen Verbindungen, neuen Chancen und damit zu neuen Erfolgen. Noch besser ist es natürlich, wenn Sie so gerne gesehen sind, daß andere für Sie die Türen zum Erfolg öffnen. In diesem Fall sind Ihre Karriere, Ihr Einfluß, Ihr Wohlstand so gut wie gesichert.

Seit Menschengedenken wurden die Überbringer guter Neuigkeiten überall und unter allen Umständen willkommen geheißen. Wie manches Beispiel der Geschichte zeigt, wurden in alten Zeiten die Boten, die schlechte Nachrichten, etwa die Meldung von einer verlorenen Schlacht, überbrachten, kurzerhand einfach hingerichtet! Das sollte Ihnen Beweis genug dafür sein, *welche Gefühle man dem Überbringer schlechter Nachrichten gegenüber empfindet.*

Ähnliche Gefühle provoziert jeder, der mit Vorliebe alle möglichen schlechten Nachrichten auftischt und sich mit Schrekkensneuigkeiten wichtig macht. Man wird zwar heute, in unserer in dieser Hinsicht weniger barbarischen Zeit, nicht gerade geköpft; aber wenn jemand ständig nur Abträgliches und Destruktives – über Situationen der Gegenwart und der Zukunft – zum besten gibt, so macht er sich auf diese Art bestimmt nicht beliebt. Das kann der tiefere Grund einer Kündigung sein – ein äußerer Grund läßt sich schon finden! Oder es kann zur Folge haben, daß man gesellschaftlich geschnitten wird, was auch nicht wünschenswert ist.

*Dabei braucht das Schlechte, zu dessen Kolporteur Sie sich machen, mit Ihrer Person oder Ihrem Leben gar nicht zusammenzuhängen; es reicht schon, daß Sie damit aufkreuzen,* daß Sie überall, wo Sie hinkommen, wie ein krächzender Unglücksrabe etwas Übles zu vermelden haben, ein allgemein unsympathisches Thema anschneiden oder sich in düsteren Zukunftsprognosen pessimistischer Art ergehen.

Mit der Zeit wird, wenn nichts Schlimmeres passiert, ein solcher Mensch unfehlbar von allen gemieden werden wie die Pest. Die Verbreitung von Üblem ist ja tatsächlich wie eine ansteckende Krankheit, gegen die sich Menschen mit einem gesunden Empfinden schützen, einfach weil sie sich nicht anstecken lassen wollen.

Natürlich müssen wir jeder Wahrheit ins Auge blicken, sei sie nun positiv oder negativ. *Wir müssen uns den Problemen stellen, je früher, desto besser.* Eine Vogel-Strauß-Politik hat noch nie jemandem geholfen! Ich selbst habe immer wieder geschrieben und in Vorträgen betont: »Das Leben ist ein Abenteuer, in dem es dareauf ankommt, Probleme zu lösen. Wir müssen Probleme jederzeit als Herausforderungen begrüßen.« Probleme aber werden niemals durch Unheilsverkündigungen gelöst. Wir müssen immer von den Fakten ausgehen.

Bei dem hier angeschnittenen Problem liegen die Fakten einfach (man kann sie deshalb getrost etwas humorvoll darstellen): Wo immer der Kolporteur schrecklichen Übels hinkommt, wird er mit dem fragwürdigen »Charme« eines Stinktiers auftreten, das gerade aktiv gewesen ist. Der »Zauber« seiner Person schwebt noch lange im Raum, auch wenn er selbst schon weitergeeilt ist, um woanders sein Schreckenslied abzusingen. Die Betroffenheit bleibt; er hinterläßt ein ungutes Gefühl, eine ungute Stimmung!

Schlechte Nachrichten werden übrigens auch ohne unser bereitwilliges Zutun schnell genug die Runde machen. Und was aufgebauschte Unheilsverkündigungen anbetrifft, so werden berufsmäßige Sensations- und Horrormacher schon dafür sorgen, sie unters Volk zu bringen.

Entscheiden Sie sich lieber für die wirtschaftlich und gesellschaftlich LOHNENDERE ROLLE, *gute Neuigkeiten zu verbreiten und Ihre Zuhörer mit Angenehmem und Erfreulichem zu überraschen.* Dazu müssen Sie Ihren Beruf beileibe nicht wechseln, aber Sie können ihn sich damit erleichtern.

Suchen Sie in allen Vorkommnissen und Menschen, von denen Sie reden, ein Gutes. So können Sie auch einem notwendigen Bericht über etwas Unerfreuliches noch das Beste abgewinnen. Und nehmen Sie in der von Ihnen mitgeteilten Einschätzung einer Situation immer einen möglichst positiven Standpunkt ein. *Jeder Sachverhalt läßt sich – je nach Sichtweise – auf positive oder negative Art darstellen.* (Man kann bei einem Bericht über einen Autounfall herausstreichen, daß – wie furchtbar – das Auto einen Totalschaden genommen hat, aber auch, daß nur das Auto, aber – glücklicherweise – kein Mensch zu Schaden kam. Welch ein Unterschied in der Art der Betrachtungsweise!)

Machen Sie es sich zu einem Anliegen, die guten Seiten einer jeden Sache zu sehen und vor allem diese weiterzugeben! Wenn Sie einmal bewußt Ihre ersten Erfahrungen als »Reporter guter Nachrichten« gemacht haben, werden Sie über sich selbst staunen: weil Sie nämlich *immer leichter und überall ein Gutes, etwas Positives und Erfreuliches entdecken.*

Aber das ist nur der erste Schritt. Der zweite wird getan, indem Sie das von Ihnen entdeckte Positive bei jeder Gelegenheit den anderen Menschen, mit denen Sie zu tun haben, mitteilen. *So öffnen sich Ihnen alle Türen.* Denn wenn Ihre Umgebung sich daran gewöhnt hat, daß Sie ein Mensch immer positiver, aufbauender Geistes- und Gefühlshaltung sind, werden Sie überall als Gast, als Freund, als Mitarbeiter, als Geschäftspartner willkommen sein. Sie werden dann feststellen, daß die Menschen Ihre Gegenwart geradezu suchen. Es kostet Sie keinerlei Anstrengung mehr, Türen aufzustoßen – sie werden Ihnen von selbst geöffnet; die Gelegenheiten, wertvolle Kontakte anzuknüpfen, lohnende Beziehungen und Verbindungen, die zu Beliebtheit, Erfolg und Wohlstand führen, werden sich für Sie wie von selbst ergeben . . .

Kapitel 55

# Wie Sie anderen Menschen leicht Freude machen können

Im ersten Abschnitt dieses Buches haben wir festgestellt, daß in naher Zukunft an die einundachtzig Prozent aller Berufstätigen auf dem Dienstleistungssektor, also im direkten Umgang mit Menschen, beschäftigt sein werden. Der Kontakt mit Menschen eröffnet ein weites – und künftig noch weiteres – Feld, auf dem fast jeder vorankommen und reich werden kann, wenn er sich der in diesem Schlüsselbuch empfohlenen BEWÄHRTEN ERFOLGSMETHODEN bedient. Aus diesem Grund aber wird in diesem Buch so großen *Nachdruck auf geeignete Methoden und Techniken gelegt, die der erfolgreichen Menschenbehandlung und Menschenführung dienen.*

Diesen Methoden wird die gleiche Wichtigkeit für jene – nach der Prognose der Zukunftsforscher – etwa sechzehn Prozent der Arbeitskräfte zukommen, die in der computergesteuerten Produktfertigung der Zukunft, in vollautomatisierten Fabriken, arbeiten werden.

Solche Unternehmen werden wahrscheinlich am stärksten auf eine reibungslose Zusammenarbeit aller Mitarbeiter und auf die Koordinierung der menschlichen Arbeitskräfte in ihren hoch technisierten Arbeitsbereichen angewiesen sein. In so ungeheuer komplexen Systemen kann schon der geringste menschliche Fehler jährlich Millionen kosten.

Wir können es drehen und wenden, wie wir wollen, bewährte Erfolgsmethoden für den Umgang mit Menschen werden sich in Zukunft, und zwar mit jedem Jahr noch mehr als heute, als die wichtigste Voraussetzung erweisen, um voranzukommen und zu Wohlstand zu gelangen. Eine weitere wirksame Methode soll in diesem Kapitel zur Sprache kommen: Sorgen Sie für eine gute Stimmung. Machen Sie den Menschen Ihrer Umgebung Freude.

Viele von uns sind von Zeit zu Zeit verstimmt, deprimiert, ja manche sind es sogar die meiste oder auch die ganze Zeit! In jedem Fall ist das Gefühl der Niedergeschlagenheit, der Entmutigung, mangelnder Vitalität und fehlenden Schwungs für den Betroffenen erlebte Wirklichkeit. Zwar spricht man in diesem Zusammenhang von Gemütskrankheiten; die Auswirkungen sind jedoch keineswegs nur auf das Gemüt beschränkt, vielmehr treten auch körperliche und geistige Symptome auf. Eine Gemütserkrankung wie Depression in allen ihren Erscheinungsformen und Ausprägungen stellt daher eine Beeinträchtigung des gesamten Menschen dar. Schon aufgrund dieses Hinweises läßt sich ermessen, wie wichtig es ist, die Stimmung der Mitmenschen – und die eigene – zu heben.

Wie ich in meinem gesamten *»Schlüsselwerk bewährter Erfolgsmethoden«* immer wieder betone, liegt das ganze Geheimnis des erfolgreichen Umganges mit Menschen darin, ihnen zu geben, wonach sie – bewußt oder unbewußt – zutiefst verlangen. Wer aber auf diese tiefverwurzelten, WEITGEHEND UNBEWUSSTEN BEDÜRFNISSE anderer Menschen eingehen will, muß sie erst kennen, und zwar genau. Alle Menschen, ausnahmslos alle, sind für »Wohltaten« dieser Art empfänglich. Wie man das aber bewerkstelligt?

Die Grundprinzipien haben wir schon in Kapitel 31 besprochen. Es geht um die geheimen Wünschen, die in jedem Menschen schlummern oder latent vorhanden sind und deren Stillung er ersehnt. Nachdem Wiederholungen, wie schon eingangs dieses Buches ausgeführt wurde, das beste Mittel sind, sich Sachverhalte bleibend einzuprägen, will ich hier vier dieser Sehnsüchte, auf die Sie mühelos eingehen können, nochmals erwähnen.

- *Erfüllen Sie den Wunsch nach Bewunderung!* Verleihen Sie lebhaft Ihrer Bewunderung für etwas Ausdruck, auf das Ihr Gegenüber stolz ist. Man kann bei jedem Menschen Gründe finden, ihn aufrichtig zu bewundern. Und dieser Akt positiven Denkens wird Ihnen selbst ebenfalls guttun.
- *Erfüllen Sie den Wunsch nach Anerkennung!* Sie erinnern sich, daß WILLIAM JAMES in dem Streben nach Anerkennung die

stärkste Triebfeder überhaupt allen menschlichen Handelns sah. Denken Sie nach, was Sie an Ihrem Gegenüber anerkennenswert finden können, und sagen Sie es ihm.

- *Erfüllen Sie den Wunsch nach Bedeutung!* Das gilt ebenfalls als eine Grundmotivation menschlichen Handelns. Manche Psychologen und zum Beispiel auch der große Reformer der Pädagogik JOHN DEWEY halten das Geltungsbedürfnis als die maßgebende Triebkraft für alles Handeln, das der Stärkung des Selbstwertgefühls dient. Es wird nicht immer leichtfallen herauszufinden, wie man einem anderen Menschen dieses Gefühl der eigenen Bedeutung geben kann – und sei es nur für einen Augenblick. Versuchen Sie es!
- *Erfüllen Sie den Wunsch, gebraucht zu werden!* Jeder Mensch möchte das Empfinden haben, notwendig, ja unersetzlich zu sein. Das Gefühl der Nutzlosigkeit, der Überflüssigkeit ist einer der Hauptgründe für Depressionen. Aber es ist einfach völlig undenkbar, daß jemand nicht mehr gebraucht wird; er hat vielleicht nur noch nicht die Menschen getroffen, die ihn sogar dringend benötigen würden. In einer Welt mit all den zwischenmenschlichen Problemen unserer Zeit und all den hilfsbedürftigen Menschen, die der Zuwendung bedürfen, wird jeder einzelne dringend gebraucht!

Es gehört zu den schönsten Aufgaben, einem Menschen, der sich überflüssig vorkommt, zu zeigen, wie er sich noch nützlich machen kann; meist ist er dann auch seine Depressionen los. Doch jedes Eingehen auf eines der genannten weitgehend unbewußten, aber fast zwanghaften Bedürfnisse *bedeutet für den betroffenen Menschen ein echtes Geschenk, das ihm einen ungeheuren inneren Aufschwung verleiht.*

Sie selbst aber werden einen bestechenden Zugewinn Ihrer Persönlichkeit erfahren, wenn Sie in der empfohlenen Art auf andere eingehen. *Sie gewinnen an persönlicher Ausstrahlung und, im gleichen Verhältnis, an persönlicher Anziehungskraft gegenüber Ihrer Umwelt.*

Da die Menschen fast alles tun, um bewundert und anerkannt zu werden und um zu fühlen, daß sie wichtig sind und gebraucht werden, können Sie auch mit ihrer weitgehenden Unterstützung rechnen, wenn Sie etwas brauchen. Sie werden dafür bekommen, was Sie sich wünschen: Erfolg, selbst Wohlstand. Die Menschen sind bereit, Ihnen unerhört viel zurückzugeben, wenn Sie ihre unbewußten Sehnsüchte stillen.

Bedenken Sie nur, was die Menschen, ganz allgemein, zu tun bereit sind: Jedes Jahr werden bloß in den USA viele Milliarden Dollar allein für Kleidung, Kosmetika, Schmuck und all die Schönheitsaccessoires ausgegeben – weitgehend als Ausdruck des Wunsches, bewundert zu werden. Und jedes Jahr, ja Tag für Tag tun die Menschen alles mögliche und dabei auch nicht wenig Überspanntes, nur um sich ein Gefühl der Anerkennung zu verschaffen, nur um sich zu beweisen, daß sie wichtig sind und noch gebraucht werden.

Tausende Menschen schrecken nicht einmal vor dem Selbstmord zurück, nur weil sie meinen, nicht länger benötigt zu werden. Und auf jeden, der aus diesem Grund Selbstmord begeht, kommen unzählige andere, die im stillen dahinwelken und einen langsamen, unmerklichen und oft auch unbemerkten Tod aus Verzweiflung und Depression sterben, weil niemand ihnen zeigt, daß sie noch etwas tun könnten, daß gerade sie irgendwo fehlen.

Mit Einfühlungsvermögen und Geschicklichkeit *können Sie wahre »Wunder« vollbringen, wenn Sie sich die Mühe machen, auf diese tiefverwurzelten Bedürfnisse einzugehen.* Natürlich müssen Sie dabei auch behutsam vorgehen: es handelt sich ja um Emotionen, und Emotionen vertragen keine Plumpheiten. Alles übrige aber geht einfach, so unglaublich leicht! Wie – im konkreten Fall – hängt es von den Situationen und den Beteiligten ab. Ich kann Ihnen da kein Rezept an die Hand geben außer, einmal mehr, empfehlen, sich eine Liste anzulegen. (Vielleicht kommt Ihnen meine Vorliebe für Listen etwas übertrieben vor, aber das hat seinen Grund: Ich habe einfach die Erfahrung gemacht, daß sie auf vielfache Weise nützlich sind. Sie zwingen uns bei der Abfassung zur Ordnung der Gedanken, sie halten uns den Kopf frei von unnötiger Merkarbeit, und wir erinnern uns mit ihrer Hilfe nicht nur raschest der Details, sondern auch unseres Plans, der zu ihrer Zusammenstellung führte.)

Ich stelle mir eine Liste jener Menschen vor, mit denen Sie zu tun haben und auf die Sie die in diesem Kapitel erörterte Methode anwenden wollen. Zu jedem Namen notieren Sie dann ein paar Bemerkungen darüber, wie Sie auf die genannten Bedürfnisse eingehen könnten. Bei jeder sich bietenden Gelegenheit, vor einem Gespräch oder Anruf, während der Abfassung eines Briefes, genügt dann ein Blick auf Ihre Liste, und Sie erinnern sich sofort wieder, was Sie dem Betreffenden sagen könnten oder schon lange einmal sagen wollten. Gute Hilfen in dieser Richtung haben wir auch schon in den Kapiteln 41 und 54 erörtert.

Wenn Sie auf diese Art anderen Menschen Freude verschaffen, so hat das außer dem schon besprochenen Zugewinn Ihrer Persönlichkeit und dem für Sie damit auf längere Sicht verbundenen materiellen Nutzen noch den Vorteil: Sie bereiten auch sich selbst Freude. *Niemand nämlich bringt es fertig, anderen Freude zu bereiten, ohne zugleich auch die eigene Stimmung zu heben . . .* Gibt es einen besseren Handel? Wenn mir übrigens jemand den Vorwurf machen möchte, ich sei berechnend, dann nehme ich diesen Vorwurf gerne in Kauf – solange solche »Berechnung« für mich und für meine Umwelt so viele Pluspunkte bringt und ich beim besten Willen nirgends einen Nachteil für irgend jemand anderen entdecken kann! Ich hoffe, Sie stimmen mir zu; meine »Berechnung« soll ja vor allem Ihnen nützen.

Kapitel 56

# Gedankenprojektion: Handeln Sie als Ihr eigener Konkurrent!

Die nun folgende bewährte Erfolgsmethode wird für einen Geschäftsmann oder eine Geschäftsfrau besonders wichtig sein; sie läßt sich aber auch auf Mitbewerber eines Führungspostens übertragen. Es handelt sich um die Technik der GEDANKENPROJEKTION.

Zunächst möchte ich allerdings diesem Thema ein paar Hintergrundinformationen vorausschicken: In allen Büchern habe ich diese hervorragende Imaginationsmethode erörtert und deren Anwendung empfohlen. *Die Gedankenprojektion soll uns in die Lage versetzen, uns sozusagen neben uns selbst zu stellen und uns einmal »von außen her« zuzusehen.*

Zum Beweis für die Wirksamkeit der Gedankenprojektion habe ich in meinem Buch *»Persönlichkeitsbildung«* mehrere besondere Anwendungsformen dieser Imaginationsmethode geschildert. So wurde zum Beispiel gezeigt, daß Sportler sich ihrer mit Erfolg bedienen, indem sie sich neben dem körperlichen Training auch rein gedanklich, in der Vorstellung, in ihrer Disziplin trainieren (perfektes technisches Können kann man nur gedanklich üben, wenn man es nicht hat). Natürlich läßt sich aber diese Methode auf alle wie immer gearteten Aktivitäten anwenden. Eine andere Anwendungsform ist die: Sie stellen sich vor, daß Ihr Ich gleichsam außerhalb Ihres Körpers steht und Ihnen kritisch bei der Erfüllung Ihres täglichen Arbeitspensums zusieht. Dies ist meines Erachtens eine der wirksamsten Formen der Selbstvervollkommnung. Oder: Ein zur Introversion neigender Mensch betrachtet sich selbst einmal mit den Augen anderer statt immer nur durch die Brille der eigenen Unsicherheit.

Aber auch in dem Band *»Lebenserfolg«* finden sich drei Kapitel, die die von WILLIAM JAMES propagierte Imaginationsmethode des »Als ob« zum Gegenstand haben: *Denken »als ob«, Vorstellen »als ob«, Handeln »als ob«! Sie gehören zweifellos zu den wirkungsvollsten Methoden der gesamten Erfolgspsychologie.*

Mit diesen »Hintergrundinformationen« soll Ihnen gezeigt werden, daß die Gedankenprojektion eine Technik zur Leistungssteigerung in allen Lebensbereichen und für alle Menschen ist, die sich ihrer bedienen. Wir wollen hier aber von der nutzbringenden Anwendung dieser Methode im Privatleben absehen und uns vielmehr ihrem lohnenden Einsatz im Geschäftsleben zuwenden, wie dies Ihrer Zielsetzung entspricht.

Die Überschrift dieses Kapitels deutet bereits an, wie Sie vorgehen sollen. *Sie sollen tun, was Ihr schärfster Konkurrent täte,* wenn er Ihr Wissen, Ihre Mittel und Möglichkeiten, aber – neben den Ihren – eigene Tricks und Ideen hätte.

1. Stellen Sie sich vor, Sie seien Ihr eigener, Ihr schärfster Konkurrent. Was würden Sie – als Ihr gefährlichster Gegner im Geschäftsleben – tun, um schneller voranzukommen?
2. Nun halten Sie alle Ihnen bekannten Schwachstellen Ihres Geschäftes fest, aus denen ein Konkurrent Nutzen ziehen könnte.
3. Dann stellen Sie die Geschäftstricks und zündenden Ideen zusammen, mit denen Ihnen Ihr imaginärer Konkurrent zuvorkommen und sie noch vor Ihnen verwirklichen könnte, um Sie aus dem Feld zu schlagen.

Wenn Sie sich Ihre Aufgabe als Phantasiedetektiv nicht zu leicht gemacht haben, müßten Sie aufgrund Ihrer Überlegungen eine aufschlußreiche und interessante Liste von Aktivitäten, guten Einfällen und Neuerungen beisammen haben, die alles enthält, *was Sie zur Verbesserung Ihrer Wettbewerbssituation tun müssen, und zwar als erster, sofort, bevor noch irgendeine Konkurrenzfirma auf die gleiche Idee kommt.*

Sie müssen danach Ihre ganze Kraft in das Bestreben setzen, die einzelnen Punkte Ihrer Überlegungen möglichst rasch in die Wirklichkeit umzusetzen, indem Sie

○ alle Schwachstellen ausmerzen und

○ sofort alle Tricks und zündenden Ideen verwenden, noch ehe es Ihre Konkurrenz tut.

Das ganze Geheimnis liegt darin, der erste zu sein und die Verbesserungen in Ihrem eigenen Interesse möglichst rasch durchzuführen. Wenn Sie das gleiche erst dann tun, wenn es die Notwendigkeit der Anpassung an den Marktwettbewerb erfordert, dann sind Sie mit Sicherheit aus dem Spitzenfeld verdrängt – ja vielleicht schon in Ihrer wirtschaftlichen Existenz gefährdet . . .

In jedem Unternehmen sollte der einfallsreichste Mitarbeiter in einem von der Geschäftsleitung initiierten »IDEENSPIEL DER IMAGINATION« die Rolle des gerissensten Konkurrenten der Firma übernehmen und (je nach Größe des Betriebes) mündlich oder schriftlich einmal im Monat einen mit Hilfe der Gedankenprojektion erarbeiteten Bericht erstatten, was er als Konkurrent täte, um die (eigene) Firma zu überbieten, zu übertreffen, zu überrunden und auszubooten. *Dem sollte eine gründliche Überprüfung dieser Vorschläge folgen.* Wenn dies zugleich unter Berücksichtigung der in Kapitel 12 enthaltenen Checkliste mit den einundsechzig Punkten geschieht, sollte sich ziemlich genau zeigen, worauf das betreffende Unternehmen in der nächsten Zeit besonderes Augenmerk zu richten hat.

Damit kommt das ins Geschäftsleben, was WALTER CHRYSLER, einer der Großen der Automobilindustrie, so treffend »Phantechnik« genannt hat, jene Mischung aus Technik und Phantasie, die in vielen Branchen und noch mehr Betrieben leider völlig fehlt. Aber eben dieser Mangel an kompetentem Einfallsreichtum wird, hoffentlich, dank der Methode der Gedankenprojektion nicht länger Ihr Problem sein. Als Ihr eigener Phantasiekonkurrent werden Sie eine wahre Ideenlawine auslösen, die Sie mit Sicherheit in die Lage versetzen sollte, dem Konkurrenzkampf, besser gerüstet als die meisten anderen, jederzeit gewachsen zu sein.

Kapitel 57

# Das Losungswort auf dem Weg zum Erfolg

Während vierzig Jahren intensiver Beschäftigung mit bewährten Erfolgsmethoden stieß ich immer wieder auf ein Wort, das gleichsam als Losungswort auf dem Weg zum Erfolg gelten kann: das unscheinbare Wort ZUERST! Im Folgenden finden Sie, zusammengestellt aus allen vier Bänden meines »Schlüsselwerks bewährter Erfolgsmethoden«, eine Zusammenfassung von Erfolgstips, bei denen jeweils ein maßgebender, wenn nicht der springende Punkt das Wörtchen zuerst ist:

1. Wenn Sie jemanden dazubringen wollen, Ihnen zu dem zu verhelfen, was Sie sich wünschen, müssen Sie ihm ○ zuerst zu dem verhelfen, was er sich wünscht.
2. Wenn Sie gerne ein Gespräch beginnen möchten – und sei es mit einem völlig Fremden –, so stellen Sie ○ zuerst eine höfliche Frage.
3. Wenn Sie eine Führungsposition anstreben, müssen Sie sich ○ zuerst die nötigen Führungsqualitäten aneignen. Man muß den anderen etwas voraushaben, wenn man sie anleiten will!
4. Um kostspielige Fehler zu vermeiden, fragen Sie ○ zuerst, orientieren Sie sich ○ zuerst über die maßgebenden Fakten und bedenken Sie ○ zuerst alle möglichen Alternativen und Konsequenzen.
5. Mit Schwierigkeiten werden Sie am besten fertig, wenn Sie sich ○ zuerst darauf vorbereiten.
6. Um die Anerkennung aller Mitmenschen zu erlangen, muß man sich solcher Anerkennung ○ zuerst als würdig erweisen.

7. Wer ein höheres Einkommen haben will, muß sich ○ zuerst als nützlicher und »wertvoller«, am besten als unentbehrlich erweisen.
8. Wer seine Leistung verbessern will, sollte ○ zuerst in der Phantasie üben.
9. An ein kompliziertes Problem geht man am besten heran, indem man es ○ zuerst in einfache und leicht lösbare Teilfragen aufgliedert.
10. Wer sich an einem neuen Arbeitsplatz durchsetzen will, muß sich ○ zuerst anpassen, dann erst kann er damit beginnen, Verbesserungsvorschläge zu entwickeln.
11. Wer will, daß viele Türen aufgehen, muß ○ zuerst möglichst vielen Menschen das Gefühl vermitteln, daß sie bewundert und anerkannt werden, daß sie wichtig sind und gebraucht werden.
12. Um eine geradezu »magnetisch« anziehende Persönlichkeit zu werden, müssen Sie ○ zuerst innere Wärme entwickeln, die Sie dann ausstrahlen und dadurch andere Menschen unwiderstehlich anziehen können.
13. Das Geheimnis eines jeden erfolgreichen »Timings« liegt darin, ○ zuerst an der richtigen Stelle zu sein, ○ zuerst den richtigen Vorschlag zu machen und sich ○ zuerst an die Arbeit zu machen.
14. Wenn Sie Anerkennung und Belohnung anstreben, müssen Sie ○ zuerst Ideen haben, sie dann aufschreiben und an den »richtigen Mann« bringen.
15. Wenn Sie andere Menschen inspirieren und motivieren wollen, müssen Sie sie ○ zuerst begeistern. Nur begeisterte Menschen bringen den Schwung auf, sich für etwas einzusetzen.
16. Um aus Fehlern zu lernen und mit Fehlschlägen Ihren Weg zum Erfolg zu pflastern, müssen Sie ○ zuerst lernen, »nach vorne zu fallen«. Fehler sind keine Schande, sondern Lektionen, aus denen Sie lernen sollen.
17. Bevor Sie Erfolg haben können, müssen Sie ○ zuerst an den Erfolg glauben. Wie WILLIAM JAMES gesagt und überzeugend demonstriert hat: »Der Glaube erzeugt die Tatsachen« – ○ zuerst müssen Sie glauben!

18. Wenn Sie von anderen etwas bekommen wollen, müssen Sie ○ zuerst darum bitten. Die meisten Menschen reagieren positiv auf eine Bitte, wenn Sie die richtige Technik des Fragens und Bittens anwenden.
19. Wenn Sie erfolgreich Kompromisse aushandeln wollen, müssen Sie ○ zuerst zustimmen, wo immer es Ihnen möglich ist (und auch in den Punkten, in denen Sie nachgeben können, ohne Ihr grundsätzliches Anliegen zu gefährden).
20. Wer sich die grenzenlose Macht seines Unterbewußtseins zunutze machen will, muß es ○ zuerst in Form von Vorstellungsbildern und mit Hilfe geeigneter Zielanweisungen bzw. persönlicher Slogans entsprechend prägen, und zwar durch fortgesetzte Wiederholung (und sei es hunderte Male am Tag).
21. Wer sein Lebensziel erreichen will, muß dieses ○ zuerst unauslöschlich seinem Unterbewußtsein einprägen. Wenn Sie reich werden wollen, stellen Sie sich in den Verhältnissen eines Millionärs vor und bedienen Sie sich des Slogans »Millionär sein!«.
22. Das »Prinzip der Entsprechung besagt, daß Sie ○ zuerst »säen« müssen, bevor Sie die Ernte dessen einbringen können, was Sie sich wünschen. Dieses »Säen« aber besteht vor allem anderen in der Einverleibung Ihres Wunsches (in Form intensiver Vorstellungsbilder und ständig wiederholter Zielanweisungen) in Ihr Unterbewußtsein.
23. Eine Methode, die Angst zu überwinden, besteht darin, sich ○ zuerst zu »desensibilisieren«, indem man sich schrittweise daran gewöhnt, genau das zu tun, wovor man Angst hat, und zwar ganz bewußt und so oft, bis die Angst sich ganz von selbst »erschöpft« hat.
24. Wer großen Erfolg anstrebt, muß ○ zuerst lernen, in großen Dimensionen zu denken.
25. Wenn Sie erfolgreich sein wollen, müssen Sie ○ zuerst denken, fühlen und handeln, als ob Sie bereits erfolgreich wären.
26. Wenn Sie den guten Willen anderer Menschen in Anspruch nehmen wollen, müssen Sie ihnen gegenüber ○ zuerst Ihre eigene Bereitschaft zu gutem Willen zum Ausdruck bringen.

27. Wenn Sie Freunde gewinnen wollen (man hat nie genug), müssen Sie sich ○ zuerst deren Freundschaft verdienen.
28. Wer geliebt werden möchte, muß ○ zuerst selbst lieben.
29. Wenn Sie den Zustand innerer Ruhe und Ausgeglichenheit erreichen wollen, müssen Sie sich ○ zuerst die Technik der Augenentspannung aneignen und lernen, wie man störende Vorstellungsbilder »abschaltet«.
30. Zu Ihrer eigenen Selbstvervollkommnung können Sie viel beitragen, wenn Sie ○ zuerst einen imaginären ständigen Begleiter erfinden, der Ihr besseres, Ihr ideales Ich darstellt und Sie berät.
31. Einen starken und beherrschten Charakter erlangt man dadurch, daß man sich ○ zuerst darauf konditioniert, auf Unannehmlichkeiten nicht unangemessen zu reagieren; mit übertriebenen Gefühlsreaktionen ist man stets der Verlierer.
32. Um sich nicht durch egoistische oder undankbare Leute irritieren zu lassen, müssen Sie ○ zuerst einmal die Grundtatsache akzeptieren, daß kein Mensch vollkommen ist, und gegenüber allzu menschlichen Unzulänglichkeiten tolerant werden.
33. Wer die menschliche Reife erreichen will, die aus dem Wissen kommt, daß das Leben zu kurz für Verbitterung und Feindseligkeit ist, die die schon bestehenden Schwierigkeiten und Konflikte nur noch vergrößern, der muß ○ zuerst lernen, daß niemand davon profitiert, wenn Probleme aufgebauscht oder angeheizt werden; Probleme müssen gelöst werden.
34. Niemand kann ohne die Unterstützung anderer Menschen nennenswerten Erfolg haben. Machen Sie es den anderen also ○ zuerst einmal so leicht wie möglich, Sie zum Erfolg zu heben.
35. Um beliebt und erfolgreich zu werden, müssen Sie ○ zuerst dreierlei investieren: Dankbarkeit, guten Willen und gute Wünsche, die Sie bei jeder Gelegenheit und gegenüber jedem Menschen, mit dem Sie zu tun haben, zum Ausdruck bringen.
36. Sie müssen ○ zuerst geben – dann werden Sie bekommen!
37. Bevor Sie in Freiheit die Gegenwart und Zukunft Ihres Lebens gestalten können, müssen Sie sich ○ zuerst von der

Vergangenheit lösen, an der sich ohnehin nichts mehr ändern läßt.

38. Wenn eine Familie zusammenbleiben will, müssen die Familienmitglieder ○ zuerst aufeinander eingehen und Freude am Spiel der guten Laune finden.
39. Der Schlüssel zu einem glücklichen und befriedigenden Leben liegt darin, daß Sie ○ zuerst kraft Ihrer Persönlichkeit den anderen Freude bereiten.
40. Sie sollten jede Kritik begrüßen; sie erteilt zwar manchmal auch unfreundliche, aber meist sehr wichtige Lektionen. Schärfen Sie Ihre Ideen immer ○ zuerst am Schleifstein der Kritik.
41. Wenn Sie sich die lebenswichtige Ausgeglichenheit zu eigen machen wollen, die der Psychologe KARL MENNINGER die »vitale Balance« nannte, müssen Sie sich ○ zuerst Gefühlsentladungen abgewöhnen und jegliches Triumph- und Unglücksgehaben ablegen.
42. Um genügend motiviert zu sein und die Energie zur Verwirklichung eines Vorhabens aufzubringen, müssen Sie das Angestrebte ○ zuerst stark genug wollen.
43. Um erfolgreich zu sein, müssen Sie ○ zuerst die Willenskraft aufbringen, zu tun, was Sie tun sollten, und zwar zum richtigen Zeitpunkt, ob Sie Lust dazu haben oder nicht. Das gilt auch für den Einsatz der bewährten Erfolgsmethoden!

Wahrscheinlich haben Sie längst durchschaut, worum es in der vorstehenden Zusammenfassung geht: *Zuerst müssen Sie etwas tun, um Erfolg zu haben, ganz gleich auf welchem Gebiet.* Dieses Kapitel soll vor allem illustrieren, daß Erfolg nur der hat, der die Initiative ergreift, der den ersten Schritt macht. Erfolg tritt nach dem naturgesetzlich gültigen Prinzip von Ursache und Wirkung ein. Sie müssen darum zuerst tun, was erforderlich ist; dann erst kann die erwünschte Wirkung eintreten. *Der Erfolg fällt Ihnen nicht zu; Sie müssen ihn »verursachen«!*

Und wenn die im vorliegenden Schlüsselwerk empfohlenen Methoden als »bewährte« Erfolgsmethoden dargestellt werden, so ist nichts anderes gemeint, als daß sie sich nach dem gültigen Gesetz von Ursache und Wirkung bewährt haben und deshalb den Erfolg garantieren.

# Kapitel 58

# Das Erfolgsrezept eines Milliardärs

Ich erinnere mich noch heute an ein Interview, das einmal der Ölmilliardär J. PAUL GETTY gab. In diesem Interview wurde der Industriemagnat, der ja auch Bücher geschrieben hat (zum Beispiel *»How to be rich«* und *»The golden age«*), gefragt, wie er denn seine Erfolgsmethode zusammenfasse, mit der man so reich werde wie er.

Wenn es irgendeinen Menschen auf der Welt geben sollte, der wissen muß, wie man reich wird, dann muß es wohl ein Milliardär sein, der es selbst bewiesen hat: sein Vermögen wird auf über eineinhalb Milliarden Dollar geschätzt! Doch was antwortete J. Paul Getty? Sein Ratschlag besteht aus nur drei Wörtern: *»Sich mehr anstrengen!«* So einfach ist das! Jeder kann das! Die Zuhörer waren enttäuscht. Dennoch kann kein Zweifel sein, daß der Milliardär meinte, was er sagte: Sich mehr anstrengen!

Denkt man über seinen Ratschlag nach, dann gewinnt der Aphorismus tatsächlich die Bedeutung einer Erfolgsmethode, sogar einer mit einer »wunderbaren« Konsequenz. Wenden wir die Methode im Geiste gleich auf Sie an:

1. Zunächst strengen Sie sich mehr an . . .
2. Dann strengen Sie sich mehr an als zuvor . . .
3. Dann strengen Sie sich immer mehr und noch mehr an . . .

Fortgesetzte Mehranstrengung führt im Laufe der Zeit zwangsläufig zu einer Vervielfachung der Anstrengungen, und mit der vervielfachten Wirkung dieser Anstrengungen geht es ähnlich wie mit Zinseszinsen: der Ertrag an Zinsen wird ständig größer! Die Methode, mit der die Superreichen reich geworden sind, nennt man auch das »Pyramidensystem«. Man kann das Prinzip dieses

Systems in bezug auf Geld, auf Investitionen, aber auch auf Leistungen und persönlichen Einsatz anwenden.

Wer sich mehr anstrengt und dann noch mehr und immer mehr, wird zweifellos infolge seiner vermehrten Anstrengungen eine beachtliche Leistungspyramide aufbauen, auf deren Sonnenseite auch das Einkommen ständig zunimmt . . .

Ich kann natürlich nicht garantieren, daß Ihnen J. Paul Gettys Rezept eineinhalb Milliarden Dollar einbringt. Meiner Ansicht nach lohnt es sich auf jeden Fall, sich mehr anzustrengen. – Oder wollen Sie etwa reicher werden als er?

Kapitel 59

# Vom Hoffen zum Handeln

Alles nimmt seinen Anfang bei der Hoffnung. Wer die Hoffnung verloren hat, der hat alles verloren. Ohne Hoffnung gibt es keine MOTIVATION, ohne Motivation keine konstruktiven Anstrengungen. Wie aber sollte es ohne konstruktive Anstrengungen je zu nennenswerten Leistungen, geschweige denn zu Höchstleistungen und großen Erfolgen kommen? Kann aufgrund einer Arbeit, die ohne Hoffnung verrichtet wird, jemals mehr als ein abgenötigtes »Arbeitsergebnis« herauskommen?

Es ist ganz klar: Wo Menschen ohne Hoffnung arbeiten, gibt es keinen Weg zum Erfolg. Jeder, der eine Führungsposition einnehmen will, muß sich darüber klarwerden. Zu einer der wichtigsten Aufgaben eines Menschen in leitender Stellung gehört *die Fähigkeit, seitens der Mitarbeiter überzeugend Hoffnung zu erwecken, den Glauben, allgemein, an eine bessere Zukunft und, konkret, an Ziele, die es zu erreichen gilt.*

Gelingt ihm das, ist es dann aber auch sein Auftrag, seine Pflicht, die Hoffnungen, die er geweckt und auf die man gesetzt hat, in Realität umzusetzen, und zwar ohne Abstriche.

Es ist ganz einfach: Das ist das größte Geheimnis der in einer Führungsrolle Erfolgreichen. Ich möchte klar sagen: Fach- oder Sachwissen ohne diese Fähigkeit genügt nicht. Fundiertes Sachwissen darf man übrigens von einer Führungskraft jedenfalls erwarten.

Aber verstehen Sie mich bitte nicht falsch: Wenn ich sage, es sei ganz »einfach«, dann soll das nicht heißen, es sei auch leicht! Überzeugend Hoffnungen zu wecken, Mitarbeiter zur Erreichung der ihnen aufgezeigten Ziele und somit zu dem von J. PAUL

GETTY postulierten Sich-mehr-Anstrengen (siehe Kapitel 58) zu motivieren, ist keineswegs leicht. Dem stehen Enttäuschungen im Wege, die die Menschen ganz allgemein in ihrem Leben – von der Politik bis zum intimsten privaten Bereich –, aber auch im besonderen in ihrem Berufs- und Arbeitsleben erfahren haben. Zu viele Menschen wurden schon zu oft von Scharlatanen oder skrupellosen »Führungskräften« in die Irre geführt und getäuscht.

Noch weniger leicht ist es natürlich, die einmal geweckten Hoffnungen der Mitarbeiter – die sich dann zu Erwartungen verdichten – und die eigenen Erwartungen auch zu realisieren. Aber auch das soll in einem neuen Sinn gesehen werden: *Hoffnung muß richtigerweise als Ausgangspunkt bereits des Handelns gesehen werden, als Beginn der Problembewältigung.* Hoffen und Handeln dürfen niemals getrennt betrachtet werden. Sie sind vielmehr integrative Bestandteile ein und desselben Vorganges: des Aufbruchs zur Erreichung eines Zieles. Die Hoffnung macht ein Vorhaben tragfähig, das Handeln ermöglicht seine Verwirklichung. Das eine muß dabei notwendig auf das andere folgen.

Zu oft werden den Menschen nur Hoffnungen gemacht, goldene Berge werden ihnen versprochen; aber man denkt nicht ans Handeln – eine »perfekte« Methode, sie so in die Tretmühle eines hoffnungslosen Arbeitslebens zu zwingen.

Echte Führerpersönlichkeiten werden überall dringend gebraucht: in der Politik wie auch in der Wirtschaft (vom Manager bis zum Abteilungsleiter). Natürlich bedarf es auch anderer Führungsqualitäten; grundlegend aber ist die Fähigkeit, in den Menschen Hoffnung erwecken zu können, und zwar im Hinblick auf konkrete Ziele sowie am Ausgangspunkt bereits feststehenden Handelns – erfüllbare Hoffnungen also! –, und sodann *durch gemeinsames Handeln die berechtigten Erwartungen zu erfüllen.*

Handeln aber heißt im wesentlichen, die gestellten Probleme zu lösen. Diesem Thema, das wir schon in mehreren Kapiteln dieses Buches angeschnitten haben, wollen wir uns nochmals im nachfolgenden Kapitel widmen.

Kapitel 60

# Wie Probleme gelöst werden können

Wer seine eigenen materiellen und seelisch-geistigen Probleme nicht zu lösen vermag, kann es nicht zu Reichtum und Wohlstand bringen. Wer nur mit Mühe die eigenen Probleme löst, denen anderer Menschen gegenüber aber hilflos ist, führt zwangsläufig ein Leben der Mittelmäßigkeit. Wer vorankommen will, muß sowohl die eigenen als auch die Probleme anderer Menschen zu bewältigen verstehen.

Zunächst sollten Sie davon ausgehen, daß es nicht bei Ihnen liegt zu entscheiden, ob ein Problem gelöst werden kann oder nicht. *Es gibt kein Problem, für das es nicht auch irgend eine Lösung gibt.* Die Tatsache einer auftauchenden Frage ist der Beweis dafür, daß es auf sie auch eine Antwort geben muß. Fragestellung und Antwort sind nur die beiden Kehrseiten ein und derselben Medaille, desselben Ganzen.

Wie jeder Kreis einen Mittelpunkt und jede Energie ihre Quelle haben müssen, so hat auch jedes Problem notwendigerweise eine Lösung: sie wohnt ihm inne. Sie brauchen sich also nicht den Kopf über die Frage zerbrechen, ob angesichts eines Problems das Ei des KOLUMBUS gefunden werden kann oder nicht. Sie können sich vielmehr gleich darauf konzentrieren, es zu finden.

Die Methode, wie Sie dabei am besten vorgehen, ist nicht neu. Schon ARISTOTELES hat sich ihrer bedient, und das dürfte eine gute Empfehlung sein.

1. *Sie beginnen damit, die Problemstellung ganz genau aufzuschreiben.*

Es ist eine jahrhundertealte Erfahrung, daß ein gut dargestelltes Problem bereits halb gelöst ist. Um auf den Grund Ihres speziellen Problems zu kommen, müssen Sie zunächst alle Tatsachen erfassen, die mit ihm zusammenhängen. Dabei müssen Sie allerdings *die Tatsachen unbedingt ohne Vorurteile und Verzerrungen sehen.*

Es empfiehlt sich daher, nach Art eines Anwaltes vorzugehen, der den »Fall« aus der Sicht seines Mandanten präsentiert; dann schlüpft man in die Rolle des gedachten Gegenanwaltes, der die Sachlage vom gegnerischen Standpunkt aus sieht. Mit etwas unvoreingenommenem Einsichtsvermögen können Sie sich dann ein verhältnismäßig objektives Urteil bilden.

Der vor einigen Jahren verstorbene HERBERT E. HAWKES versicherte (an der Columbia-Universität) seinen Studenten: »Die Hälfte allen Elends in der Welt wird von Menschen verursacht, die Entscheidungen treffen, bevor sie über ausreichende Grundlagen für solche Entscheidungen verfügen.«

Einer der Hauptgründe für einen solchen Mangel an Informationen über alle maßgebenden Fakten eines Problems liegt (abgesehen von fehlender Gründlichkeit oder träger Bequemlichkeit) meist darin zu glauben, ein Problem sei schon dadurch ausreichend fixiert, daß man es beim Namen nennt und beschreibt. Aber eine Beschreibung reicht nicht aus. Darüber hinaus bedarf es vor allem auch einer Erklärung. Das ist keineswegs dasselbe!

Eine Beschreibung ist einfach eine Wiedergabe dessen, was sich beobachten läßt. Da ist sehr nützlich und steht am Beginn eines jeden Lösungsversuches. Doch dann benötigen Sie zusätzlich eine Erklärung, und die geht weit über bloß Beobachtetes hinaus. Eine Erklärung erfordert nämlich Verständnis des Problems.

- Die Beschreibung umreißt das Was.
- Die Erklärung aber umreißt das Wie und das Warum.

Sie beginnen also mit der genauen und vollständigen Beschreibung Ihres Problems. Dann erklären Sie es in allen Einzelheiten, sogut Sie können.

2. *Nun notieren Sie jede mögliche Lösung, die Ihnen zu Ihrem Problem einfällt.*

Eine außergewöhnliche Hilfe, bieten Ihnen die in Kapitel 12 aufgeführten einundsechzig Fragen unserer Checkliste. Sie werden erstaunt sein, wie viele Lösungsmöglichkeiten Ihnen anhand dieses Punkteprogramms einfallen werden.

Schreiben Sie alle die sich daraus ergebenden Möglichkeiten auf.

3. *Dann treffen Sie die Entscheidung, welche Lösungen Sie anstreben und realisieren wollen.*

Wenn Sie ordentlich und sauber vorgegangen sind und bei den beiden ersten Schritten nichts übersehen haben, dann sollte sich Ihnen die Entscheidung zu Punkt drei buchstäblich aufdrängen. Wenn Sie aus irgendeinem Grund den Eindruck haben sollten, daß Ihnen diese Entscheidung keineswegs so leicht fällt wie hier angedeutet, dann sollten Sie alle vorhandenen Lösungsmöglichkeiten und Alternativen nochmals durchgehen, am besten mehrmals. Und bedenken Sie auch, daß Sie vielleicht etwas Entscheidendes übersehen oder ausgelassen haben könnten. Suchen Sie nach zusätzlichen und neuartigen Lösungen!

Wenn Ihnen auch dann noch keine Vorgehensweise als ideal ins Auge springt, sollten Sie das Problem an Ihr eigenschöpferisches Unterbewußtsein verweisen und sich bewußt nicht weiter mit ihm herumschlagen. *Überschlafen Sie es!* So wird sich mit ziemlicher Sicherheit eine brauchbare Methode abzeichnen, nach der Sie vorgehen können.

Falls Ihnen aber auch Ihr Unterbewußtsein nach einigen Tagen bzw. Nächten keine praktikable Lösung eingibt, dann dürfte Sie eine mentale Blockierung, eine Art geistiger Kurzschluß – dem meist bestimmte psychische bzw. gefühlsbedingte Ursachen zugrunde liegen – an der Entdeckung einer Lösung hindern. Dann bleibt Ihnen keine andere als die mühevolle und eher lästige Methode, die weniger erfolgversprechenden *Lösungseinfälle einen nach dem anderen auszusortieren,* bis aufgrund dieses negativen Auswahlprozesses schließlich die am wenigsten schlechten oder, anders gesprochen, die besten übrigbleiben.

Diese restlichen Alternativen sollten Sie im Zweifelsfall *mit Leuten, diskutieren, die auf dem betreffenden Gebiet Experten sind.* Denn Sie können davon ausgehen, daß Sie im Zuge der beiden ersten Denkschritte etwas übersehen haben. Im Gespräch wird sich Ihr Blickwinkel verändern, und Sie werden klarer und deutlicher die von Ihnen angestrebte Lösung erkennen.

Ich habe vorstehend den ganzen Prozeß so detailliert beschrieben, um Ihnen Hilfen auch für den seltenen Fall an die Hand zu geben, daß es sich als besonders schwierig erweisen sollte, eine praktikable Lösung zu finden. Doch lassen Sie sich deshalb nicht entmutigen. Dieser Fall tritt höchst selten ein, und Sie werden wahrscheinlich kaum je mit solchen extremen Schwierigkeiten zu kämpfen haben.

Im allgemeinen wird Ihnen die Lösung von Problemen leichtfallen, wenn Sie die drei erwähnten Schritte einhalten, deren ZUSAMMENFASSUNG in Kurzform Sie sich nochmals einprägen sollten:

- Schreiben Sie genau nieder, worum es bei dem Problem geht (Beschreibung und Erklärung).
- Schreiben Sie alle möglichen Lösungsvorschläge auf, die Ihnen im Zuge der Durcharbeitung der Checkliste einfallen.
- Treffen Sie dann die Entscheidung, welche der möglichen Lösungen Sie realisieren wollen. Die beste Lösung sollte Ihnen zu diesem Zeitpunkt ganz klar ins Auge springen. Falls das nicht der Fall ist, gehen Sie vor wie beschrieben.)

Behalten Sie aber immer die Tatsache im Auge, daß es kein Problem gibt, das nicht gelöst werden kann. *Problemstellung und Problemlösung sind nur die beiden Kehrseiten desselben Ganzen.*

Das Lösen von Problemen ist von entscheidender Bedeutung für Ihren Erfolg sowohl im Berufs- als auch im Privatleben. Mit Hilfe der vorstehend aufgezeigten Methoden sind Sie in der Lage, nicht nur Ihre eigenen Probleme, sondern auch die Probleme anderer Menschen zu lösen. Und wenn Ihnen dies gelingt, wird sich Ihnen eine Welt voller neuer Möglichkeiten eröffnen, um im Leben voranzukommen und reich zu werden.

Kapitel 61

# Eine Frage, die motiviert, trifft und verkauft

Eine der Fragen, die immer wieder zu stellen sich mit Sicherheit lohnt, ist die – an sich selbst oder an andere gerichtete – Frage: *»Was kann ich noch tun?«*

Wer sich selbst ständig mit diese Frage konfrontiert (zum Beispiel: »Was kann ich noch tun, um schneller reich zu werden?«), zwingt sich zur Konzentration auf bewährte Erfolgsmethoden; er regt so seine Wünsche an, die ihn ihrerseits motivieren und seine Willenskraft mobilisieren, zu handeln und alle Anstrengungen zu unternehmen, die zum Erfolg führen. Diese einfache Frage löst eine Kettenreaktion aus, deren Wirkung nicht ausbleiben kann.

Dies ist aber nur einer der positiven Aspekte der Frage »Was noch?«. Es gibt zahlreiche andere. Wir wollen hier nur einige der zahlreichen Möglichkeiten herausgreifen, die diese Frage eröffnet, und diese Beispiele sollen Sie zugleich anregen, selber weitere Möglichkeiten zu entdecken.

Fragen Sie Ihren Chef: *»Was kann ich tun, um mich für die Firma noch nützlicher zu machen?«* Das wird er mit Sicherheit positiv vermerken. Wenn er daraufhin Vorschläge macht und Ihnen entsprechende Gelegenheiten aufzeigt, dann sind Sie auf dem Weg nach oben, zu Beförderungen und finanziellen Besserstellungen.

Wenn andererseits – ich möchte nochmals daran erinnern – Ihr Vorgesetzter auf Ihre Frage keinerlei Interesse zeigt, also keinerlei Erwartungen seinerseits ausspricht oder Ihnen keine Vorschläge unterbreitet, dann sollten Sie sich so schnell wie möglich nach einer neuen Stellung bei einer anderen Firma umsehen und dort im Zuge der Verhandlungen die gleiche Frage stellen: »Was kann ich tun, um mich für die Firma noch nützlicher zu machen?« Ganz gleich, in welcher Position Sie beginnen sollen, die Antwort Ihres Verhandlungspartners – des künftigen Vorgesetzten oder des Personalchefs – wird Ihnen *zeigen, ob es sich um eine wachstumsorientierte Firma handelt oder nicht.*

Wenn Sie feststellen, daß sich Ihr Unternehmen in einer Sackgasse befindet (entweder aus marktpolitischen Gründen oder infolge inkompetenter oder nicht fortschrittsorientierter Führung), dann sollten Sie ebenfalls den Job wechseln, und zwar bei der ersten sich bietenden Gelegenheit. In einem solchen Unternehmen oder in einer Branche, die sich – warum auch immer – in einer Krise befindet, kann man kaum reich werden!

Die Frage »Was kann ich noch für Sie tun?« *verhilft zum Beispiel auch mit Sicherheit allen Vertretern und Verkäufern zu besseren Verkaufsabschlüssen.* Ich kann mich daher nicht genug darüber wundern, wie selten sie gestellt wird (man hört sie meist nur in Lebensmittelgeschäften und, selten, in Restaurants). Als Präsident von acht großen Unternehmen hatte ich das letzte Wort über Abschlüsse in der Höhe von Millionen Dollar bezüglich Waren, Rohstoffen und Dienstleistungen. Mich interessieren natürlich alle mit Einkauf und Verkauf zusammenhängenden Fragen, und sooft ich also Zeit und Gelegenheit hatte, unterhielt ich mich mit Leuten aller Ebenen insbesondere des Verkaufs. Doch so unglaublich es klingt, nie wurde ich je gefragt: »Was kann unsere Firma noch tun, um Ihr Unternehmen restlos zufriedenzustellen?«

Um so mehr sollten Sie sich, wenn Sie mit dem Verkauf von Waren oder Leistungen welcher Art immer zu tun haben, *dieser in Ihrem Gesprächspartner den Menschen ansprechenden Frage bedienen.* Stellen Sie Ihren Kunden aufrichtig die Frage, was Sie noch tun könnten, um ihnen behilflich zu sein und sie durch Leistungen Ihrerseits bzw. Ihrer Firma zu unterstützen. Diese Frage sollte, jeweils in passender Form variiert, zum festen Bestandteil jedes mündlichen Abschlusses und jeder schriftlichen Auftragsbestätigung werden. Sie wird nicht nur Ihren guten Willen beweisen, sondern darüber hinaus eine Atmosphäre einer über das geschäftlich Notwendige hinausgehenden Hilfsbereitschaft herstellen, die für beide Seiten von Vorteil ist – *und jedenfalls gewinnbringend!*

Sollten Sie die Absicht haben, sich in der überregionalen oder in der Lokalpolitik zu profilieren, so werden Sie sehr rasch feststellen können, welch großer Nutzen in der Frage »Was kann ich noch für Sie tun?« liegt. Es versteht sich dabei von selbst, daß Sie nur versprechen, was Sie auch halten können. Übernehmen Sie, wenn Sie das grundsätzlich interessiert, die Ihnen angebotenen politischen oder gemeinnützigen Aufgaben mit Begeisterung (oder gar nicht) und versuchen Sie, sie so tüchtig und effizient wie möglich zu erfüllen. Achten Sie darauf, Ihnen eventuell zukommendes Lob immer mit Ihren Mitarbeitern zu teilen. Es ist egozentrisch und unproduktiv, Lob und Ehre für erzielte Leistungen für sich allein horten zu wollen.

Wenn Sie fragen, was Sie noch tun können, um anderen behilflich zu sein, *sind Sie überall und immer willkommen.* Zugleich aber intensivieren Sie Ihre zwischenmenschlichen Beziehungen, und solche Kontakte waren für viele Menschen schon das Sprungbrett zu neuen Chancen.

Kapitel 62

# Zusammenschluß – eine Strategie des Vorankommens

Niemand vermag sich selbst zu genügen! Kein Einzelmensch, kein Unternehmen, keine Organisation und kein Staat kann für sich allein bestehen oder gar Erfolg haben. Ganz gleich, wie groß und mächtig Sie selbst sind oder wie bedeutend die Firma ist, für die Sie arbeiten; ganz egal, wie glänzend Ihr Land sich international gesehen ausnehmen mag: *Zusammenschlüsse mit anderen sind für jegliches Fortkommen unerläßlich.*

Wer Zusammenschlüsse (im weitesten Sinn des Wortes) ablehnt, wird in seiner Selbstgenügsamkeit langsam, aber sicher in sich »vertrocknen«. Andere, die sich zu Allianzen und Bündnissen entschließen, werden ihn überflügeln, und er wird allein nicht genug Kraft besitzen, sie daran zu hindern.

Der Aufstieg ist heute mehr denn je auf allen Ebenen des geschäftlichen und politischen Lebens von vielen Faktoren abhängig, so daß niemand mehr bloß auf sich selbst gestellt eine nennenswerte Chance hat. Die Kombinierung der Führungsqualitäten, der Fähigkeiten und Arbeitskraft aller Mitarbeiter sowie der vorhandenen betrieblichen Einrichtungen und finanziellen Mittel *führen im Zusammenschluß nicht nur zu einem arithmetisch errechenbaren Machtzuwachs, sondern zu einer echten Potenzierung der Macht* – eine Tatsache, die hervorragenden Wirtschaftsführern schon immer bekannt war.

Unsichere Wirtschaftsführer schrecken meist vor solchen Verbindungen zurück. Sie müssen ja befürchten, ihre eigenen Schwächen würden im täglichen Wettbewerb der Führungsspitzen zutage treten. Die Geschichte des Wirtschaftslebens – auf internationaler, nationaler oder sehr beschränkt regionaler Ebene – aber zeigt eindringlich, daß sinnvolle wirtschaftliche Zusammenschlüsse den Partnern zum Gedeihen gereichten; wogegen die »einsamen Wölfe« keine Chance haben, sich im Konkurrenzkampf gegen die potenzierte Macht von Management und Mitteln zu behaupten. (Eine Ausnahme bilden nur jene, die eine höchstpersönliche oder unverwechselbare, auf dem Markt nicht austauschbare Ware oder Leistung bieten.)

Die vorerwähnte Tatsache ist der Grund für das Entstehen riesiger nationaler Konzerngesellschaften und, infolge weiterer Fusionen, multinationaler Konzerne (volkstümlich kurz die »Multis«). Und die Multis verflechten sich inzwischen bereits auf planetarischer Ebene, weltweit. *Der Trend der Machtkonzentration scheint unaufhaltsam weiterzugehen,* ob es uns paßt oder nicht.

Da Sie den Trend nicht umkehren können, sollten Sie ihm folgen. Das soll nicht heißen, daß Sie nun alles stehen- und liegenlassen sollen, um auf eigene Faust einen multinationalen Konzern aus dem Boden zu stampfen. Natürlich nicht! Aber der vorstehende Hinweis soll Sie *anregen, innerhalb Ihres Leistungsbereiches Verbindungen zum wechselseitigen Vorteil einzugehen – je mehr, desto besser.*

Es gibt so viele verschiedene Arten von Verbindungen, Bündnissen, Zusammenschlüssen zwischen Einzelmenschen, Gruppen, Interessengemeinschaften, Unternehmen, Wirtschaftszweigen, Staaten ... Es gibt mit Sicherheit auch in Ihrem Leben Bereiche, die sich für eine vorteilhafte Verbindung anbieten, und wenn es gleich mehrere Verbindungen sind – um so besser! Gedacht ist hier an Verbindungen, die Ihnen persönlich ohne weiteres möglich sind.

Es handelt sich dabei um Klubs, Gesellschaften, Vereine aller Art. Ich möchte mich nicht dem Vorwurf aussetzen, für den einen oder anderen weltweit verbreiteten Klub oder Verein Propaganda zu machen; deshalb nenne ich keine Namen.

Dennoch aber möchte ich allgemein auf derartige Einrichtungen hinweisen, die es in jeder größeren Stadt gibt und denen insbesondere Führungskräfte der Wirtschaft aller Geschäftszweige angehören. Die Zusammenkünfte der Mitglieder der örtlichen Klubs finden zumeist in Form eines wöchentlichen

Treffens zum Essen in einem dafür gewählten gemütlichen Lokal statt. Neben der anregenden Atmosphäre, die sich bei einem solchen Treffen kontaktfreudiger Menschen ganz von selbst ergibt, liegt der eigentliche Zweck in der Besprechung, oft sogar Abwicklung von Geschäften sowie im Austausch von Erfahrungen jeder Art. Abwechselnd hält bei jedem Treffen eines der Mitglieder einen kurzgehaltenen Vortrag zu einem interessanten Thema; der Rest der Zeit dient Einzelgesprächen und der Vertiefung persönlicher Kontakte.

Aber abgesehen von der »Verbündung von Menschen« in einem Klub oder Verein gibt es zahlreiche andere lokale, regionale, ja staatliche und internationale Organisationen, denen Sie sich, im Sinne eines Zusammenschlusses oder einer Interessenvertretung, anschließen können. Und es gibt zum Beispiel auch landwirtschaftliche Genossenschaften, etwa zum gemeinschaftlichen Erwerb von Saatgut, Düngemitteln und Lagerplätzen, zur Wartung und Erhaltung eines Maschinenparks, der allen zur Verfügung steht, und zur gemeinsamen Vermarktung der Produkte sowie zur wirtschaftlichen Interessenvertretung im allgemeinen. Gut geführte landwirtschaftliche Genossenschaften könnten – unter dem bereits erörterten Aspekt der Prognosen der Zukunftsforscher – in der Tat eine Alternative zu den Agrargroßbetrieben der Zukunft darstellen und auf diese Art die herkömmliche Form des landwirtschaftlichen Betriebes im Familienbesitz, also des Bauernhofes, wie wir ihn kennen und schätzen, auch weiter konkurrenzfähig erhalten.

Natürlich ergeben sich aufgrund wirtschaftlicher Konzentrationstendenzen, also Zusammenschlüssen zu Konzernen und multinationalen Unternehmensgiganten, erstaunliche Möglichkeiten der Erzielung größerer Schlagkraft, leider aber auch in negativer Hinsicht, etwa was Preisabsprachen, Marktmanipulationen, Produktverteilung, geplanten Einbau von Sollbruchstellen in Konsumartikeln, Ausnutzung gesetzlicher Vorteile und eine ganze Reihe weiterer Übel aus der »Büchse der Pandora« betrifft, die einem skrupellosen Management zur Verfügung steht.

Als Gegengewicht dazu bilden sich im wachsenden Ausmaß andere Interessenverbindungen, wie zum Beispiel Konsumentenschutzorganisationen, Konsumentenberatungsgruppen und sogar staatliche Aufsichtsbehörden.

Doch darum geht es in diesem Buch nicht. Die Erwähnung dieser Aspekte soll nur am Rande unseres Generalthemas stehen, das nach wie vor die Möglichkeiten betrifft, wie Sie reich werden können. Sie sollten sich einfach bewußtmachen: *Allianzen und Verbindungen der verschiedensten Art sind ein hervorragendes Mittel zur Vervielfachung wirtschaftlicher Macht, aber auch Ihrer persönlichen Kraft und der Ihnen zur Verfügung stehenden Ressourcen.* Eine kluge und mit Fingerspitzengefühl durchgeführte Politik des Zusammenschlusses wird Sie mit Sicherheit rascher voranbringen.

# Kapitel 63

# Erfolg ist machbar!

ERFOLG ist ein Produkt, das man herstellen kann! *Erfolg ist herstellbar wie irgendein anderes in einem oder mehreren Arbeitsvorgängen hergestelltes Erzeugnis.*

Diese Erkenntnis wird es für Sie um vieles leichter machen, erfolgreich zu sein. Denn sie beinhaltet, daß es beim Erfolg nicht um »Glück« oder »Schicksal« oder irgendeine ominöse Begünstigung Privilegierter geht. Sie können den Erfolg vielmehr auf die gleiche vernünftige und praktische Weise herstellen wie jedes andere Ergebnis. Die notwendigen »Rohstoffe« dafür besitzen Sie wahrscheinlich bereits; wenn nicht, können Sie sie ohne Schwierigkeiten erwerben.

Die »Fertigungsmethoden« aber stelle ich Ihnen in meinem *»Schlüsselwerk bewährter Erfolgsmethoden«* zur Verfügung, Methoden die leicht zu verstehen, leicht anzuwenden und sicher in der Wirkung sind. Ihre Aneignung und Ihr Einsatz erfordern keine besonderen Fähigkeiten, keine hervorragenden Begabungen oder Talente, ja nicht einmal eine außergewöhnliche Schulbildung – kurzum: nichts, was ein Durchschnittsmensch nicht entweder schon hat und kann oder, wenn nicht, sich leicht anzueignen vermag.

Um sich Ihren persönlichen Erfolg »herzustellen«, *bedienen Sie sich einfach der Methoden, die Ihnen aus jedem anderen beliebigen Produktionsprozeß bekannt sind.* Und so gehen Sie an die »Herstellung« Ihres ganz persönlichen Erfolges heran: Da nur Sie wissen, welcher Art er sein soll (nur Sie allein wissen schließlich, was Sie wollen!), entscheiden auch Sie über den am besten geeigneten »Produktionsprozeß«.

Ihre »Rohstoffe« sind Ihre Ausbildung und Ihr Beruf – und die verschiedenen Positionen, die Sie durchlaufen wollen, um zu Erfolg zu gelangen. Sie müssen sich klarmachen, daß Sie zusätzlich kein weiteres Material benötigen. Der Grad des Erfolges, den Sie erzielen werden, hängt also nicht so sehr vom vorhandenen »Rohstoff« ab, sondern vielmehr von den bewährten Erfolgsmethoden, die Sie nun einsetzen, um sowohl Ihre beruflichen Qualitäten als auch Ihre privaten Lebensgewohnheiten zu verbessern. Sie – beide – werden über Ihren Aufstieg entscheiden.

Denn berufliche Qualitäten allein genügen (leider oder Gott sei Dank) keineswegs für eine Karriere. Langjährige Untersuchungen ergaben vielmehr, *daß Erfolg nur zu etwa fünfzehn Prozent von der Fähigkeit abhängt, eine befriedigende Arbeitsleistung zu erbringen, aber zu fünfundachtzig Prozent von persönlichen Erfolgsmerkmalen.*

Eine ebenfalls über Jahre geführte Statistik, die die Ursache für die Kündigung von Arbeitnehmern erfaßte, ergänzt diesen Sachverhalt wie folgt: Die Kündigungsgründe beruhten nur zu fünfzehn Prozent auf einer ungenügenden Arbeitsleistung, wogegen fünfundachtzig Prozent auf unsympathische oder unerwünschte persönliche Eigenschaften der Gekündigten zurückzuführen waren.

Aus diesen einleuchtenden Gründen ist es so wichtig, sich bewährte Erfolgsmethoden anzueignen und sie anzuwenden. Sie sind wirkungsvoll, was die Verbesserung Ihrer Arbeitsqualität betrifft (das sind immerhin fünfzehn Prozent Ihres Wertes als Arbeitskraft), aber noch viel wirksamer, was die Vervollkommnung Ihrer persönlichen Merkmale und Eigenschaften betrifft (fünfundachtzig Prozent Ihres Wertes als Arbeitnehmer).

Dazu kommt noch, daß Ihr Berufsleben ja nur einen Teil Ihres gesamten Lebens ausmacht. Eine generelle Vervollkommnung Ihrer Persönlichkeitsmerkmale wird daher auch Ihrem privaten Erfolg zunutze kommen; Ihr gesamtes Leben wird davon erfaßt, und zwar in allen Bereichen.

Nachdem Sie aber Ihr »Produkt« (den ganz persönlichen Erfolg) herzustellen im Begriffe sind, ergibt sich noch die Frage der ATTRAKTIVEN VERPACKUNG. Erinnern Sie sich an die in Kapitel 43 gestellte Frage, wie es mit Ihrer »Verpackung« bestellt ist? Unter dem Aspekt des »Produktes Erfolg« sollten Sie sich dieser Frage noch einmal annehmen.

Schließlich würde kein Hersteller, der auch nur ein Fünkchen Verkaufstalent hat, ein Produkt erzeugen, mit dessen sicherem Erfolg er rechnet, und es dann in einer schäbigen Verpackung anbieten. *Um also jene Menschen anzuziehen und zu beeindrukken, auf deren Meinung, Zustimmung und Einfluß es ankommt, müssen Sie lernen, erfolgreich auszusehen.* Vergessen Sie nie, daß andere Leute zuerst einmal immer nur Ihr Aussehen und Ihre Kleidung beachten! Wenn Sie nicht so wirken, als könnten Sie jederzeit vor den Augen des wichtigsten Geschäftspartners oder des versammelten Aufsichtsrates bestehen, dann wird die Leitung Ihrer Firma Sie kaum in die engere Wahl ziehen, wenn eine Führungsposition neu zu besetzen sein sollte. Empören Sie sich nicht über die »Äußerlichkeiten dieser Welt« – es ist nun einmal so!

Es geht also nicht allein darum, daß Sie eine erfolgreiche Persönlichkeit sind, sondern auch um deren »Verpackung«; diese muß auf den ersten Blick erkennen lassen, wer Sie sind. Und wie das in der ganz gewöhnlichen Produktwerbung geschieht, müssen Sie so oft wie möglich die Aufmerksamkeit von möglichst vielen Leuten auf sich ziehen, und zwar sowohl im persönlichen als auch im schriftlichen oder telephonischen Kontakt. Ich möchte mich hier nicht wiederholen: Wie Sie dabei am besten vorgehen, ist Gegenstand nicht nur dieses Buches, sondern des gesamten *»Schlüsselwerks bewährter Erfolgsmethoden«*.

In diesem Zusammenhang sei daran erinnert, daß gescheite Leute vielleicht alles kennen (was cum grano salis ja auch nur »einiges« heißt), erfolgreiche Leute jedoch kennen statt dessen alle die (was cum grano salis ebenfall nur »einige« heißt), die ihnen aber dabei behilflich sein können, im Leben schneller voranzukommen. Sie müssen also dorthin gehen, wo sich die »richtigen« Leute aufhalten, *wo sich die meisten und größten Möglichkeiten bieten.* Das ist nun einmal einfach dort, wo Leute große Geschäfte machen (was Geld voraussetzt).

Notwendigerweise kann dieses Kapitel nur einen Umrißplan dafür darstellen, wie Sie selbst das »Produkt Erfolg« herstellen sollen. Sie müssen die Details selber erarbeiten, die für Ihren speziellen Fall in Frage kommen. Wenn Sie sich aber die Mühe machen und dann Schritt für Schritt Ihren Plan verfolgen, wird sich für Sie die eingangs dieses Kapitels aufgestellte These bestätigen: daß nämlich Erfolg keine Frage des Glücks, des Schicksals oder irgendeiner ominösen Begünstigung Privilegierter ist, auf die der Mensch keinen Einfluß hat. Das Gegenteil ist wahr: *Erfolg ist machbar!*

Kapitel 64

# Ein Börsentip eines Finanzfachmanns

Die Börsenkurse werden täglich von hunderten unaufhörlich wechselnden berechenbaren Faktoren, aber auch nicht vorhersehbaren Imponderabilien beeinflußt. Es ist klar, daß jeder Ratschlag, den ich im Hinblick auf die augenblicklichen Börsenverhältnisse erteilen könnte, schon lange überholt wäre, bevor noch dieses Buch die Druckerpresse verlassen hat. Ich glaube nicht, daß irgendeinem Leser mit einem solchen Tip gedient wäre.

Aber ich denke, daß ein Buch über das Thema, wie man reich und wohlhabend wird, die Problematik von Investitionen an der Börse nicht vollkommen ignorieren kann. Ich verrate Ihnen daher hier den allgemeingültigen Börsentip eines der fachkundigsten Finanziers, die ich kenne, eines Mannes, der immerhin Berater sechs amerikanischer Präsidenten war und durch Investitionen auf dem Anlagemarkt einen ungeheuren Reichtum erwarb.

Es handelt sich um den bekannten Multimillionär BERNARD BARUCH, und sein Ratschlag lautet: »Wenn Börsennachrichten auf der ersten Seite einer Zeitung erscheinen – ganz gleich, ob gute oder schlechte –, *dann verkaufen Sie!*«

Ich bin sicher, daß diese Empfehlung für jeden Anlageinteressierten auf lange Sicht im wahrsten Sinne des Wortes Gold wert ist!

Kapitel 65

# Sie selbst entscheiden über Ihr Tun und Lassen!

Dieses Kapitel soll Ihnen eine bewährte Erfolgsmethode vermitteln, die Ihren Lebensaktivitäten und vor allem Ihren Erfolgsbestrebungen Richtung geben und Brisanz verleihen wird. Sicher sind Sie bisher auch nicht gerade vollkommen ziellos durchs Leben gegangen; vermutlich aber haben Sie viel Zeit und Energie auch für Unnötiges verschwendet. Das läßt sich leicht vermeiden: *Machen Sie eine schriftliche Aufstellung Ihrer Zielsetzungen und Vorhaben für jeden Arbeitstag.*

Aber selbst eine solche TAGESPLANLISTE – die Sie am besten jeden Abend für den nächsten Tag zusammenstellen – stellt erst eine Hälfte erfolgreicher Planung dar. Ihr muß die zweite Hälfte zielstrebigen Planens folgen: *Streichen Sie alle Aktivitäten, die nichts mit der direkten Erreichung Ihres Lebenszieles zu tun haben!* Das klingt hart, aber es lohnt sich. (Das soll natürlich nicht heißen, daß Sie auf in Ihrem Leben Wichtiges wie etwa sportliches oder geistiges Training verzichten sollen.)

Wenn Sie nicht ganz sicher sind, welche Aktivitäten Sie ausklammern oder weglassen sollen, können Sie sich als Entscheidungshilfen die folgenden Fragen vorlegen:

- Wird die betreffende Tätigkeit heute in einer Woche noch von irgendeiner Bedeutung für die Verbesserung Ihrer Lebenssituation sein? Heute in einem Monat? In einem Jahr?
- Wird die geplante Handlung einen Fortschritt in Richtung auf Ihr Lebensziel hin bringen?

Falls die Antworten negativ ausfallen, seien Sie streng zu sich selbst und verzichten Sie! Und wenn Ihnen das zu hart vorkommt, denken Sie bitte daran, daß Sie sich dieses Buch schließlich gekauft haben, um reich zu werden. Wer seine Zeit mit nutzlosen Aktivitäten verschwendet, wird mit Sicherheit weder schnell noch langsam, er wird vielmehr nie reich werden.

Der Schlüssel zum Wohlstand liegt darin, sich nützlich zu machen und so für immer mehr Menschen wertvoll und unersetzlich zu werden – Ihre Familie mit eingeschlossen. Was nicht dieser Zielsetzung dient, hemmt Ihren Fortschritt.

Es wird immer massenhaft Leute geben, die Sie drängen, nutzlose Dinge zu tun – und die Ihnen damit Beschränkungen auferlegen, die Sie behindern und einengen, statt Sie zu fördern und weiter voranzubringen. Das kommt aber nur vor, wenn Sie sich selbst nicht dagegen wehren. Sie, immer Sie selbst, entscheiden über Ihr Handeln, über Ihr Tun und Lassen.

*Sie kommen nur vorwärts, wenn Sie sich auf Ihre Ziele konzentrieren, die in der Richtung Ihres Hauptziels liegen.* Sie wollen Ihre finanziellen Mittel vermehren, um Ihr Leben reicher und schöner zu gestalten. Sie haben die Wahl: Entweder Sie verschwenden Ihre Energien an Nebensächlichkeiten oder Sie verzichten grundsätzlich auf alles, was Sie nicht weiterbringt, und konzentrieren alle Ihre Kräfte auf zielführende Aktivitäten.

Der berühmte amerikanische Physiker (der Erfinder des »Compton-Effektes«) ARTHUR H. COMPTON schrieb einmal: »Unser Lebensinhalt entscheidet über den Wert unseres Lebens. Wenn wir uns darauf beschränken, nur das Lebensnotwendige herbeizuschaffen, stehen wir nicht höher als das Vieh, das auf der Weide grast.«

Die Wahl liegt bei Ihnen: Schließen Sie sich der Herde an? Oder gehen Sie zielstrebig Ihren Weg zum Erfolg? Der Weg zu dem von Ihnen angestrebten Wohlstand und zur Verbesserung Ihrer und anderer Menschen Lebenssituation *führt nur zum Ziel über Ihr tägliches Tun und Lassen.*

# Kapitel 66

# Fachleute werden es morgen noch leichter haben

Schon lange bevor die computergesteuerte Automatisierung der industriellen Fabrikation zu einem massiven Abbau der Arbeitskräfte führte und in manchen Fabriken nur die Firmenleitung und das Wartungspersonal übrigließ, prognostizierte Elbert Hubbard: »Eine Maschine kann die Arbeit von fünfzig gewöhnlichen Menschen erledigen. Hingegen kann keine Maschine die Arbeit eines einzigen außergewöhnlichen Menschen übernehmen!«

Heute haben wir sogar Maschinen, die die Arbeit von Tausenden von Menschen übernehmen können. Dennoch bleibt der außergewöhnliche Mensch so unersetzbar wie eh und je, gerade auch in der Industrie. Nur hervorragende Führungskräfte und Fachleute können die hochkomplizierten neuen Maschinen sinnvoll und nützlich einsetzen und weiter verbessern.

In der Wirtschaft zeigt sich schon heute sehr deutlich der Trend von morgen: Wer sich nicht in irgendeiner Weise von der Masse abhebt, eignet sich nur für »niedere Dienstleistungen« und Hilfsarbeiten in einer Fabrik, wenn es ihm überhaupt gelingt, eine Anstellung zu finden. Auch die mächtigste Gewerkschaft kann keine höheren Löhne für Jobs aushandeln, die es infolge der fortschreitenden Automatisierung gar nicht mehr geben wird.

Schon heute, aber noch viel mehr in der Zukunft *geht es deshalb darum, sich zu spezialisieren, sich zu einem Experten, zumindest zu einer fachlich hochqualifizierten Kraft zu entwickeln.*

Sie haben zweifellos bessere Aussichten, wenn Sie sich eine Stellung in einer wachstumsorientierten Branche sichern und sich auf diesem Gebiet als Fachmann profilieren. Das alte chinesische Sprichwort »Nur der Wissende hat Glück« verrät ebensoviel

Einsicht in die »Mechanik« des Erfolges wie der Ausspruch LOUIS PASTEURS: »Das Glück bevorzugt den geschulten Geist!« Dennoch geben beide Aphorismen nur die halbe Wahrheit wieder, eine Halbwahrheit allerdings, für die im amerikanischen Bildungssystem allein jährlich etwa neunzig bis hundert Milliarden Dollar ausgegeben werden.

Dessenungeachtet steht fest: *Es reicht heute nicht mehr aus, sich einfach nur Wissen anzueignen.* Es genügt leider auch nicht mehr, einen »geschulten Geist« zu haben, der doch immerhin schon eine höhere Stufe des Wissens und seiner Verarbeitung kennzeichnet. Dennoch verfügen in der westlichen Welt mehr als die Hälfte aller Schüler und Studenten, die die Schulen und Universitäten verlassen, über keinerlei Spezialausbildung – was finanziell verwertbare Kenntnisse anbelangt (die sich also auf dem Arbeitsmarkt »verkaufen« ließen).

Es gibt natürlich Studenten und Akademiker, die nicht darauf angewiesen sind, in unserer wirtschaftlich immer härter werdenden Welt jemals ihren Unterhalt nach solchen Gesichtspunkten verdienen zu müssen. Sie können sich in ihrer Ausbildung und Tätigkeit auf kulturelle Belange und die schönen Künste beschränken. Das ist beileibe nicht abwertend gemeint. Auch ihre Arbeit ist notwendig und wertvoll. Wir sind schließlich auf eine durch und durch materialistisch orientierte Gesellschaftsordnung nicht neugierig, und es liegt mir fern zu postulieren, daß jeder Studierende seine Kräfte ausschließlich dem Erwerb von finanziell verwertbaren Kenntnissen und Fähigkeiten widmen sollte.

Aber ich bin der Meinung, daß es an fahrlässige Täuschung grenzt, die Studenten glauben zu lassen, irgendein beliebiger Studienabschluß garantiere ihnen »automatisch« nicht nur eine sichere Anstellung, sondern auch einen erfolgreichen Aufstieg in einem Arbeitsmarkt, der in wachsendem Maße spezialisiertes Fachwissen und eine rasche Anpassung an technologische Gegebenheiten fordert, die sich infolge Automatisierung und ständiger Neuerungen auf dem Gebiet der elektronischen Datenverarbeitung laufend ändern.

Schon CALVIN COOLIDGE der US-Präsident der zwanziger Jahre, behauptete, *die Schule sei »nicht das Ende, sondern erst der Beginn der Ausbildung«*. Aber in einer bedauerlichen Fehlinterpretation dessen, was er damit sagen wollte, haben viele Pädagogen diesen Ausspruch nur allzu wörtlich genommen. Sie meinen, es genüge, wenn die Schule tatsächlich nur die ersten Anfänge des Wissens vermittle, und zwar in Form einer (beschränkten) Allgemeinbildung und einer gewissen intellektuellen Schulung. Ein solcher »Anfang« ist sicher recht erstrebenswert. Doch wenn unsere Ausbildung damit auch schon wieder zu Ende ist und nicht zusätzlich Fachwissen in finanziell verwertbarer, weil auf dem Arbeitsmarkt geforderter Form vermittelt, dann wenden unsere staatlichen Bildungssysteme zuviel Geld und zuviel Zeit allein für den »Beginn« auf – zum Nachteil einer Fachausbildung, die den heutigen, mehr noch aber den zukünftigen Anforderungen genügen könnte, die an Menschen im Produktionsprozeß nun einmal gestellt werden.

*Es geht darum, das Fachwissen zu vergrößern.* Nach den in Kapitel 7 dieses Buches aufgezeigten Prognosen der Zukunftsforscher wird um das Jahr 2000 die arbeitende Bevölkerung tätig sein in der Landwirtschaft (mit drei, in Mitteleuropa vielleicht etwas mehr Prozent aller zukünftigen Arbeitsplätze), in der industriellen Produktion (mit auch nur etwa sechzehn Prozent aller Beschäftigten) oder auf dem Sektor der Erbringung von Dienstleistungen der verschiedensten Art, einem Gebiet, in dem etwa einundachtzig Prozent aller berufstätigen Menschen beschäftigt sein werden.

In jedem der drei Großbereiche werden in erster Linie Experten (Fachleute und qualifizierte Arbeitnehmer) angestellt sein, sieht man von minderqualifiziertem und daher auch schlechtbezahltem Hilfspersonal ab.

Die genannten Prozentsätze verraten Ihnen aber auch, wie die Chancen künftig verteilt sein werden: In der Landwirtschaft wird man Vermögen machen können – aber die Wahrscheinlichkeit, überhaupt eine Stellung zu finden, wird etwa bei 3 zu 97 liegen. Und auch die hochqualifizierten Techniker, die die äußerst komplexen Fabrikationsprozesse der Gebrauchsgütererzeugung leiten und beaufsichtigen werden, dürften mit hohen Einkommen rechnen können – doch es sind eben nur sechzehn Prozent aller Berufstätigen, die hier einen Arbeitsplatz werden finden können.

Der Rest jedoch – einundachtzig Prozent etwa – wird auf dem Gebiet verschiedener technischer oder persönlicher Dienstleistungen oder auch im Lehrberuf mit Menschen zu tun haben. Das Einkommen dieser Menschen wird daher in erster Linie mit der Qualität und Quantität ihrer persönlichen Fähigkeiten und persönlichen Leistungen korrelieren, und deren Chancen werden deshalb entscheidend davon abhängen, ob und wie sie sich bewährte Erfolgsmethoden zu eigen machen können – und anwenden.

# Kapitel 67

# Die Macht des ersten Schrittes

Er ist wie eine Uhr ohne Zeiger, gerade daß er noch existiert! Er sagt nichts, bringt nichts, das für irgend jemanden von Nutzen sein könnte! Man wird ihn bald ersetzen... Nun, wie das Sprichwort sagt: »Dem Unwilligen fällt alles schwer!«

*Sie müssen natürlich wollen! Mehr noch: Ihr Wollen muß von Begeisterung getragen sein! Und Sie müssen den Anfang machen!* Dann werden Sie nämlich entdecken, daß der Erfolg sich ohne größere Schwierigkeiten einstellt. Es ist nur eine Frage Ihres begeisterten Wollens und Ihrer Beharrlichkeit.

Hören wir einmal, was kluge Männer zu diesem Thema zu sagen haben. E. H. Chapin bekennt: »In der Welt von heute ist die Bereitschaft, der Wille, etwas zu tun, wichtiger als die bloße Fähigkeit.« Es ist eine erwiesene Tatsache, daß man nur das tun kann, was man auch tun will; sogar in Fällen, in denen die Fähigkeit durchaus vorhanden wäre, schafft man es nicht, wenn man nicht wirklich will. *Das Geheimnis liegt im Wollen, nicht im Können.* Das Können stellt sich vielmehr fast automatisch ein, wenn das Wollen stark genug ist.

Wenn Sie etwas unbedingt wollen und es voll Selbstvertrauen in Angriff nehmen, dann werden Sie plötzlich merken, daß Sie auch genügend Kraft haben, um Ihr Ziel zu erreichen. Ralph Waldo Emerson, der Philosoph und Dichter, ermutigt: »Handle – und du hast die Kraft zu handeln!« *Mit dem Handeln kommt die Kraft.*

Auch hier gilt sozusagen das altbekannte Trägheitsgesetz aus der Physik, das besagt, daß

- ein Körper in Ruhe dazu tendiert, in dieser Ruhe zu verharren, wogegen
- ein Körper in Bewegung die Tendenz hat, diese Bewegung beizubehalten (und zwar mit derselben Geschwindigkeit), solange ihn keine von außen wirkenden Kräfte aufhalten.

Wer also nichts tut, wird darin verharren, nichts zu tun. In dem Moment aber, da Sie mit einer Tätigkeit beginnen, wird der Schwung der ersten Bewegung anhalten; je mehr Sie Ihre Anstrengungen steigern, desto mehr Kraft werden Sie haben. Dies ist ein universell gültiges Gesetz.

Es ist übrigens seit Menschengedenken bekannt, daß die Kraft mit dem Handeln kommt. Die Bibel bezeugt es, und viele große Denker der Menschheitsgeschichte lehren diese Tatsache.

Ein altchinesisches Sprichwort sagt: *»Auch eine Reise über tausend Meilen beginnt mit dem ersten Schritt.«* Aber diesen ersten Schritt müssen Sie machen. Sie brauchen dabei nicht zu wissen, was Sie im Verlauf Ihrer Tausend-Meilen-Reise erwartet. Sie werden unterwegs immer mehr als genug von Ihrem Weg vor sich sehen, um sicher weiterzukommen; aber Sie brauchen nicht den ganzen Weg zu überblicken. Es genügt, wenn Sie sehen, wohin Sie gehen.

Und genau gleich ist es mit der Kraft, die Sie dafür benötigen. Sie brauchen nicht die Kraft für ein ganzes Leben auf einmal. Es genügt, wenn Ihre Kräfte für den heutigen Tag ausreichen. Die Kraft zum ersten Schritt reicht fürs erste völlig.

*Doch diesen ersten Schritt – in Richtung auf Ihr Ziel – müssen Sie tun!*

# Kapitel 68

# Eigenschaften, die ausschlaggebend sind

Daß ein Mensch alles erreichen kann, was er sich wünscht, hat vielleicht kaum jemand so erfolgreich demonstriert wie der große Benjamin Franklin, dessen wahrhaft erstaunliche Lebensgeschichte und Leistungen sowie seine unglaubliche Fähigkeit, auch anscheinend aussichtslose Lebenslagen zu meistern, ich in dem Buch »*Wunscherfüllung*« geschildert habe.

Was aber bezeichnete dieser bewundernswerte Mann als *die beiden ausschlaggebenden Eigenschaften, die notwendig sind, um alles zu erreichen, was man anstrebt?* Nach Franklins Meinung handelt es sich dabei um

- Energie und
- Ausdauer.

Sollte es wirklich so leicht sein, »alles zu erreichen«? Franklin steht mit seiner Meinung in der Reihe großer Denker der Geschichte der Menschheit keineswegs allein. Der berühmte Hosea Ballou schrieb: »Gleich dem biblischen Senfkorn des Glaubens vermag Energie Berge zu versetzen.« Wenn Sie dagegen einwenden möchten, daß es – außer der Bibel zufolge – undenkbar sei, »Berge zu versetzen«, darf ich dem entgegenhalten, daß »ein Ziel zuerst unerreichbar erscheinen muß, um wirklich wichtig zu sein«, (womit ich mir gestatte, Thomas Carlyle zu paraphrasieren). Will man es völlig profan sehen, kann man auch argumentieren, daß wir heute über Baumaschinen verfügen, die es uns tatsächlich gestatten, gigantische Erdbewegungen herbeizuführen und Berge zu versetzen, wo immer es uns notwendig erscheint.

Von dem Schriftsteller und Philosophen HENRY DAVID THOREAU stammt die rhetorische Frage: »Haben Sie je von einem Menschen gehört, der sein ganzes Leben lang energisch immer nur ein einziges Ziel verfolgte und es nicht zumindest zu einem großen Teil erreichte?« Natürlich nicht! Das garantiert zuverlässig die Macht des entsprechend geprägten Unterbewußtseins.

RALPH WALDO EMERSON schrieb: »Die Welt gehört den Tatkräftigen!« Und er fügte hinzu: »Der Lohn einer gut gemachten Arbeit liegt darin, sie gemacht zu haben!« Und der in Amerika populäre Prediger JOEL HAWES, dessen Aussprüche noch heute immer wieder zitiert werden, sagte: »Entschlußkraft ist allmächtig. Entschließen Sie sich, etwas zu wollen – und Sie werden es schaffen. Erstreben Sie das Außergewöhnliche – und das Außergewöhnliche wird für Sie erreichbar. Das ist das große Geheimnis gezielter Anstrengung. ›Das kann ich nicht‹ erreicht nichts; ›Ich versuche es‹ hat schon Wunder ermöglicht.«

Auf der Kehrseite der Medaille dieser Überzeugungen wird auch deutlich, daß die Trägen und unentschlossen Zaudernden etwa ebensoviel Zeit für die Erklärung benötigen, warum etwas undurchführbar ist, *wie die Energischen und Tatkräftigen brauchen, um es zu tun!*

Wir können uns also BENJAMIN FRANKLINS Überzeugung beruhigt zu eigen machen: Energie ist tatsächlich eine Grundvoraussetzung, um alles zu erreichen, was man sich vornimmt – verbunden mit dem von ihm ferner gepriesenen Charakterzug der Ausdauer.

FRANCIS BACON, dem großen Philosophen und Staatsmann, zufolge »erfordern große Vorhaben Energie und Beharrlichkeit«. Wer andere Menschen beeinflussen will, könnte etwas über die Macht der Beharrlichkeit von dem englischen Politiker und Schriftsteller EDMUND BURKE lernen, den man einen »Meister der Überredung« genannt hat: »Wenn wir einem beliebigen Menschen ein Jahr lang unser Ohr leihen, morgens und abends, dann wird er unser Meister.« Und er fügte hinzu: »Eine einzige Ratte, die einen Damm durchnagt, vermag eine ganze Nation zu ertränken.«

NAPOLEON hat gesagt: »Der Sieg gehört dem Beharrlichen.« Wie recht er damit hatte, bewies – Ironie des Schicksals – die

Schlacht von Waterloo, vor deren Beginn Wellington an die Ausdauer seiner Befehlshaber mit folgenden Worten appelliert hatte: »Es wird ein harter Kampf, meine Herren. Wir wollen sehen, wer länger durchhält.«

Kein Lob der Beharrlichkeit wäre vollständig ohne das Zeugnis von Calvin Coolidge, dem US-Präsidenten der zwanziger Jahre: »Nichts kann geduldige Ausdauer ersetzen. Das Talent nicht: es gibt zahllose erfolglose Menschen mit Talent. Das Genie nicht: verkannte Genies sind fast sprichwörtlich. Bildung nicht: die Welt wimmelt von gescheiterten Gebildeten. Beharrlichkeit und Entschlossenheit sind beinahe allmächtig.«

Wenn also nach all dem Benjamin Franklins Feststellung stimmt, daß Energie und Ausdauer die beiden Charaktereigenschaften sind, durch die Sie alles bekommen können, was Sie sich vornehmen, *dann gehört die Zukunft tatsächlich Ihnen!* Denn beides können Sie sich aneignen, Beharrlichkeit wie auch Tatkraft, und dazu brauchen Sie kein Genie zu sein!

# Kapitel 69

# Begeisterung beflügelt Ihr Handeln – und Ihre Umgebung!

Ralph Waldo Emerson, der in diesem Buch schon wiederholt zitiert wurde, gilt als der größte amerikanische Essayist und als einer der tiefgründigsten Denker des amerikanischen Geisteslebens. Den Worten eines solchen Mannes dürfen wir ohne Bedenken unsere Aufmerksamkeit widmen. Wenn Emerson mit allem Nachdruck sagt, daß niemand etwas erreichen kann, ohne eine bestimmte Eigenschaft zu besitzen, dann sollten wir diese Eigenschaft näher unter die Lupe nehmen. Und wenn einer der großen Wirtschaftsführer unserer Zeit feststellt, daß man mit dieser Eigenschaft Erfolg bei fast jedem Vorhaben haben muß ... und wenn Psychologen behaupten, daß man so alles erreiche, was man sich wünsche und andere ganze Bücher über diese eine Eigenschaft schreiben (ich werde auf diese Behauptungen noch zurückkommen), *dann sollten wir, wenn wir sie nicht haben, uns diese Eigenschaft zu eigen machen.* Welche?

Dies sind Emersons eigene Worte: »Jede große und bedeutende Bewegung in den Annalen der Weltgeschichte stellt einen Triumph der Begeisterung dar. *Ohne Begeisterung wurde niemals etwas wirklich Großes erreicht!«*

Charles M. Schwab stellte fest: »Ein Mensch muß beinahe mit jedem Vorhaben Erfolg haben, sofern er nur unbegrenzten Enthusiasmus aufbringt.« Sei eigener Enthusiasmus ließ ihn immerhin zum weltweit höchstbezahlten Spitzenmanager seiner Zeit werden.

William Moulton Marston, einer der vorstehend ohne Namensnennung zitierten Psychologen, stellte fest: »Wenn jemand sich ein Ziel setzt, das er voll Begeisterung verfolgt, wird er immer erreichen, was er will; zumindest aber wird er seinem Ziel nahekommen.« Wenn Sie so begeistert ein Ziel verfolgen, daß der Wunsch, es zu erreichen, für Sie geradezu zur freudig-erwartungsvollen »Besessenheit« wird, dann kann Sie nichts und niemand daran hindern, Ihr Ziel zu erreichen. Der Titel des Buches, das NORMAN VINCENT PEALE, ein anderer Psychologe und Lehrer positiven Denkens, über die grundlegende Eigenschaft schrieb, die uns an das Ziel unserer Wünsche führt, lautet: *»Enthusiasm makes the difference«*, und es besagt im wesentlichen, daß die Begeisterung den Unterschied zwischen Erfolg und Versagen ausmacht. Und auch JOSEPH MURPHY, der dreifache Doktor und Lehrer positiven Denkens, hat es sehr treffend formuliert: *»Den Auftrieb gibt Ihnen Enthusiasmus. Er wird Sie emportragen!«*

Der bereits zitierte Philosoph HENRY DAVID THOREAU aber schrieb: »Niemand ist so alt wie ein Mensch, der keine Begeisterung mehr empfinden kann.« Es scheint tatsächlich so, als ob ein gewisser Enthusiasmus für das Leben selbst und für persönliche Interessen und Engagements die Trennungslinie zwischen aktiver, reifer Lebensfreude und der Langeweile und Leere eines dem Zerfall zustrebenden Alters makieren würde. Es ist dabei nicht ausschlaggebend, wie alt jemand ist; entscheidend ist vielmehr die vorhandene Begeisterung für das Leben und alles, was es zu bieten hat. Wer diese Begeisterung verliert, der befindet sich bald auf einem abschüssigen Weg, der nur zu Verdruß, Sorgen und Krankheit führen kann.

Es gibt eine ganze Reihe von Methoden, wie man Begeisterung erregen und vermitteln kann; aber da die Ihnen bereits bekannte Methode des »Als ob«, wie sie VON WILLIAM JAMES gelehrt wurde, so einfach und sicher in der Anwendung ist, sollten Sie sich vor allem diese Methode zu eigen machen: das HANDELN »ALS OB«. *Wer so handelt, als ob er begeistert wäre, der wird bald merken, wie sich in ihm tatsächlich ein Gefühl der Begeisterung einstellt.*

Diese Vorgehensweise hat sich so allgemein als wirkungsvoll erwiesen, daß wir uns Erörterungen zum Zweck einer Beweisführung ersparen und uns gleich der Frage zuwenden können, wie Sie in der Praxis vorgehen sollen. Ihr Handeln, als ob Sie begeistert wären, führt zum angestrebten Erfolg, daß Sie begeistert sind, durch BESTIMMTE VERHALTENSWEISEN:

- *Zustimmen:* Niemand kann sich für etwas begeistern, dem er nicht zustimmt. Seien Sie also klug: stimmen Sie zu, wo immer sie können – und wenn Sie schon zustimmen, dann tun Sie das möglichst begeistert.
- *Bewundern:* Geben Sie Ihrer Bewunderung Ausdruck über alles, was irgendwie bewundernswert ist. Setzen Sie sich über allfällige, Einzelheiten betreffende innere Reserven einfach hinweg. Indem Sie jemanden oder etwas bewundern, manövrieren Sie sich in echte Begeisterung hinein.
- *Etwas leisten:* Je mehr Sie leisten, desto begeisterter werden Sie über Ihre Leistungen sein und desto enthusiastischer werden Sie noch mehr zu leisten imstande sein. Je größer Ihre Begeisterung, desto größer auch Ihre Leistung.
- *Auf Tempo schalten:* Je rascher, je zügiger Sie arbeiten, desto mehr werden Sie sich an Ihren Leistungen begeistern und deshalb Ihr Tempo noch mehr steigern können. Treten Sie aufs »Gaspedal«, stellen Sie alle »Hebel« auf volle Kraft voraus! Begeistern Sie sich an der Tatsache, daß sich etwas tut in Ihrem Leben!

Nachdem Sie sich auf diese Art in eine Hochstimmung der Begeisterung gebracht haben, können Sie Ihr PROGRAMM AUSWEITEN, indem Sie auch andere Menschen begeistern. Das erreichen Sie vor allem durch folgendes Verhalten:

- *Lob aussprechen:* Es ist ein wunderbares Mittel, Ihnen die Herzen und Türen der Menschen zu öffnen, die – glücklich über Ihr Lob – begeistert alles tun werden, um Sie noch mehr zufriedenzustellen.
- *Fröhlichkeit verbreiten:* Strahlen Sie begeisternde Fröhlichkeit auf Ihre Umwelt aus, trösten Sie, heitern Sie die Menschen auf, mit denen Sie zusammenkommen. Sie werden erstaunt sein, wie freudig Ihre Mitwelt darauf eingeht.
- *Mit anderen zusammenarbeiten:* Engagieren Sie sich mit Begeisterung. Tun Sie sich mit Gleichgesinnten zusammen, um ein gemeinsames Ziel anzustreben. Begeisterte Zusammenarbeit führt zu Höchstleistungen.
- *Ansteckend wirken:* Lassen Sie die anderen Ihren Enthusias-

mus spüren. Enthusiasmus wirkt ansteckend! Wenn Ihnen das gelingt, können Sie die Menschen leicht für eine von Ihnen vertretene Sache interessieren und ihre Mitarbeit oder Unterstützung gewinnen.

Bei Beachtung der vorstehend angeführten Punkte sollten Sie bereits ein Meister im Umgang mit Menschen sein. Sie können diese Kunst aber noch verfeinern, indem Sie sich ein Verhalten zur Gewohnheit machen, das auch den folgenden Erfordernissen entspricht:

- *Generös Begeisterung ausstrahlen:* Sie dürfen Ihre Begeisterung nicht auf die Menschen beschränken, an denen Sie speziell interessiert sind; Sie müssen sie auf alle Menschen ausstrahlen, mit denen Sie zu tun haben, das heißt in sozialer oder im besonderen in beruflicher Hinsicht nicht nur unter »Ebenbürtigen« oder »nach oben«, sondern auch »nach unten«. Je allgemeiner Sie andere an Ihrem Enthusiasmus teilhaben lassen, desto lohnender wird es für Sie sein.
- *Rückhaltlos Begeisterung ausstrahlen:* Wer in diesem Zusammenhang zaghaft oder kleinlich haushalten will, muß echte Begeisterung erst noch lernen. »Lauwarme«, halbherzige Teilnahme bewirkt nichts, nützt nichts. So verrät man höchstens den Mangel an Selbstvertrauen. Lassen Sie sich ruhig richtig gehen – aber möglichst entspannt, nie fanatisch oder rechthaberisch! Je rückhaltloser Sie Ihren Enthusiasmus weitergeben, desto mehr Kraft wird er freisetzen.
- *Sich durch nichts aufhalten lassen:* Ihre Begeisterung muß so mitreißend wirken, daß nichts sie aufhalten kann. Sehen Sie es so: Sie haben ein Rendezvous mit dem Schicksal, Sie müssen zur rechten Zeit am ausgemachten Treffpunkt sein. Nichts und niemand darf Sie davon abhalten. Versäumen Sie dieses Rendezvous nicht, es könnte der wichtigste Termin Ihres Lebens sein!

Wenn Sie davon träumen, etwas zu tun, dann sollten Sie sich für Ihre Idee begeistern. Ihr Wunsch motiviert Sie. Entschiedenes Wollen bringt Sie zum Handeln. Ihr Handeln aber wird beflügelt von Ihrer Begeisterung, die Ihnen Mut, Ausdauer und Energie verleiht. Ein wahrer Kraftgenerator steht Ihnen zur Verfügung. Setzen Sie ihn ein, jetzt gleich!

# Kapitel 70

# Wie Sie es sich leichtmachen können

Wenn Sie alles, was Sie tun, *in dem Bewußtsein tun, daß es ganz leicht und natürlich ist, dann wird auch alles ganz leicht und natürlich vonstatten gehen.*

Warum diese so einfache, aber bewährte Erfolgsmethode funktioniert? Weil sie Spannungen vermeidet! Wenn Sie nämlich in von Zweifeln und Angst hervorgerufener Anspannung an eine Sache herangehen, dann strahlen Sie die innere Unsicherheit und Nervosität auf Ihre gesamte Umgebung aus. Jeder, der sich in Ihrer Reichweite befindet, wird Ihre GESPANNTE ANGSTHALTUNG spüren. Er wird ebenfalls beunruhigt sein und sich in Ihrer Gegenwart nicht wohl fühlen. So springt die Gefühlsspannung von Ihnen auf Ihre Umgebung über, hin und her, und kann sich unversehens ins Unerträgliche steigern.

Unter der solcherart negativen Gefühlshaltung eines Menschen leiden alle in seiner Umgebung (denn nicht nur Begeisterung, sondern alle Gefühle sind ansteckend), vor allem jedoch der Betroffene selbst. Die Symptome können von sichtbarer Nervosität über Sprechschwierigkeiten (aufgrund versagender Stimmbänder) bis zu heftigem Zittern und nervöser Übelkeit reichen.

Bitte denken Sie nicht, daß ich übertreibe! Jeder übersensible Mensch, der nicht weiß, wie man Spannungen und Streß abbaut, kennt die eine oder andere Art solcher nervöser Störungen. Auch ich selbst litt früher bisweilen unter solchen Symptomen. Erst nachdem ich gelernt hatte, bewußt das Gefühl zu entwickeln, daß – ungeachtet äußeren Drucks – einfach alles, was ich tat, leicht und ganz und gar selbstverständlich war, gelang es mir, solcher Gefühlszwänge Herr zu werden.

Es empfiehlt sich einmal mehr, auch dies unter dem Aspekt des Ihnen schon bekannten, universell gültigen GESETZES DER ENTSPRECHUNG zu sehen. Niemand kann zwei Gedanken gleichzeitig denken, noch viel weniger zwei einander widersprechende Gedanken. Kein Mensch kann zwei einander entgegengesetzte Gefühle gleichzeitig empfinden (Sie können nur entweder lieben oder hassen) oder bewußt bzw. unbewußt gleichzeitig zwei gegensätzliche Handlungen setzen (Sie können nur entweder verletzen oder liebkosen). Dies widerspräche dem – ebenso wie das der Schwerkraft gültigen – Gesetz der Entsprechung. Kurz: es ist unmöglich!

Die bewährte Erfolgsmethode zur Ausschaltung angespannter oder bzw. ängstlicher Erwartungen besteht darin, *sich das offensichtliche Gegenteil zu suggerieren, bis man es empfindet,* nämlich das Gefühl, daß alles, was man tut, einfach und natürlich ist. Wenn Sie sich mit Hilfe dieser einfachen Technik zur Gewohnheit gemacht haben, nach diesem Prinzip zu leben, wird es Ihnen leichtfallen, den einzelnen in meinem *»Schlüsselwerk bewährter Erfolgsmethoden«* enthaltenen Erfolgstips so zu folgen, daß deren Anwendung Ihnen keinerlei Schwierigkeiten mehr bietet. Wir wollen aber hier mit Hinblick auf die Thematik dieses Kapitels einige der Ihnen bereits bekannten Methoden noch einmal kurz in Form von BEISPIELEN wiederholen:

- *Entspannen Sie sich.* Entspannen Sie sich, so gut Sie können; aber entspannen Sie vor allem auch die Augen (die konkrete Technik finden Sie in meinem Buch *»Lebenserfolg«* beschrieben). Fühlen Sie sich ganz locker. Denken Sie daran, daß alles, was Sie tun, ganz leicht und natürlich ist!
- *Handeln Sie, als ob* alles, was Sie tun, ganz leicht und natürlich wäre. Sie wissen, daß Sie das entsprechende Gefühl dadurch auslösen können, daß Sie so handeln, als ob Sie es schon empfänden.
- *Üben Sie den Vorgang rein gedanklich.* (Diese hervorragende Methode wurde vor allem in dem Band *»Persönlichkeitsbildung«* ausführlich beschrieben.) Bevor Sie etwas beginnen, das Sie beunruhigt oder ängstigt, stellen Sie sich einfach vor, daß Sie es ganz leicht und natürlich erledigen. Stellen Sie sich so oft vor, wie glatt alles geht, wie problemlos und elegant, bis

Sie zu spüren vermeinen, daß Sie es leicht und glatt abwickeln. Dieses Gefühl prägt sich Ihrem Unterbewußtsein ein, doch können Sie es noch mit Hilfe des formelhaften Vorsatzes »Leicht und natürlich!« verstärken. »Leicht und natürlich ... Leicht und natürlich!« – sagen Sie sich diesen Slogan immer und immer wieder vor.

- *»Konditionieren« Sie Ihre Einstellung.* Vielleicht beunruhigt Sie jedes Auftreten in Gesellschaft oder in der Öffentlichkeit – wie mir das bekannte Persönlichkeiten der Gegenwart eingestanden haben. Einige haben mir aber auch erzählt, daß sie jedesmal vor einem »größeren Auftritt« – einem Kongreß, Empfang, einer Fernsehsendung usw. – am Eingang bzw. vor der Tür einen Augenblick innehalten, um ihre innere Einstellung zu »konditionieren«. Sie suggerieren sich, daß sie jeden Menschen in diesem Saal, in diesem Zimmer kennen und ihn sympathisch finden ... Natürlich stimmt das nicht; aber die so aufgelockerte Einstellung ermöglicht es ihnen, von jeder Scheu befreit den Anwesenden lächelnd zuzunicken, sie freundlich zu grüßen oder ein paar nette Worte fallenzulassen. Auf diese einfache Art überwinden Sie allfällige Hemmungen und führen sich zugleich bestens in jeder Gesellschaft ein.
- *Das beste Training ist die reale Erfahrung.* Warten Sie nicht ängstlich zaudernd auf Gelegenheiten – schaffen Sie sich welche! Sprechen Sie jeden Menschen an, mit dem Sie in Berührung kommen, am besten mit einem freundlichen Wort, mit einer Bemerkung, die auf Belange Ihres Gegenübers eingeht. Natürlich müssen Sie dabei unter allen Umständen vermeiden, arrogant, dreist oder aufdringlich zu wirken; seien Sie ganz natürlich!

  Wenn Sie an einer Versammlung teilnehmen oder in einer Diskussion Fragen aus dem Publikum erwartet werden, stehen Sie auf und sagen Sie etwas! Es wird vielleicht nicht gerade brillant sein, aber es wird für Sie eine gute Übung darstellen, und jede weitere Erfahrung wird Ihr Gefühl verstärken, daß Ihnen alles ganz leicht fällt und das vollkommen natürlich ist. Eine öffentliche Rede zu halten oder eine Gruppendiskussion zu leiten, ist überhaupt das beste Training, das man sich wünschen kann. Es geht nicht darum, daß Sie auf alle Anwesenden einen unauslöschlichen Eindruck machen – konzentrieren Sie sich nur auf das Gefühl, daß alles, was Sie tun, leicht und natürlich ist! Das genügt; und mit der Zeit werden Ihre Auftritte auch an Brillanz gewinnen.

Die vorstehenden Beispiele sollten genügen, Ihnen einen Eindruck davon zu vermitteln, wie Sie es sich leichtmachen sollen. Das *»Schlüsselwerk bewährter Erfolgsmethoden«* enthält eine Fülle von Techniken, mit deren Hilfe Sie dieses *Gefühl überlegener Leichtigkeit herbeiführen können, das durch ständiges Einüben gleichsam zu einem konditionierten Reflex und schließlich zu Ihrer zweiten Natur wird.* Je entschiedener Sie dieses Gefühl hervorrufen und aufrechterhalten können, desto leichter und natürlicher wird Ihnen bald alles von der Hand gehen, was Ihnen heute noch schwerfällt oder vielleicht sogar Angst macht. Die nervöse Spannung schwindet, und befreit von Erwartungsangst macht die belastende Gefühlshaltung der Unsicherheit einem sicheren, kraftvollen Selbstvertrauen Platz, das seine Wurzeln im Unterbewußtsein hat und von dort seine Stärke bezieht.

*Alles wird ganz leicht und natürlich* – und das beinhaltet auch, daß Sie ganz leicht und natürlicherweise reich werden!

Kapitel 71

# Wie Sie aus wenig viel machen können

Schon dieses eine Kapitel würde genügen, Ihnen zu vermitteln, wie man sehr reich wird. Je jünger Sie sind, desto besser. Verfahren Sie nach dem PRINZIP DES TÄGLICHEN KAPITALZUWACHSES!

1. *Machen Sie heute Ihre erste Einlage auf Ihr »Kapital der Zukunft«* und nehmen Sie sich vor, es täglich zu vermehren, auch wenn es sich dabei nur um einen Betrag von zwei oder drei Mark handeln sollte (mehr wäre natürlich wesentlich besser). Legen Sie sich auf einen täglichen Mindestbetrag fest.
2. Sie müssen sich allerdings strikt an die Regel halten, *daß Sie nie, unter gar keinen Umständen, Ihr Wachstumskapital angreifen.* Deshalb legen Sie das Geld auf einem getrennten Sparkonto an und behandeln es, als wäre es für immer Ihrem Zugriff entzogen – gleichsam als eine von Ihnen selbst verfügte »eigengesetzliche Rücklage«.
3. Sobald es die Höhe des angesammelten Kapitals erlaubt, *investieren Sie es in Aktien eines Unternehmens,* das für eine langjährige Aufwärtsentwicklung auf dem Aktienmarkt bekannt ist. Wenden Sie sich mit der Bitte um Unterstützung an einen renommierten Anlageberater; fallen Sie nicht auf angeblich »todsichere« Tips von Dilettanten oder Empfehlungen von Spekulanten herein, die Ihnen vierzig Prozent Zinsen oder hundertprozentige Gewinnmargen versprechen.
4. Daneben aber *führen Sie Ihr Kapitalzuwachskonto weiter,* wobei Sie sich an die tägliche Mindestsumme halten. Sie brauchen natürlich nicht jeden Tag mit Ihrer Einlage zur Bank zu laufen; aber Sie müssen dieses Geld getrennt von Ihrem

übrigen Geld aufbewahren, bis Sie es jeweils einbezahlen. Da aber die Versuchung groß ist, doch einmal etwas davon »abzuzweigen«, wenn Sie gerade knapp bei Kasse sein sollten, empfiehlt es sich, die Zwischenräume zwischen den Einzahlungen eher gering zu halten.

Es liegt mir fern, Sie durch diese tägliche Sparquote zu übertriebener Sparsamkeit, zu Geiz oder Knickerigkeit zu verleiten. Es geht vielmehr darum, daß Sie mit einem halbwegs vernünftigen Betrag, den Sie täglich abzweigen und gegen Zinsen plus Zinseszinsen ein Leben lang zur Seite legen, *mit Sicherheit zu Wohlstand kommen werden.*

Aber das ist nur einer der ins Gewicht fallenden Aspekte; der andere Aspekt liegt noch klarer in Richtung der Zielsetzung dieses Buches: *wie Sie nämlich schnell reich werden können!* Die empfohlene Praktik des täglichen Kapitalzuwachses wird Sie immer wieder an Ihr Ziel, reich zu werden, erinnern und Sie veranlassen, ja zwingen, »geldbewußt« zu leben und an Ihr Ziel zu denken. Dadurch aber werden Sie mit Sicherheit schneller zu Geld kommen.

Wer geldbewußt lebt und sein Denken, Vorstellen und Glauben auf Reichsein richtet, prägt seinem Unterbewußtsein den Auftrag ein, ihm Wohlstand und Reichtum zu verschaffen. Und wie in diesem Buch bereits ausführlich dargelegt wurde, wird Ihr Unterbewußtsein, zielorientiert-selbsttätig arbeitend, dafür sorgen, daß Sie zu Gelegenheiten und persönlichen Kontakten geführt werden, die Sie in die Lage versetzen, Ihr Ziel zu erreichen.

Darin liegt der eigentliche Nutzen des täglichen Kapitalzuwachses. Es ist eine *bewährte Methode, die Zielbewußtheit zum unterbewußt gesteuerten Ziel allen Handelns zu machen – womit Sie mit Sicherheit schneller reich werden!* Übrigens: Sogar JOHN D. ROCKEFELLER begann ähnlich: er legte die Hälfte seines kargen Anfangsgehaltes beiseite. Dann investierte er es. Er sparte seine durch Investitionen gewonnenen Gelder und investierte sie wiederum ... Kleinigkeiten, die sich im Endeffekt zu einem der größten Vermögen seiner Zeit summierten!

# Kapitel 72

# Das Prinzip des dritten Weges

Das Prinzip des dritten Weges ist eine Erfolgsmethode, die die erfolgreichsten Verhandlungsgenies, die Spitzenleute vor allem der Politik und Wirtschaft, die tagaus, tagein schwerwiegende Entscheidungen zu fällen haben, aber auch alle sonstwo geschickt operierenden Verhandlungstaktiker mit Erfolg anwenden. Was ist unter dem »Prinzip des dritten Weges« zu verstehen?

Stellen wir uns einmal vor, Sie versuchen sich mit einem Gesprächspartner auf einen beiderseitig akzeptablen Kompromiß zu einigen. Nun wollen Sie aber dabei einen bestimmten Weg gehen, Ihr Gesprächspartner jedoch einen anderen. Was tun? Vor allem sollten Sie einen Streit vermeiden, dann aber *einen dritten Weg finden, der sich für beide Teile als begehbar erweist.*

Das Prinzip des dritten Weges wurde bewußt und unter dieser Bezeichnung von den Kreativteams entwickelt, deren Arbeit im Film- und Fernsehgeschäft im Entwerfen von Drehbüchern besteht – und dann in dem schwierigen Ändern, um den Vorstellungen der Schauspieler, des Regisseurs, des Produzenten gerecht zu werden und schließlich eine allseitig akzeptierte Schlußfassung zu finden. Sie sind es, die sehr häufig einen dritten Weg ausmachen müssen, wenn sie sich in einer Sackgasse befinden, wo plötzlich ein jeder auf seinen Vorstellungen beharrt und nicht mehr bereit ist, sich den Gedankengängen seines Gesprächspartners anzupassen.

Es ist eine bekannte PSYCHOLOGISCHE TATSACHE, daß Herumstreiten und verbohrtes Sichereifern den Ideenfluß hemmen und weitere kreative Einfälle im Entstehungsprozeß ersticken. Professionell Kreative meiden daher zu Recht Streitigkeiten wie die Pest.

Aus diesem Grunde gilt in der Filmbranche mehr oder weniger als ein ungeschriebenes Gesetz, daß innerhalb eines Teams, das an einem Drehbuch arbeitet, ein Gedanke sofort fallengelassen wird, wenn einer der Mitarbeiter heftig dagegen opponiert. Dann konzentrieren sich alle auf einen (besseren) Vorschlag, dem alle Beteiligten voll zustimmen können. Nach dieser Regel wird sogar dann vorgegangen, wenn nur ein einziger Vorschlag zur Diskussion steht. (Vielleicht wäre also, genaugenommen, die Bezeichnung als das »Prinzip des anderen Weges« angebrachter.)

Alex Osborne, einer der Mitinhaber der weltbedeutenden Werbeagentur »Batten, Durstine & Osborne«, gilt als ein begeisteter Anhänger der Methode des Brainstormings. Unter einem Brainstorming ist ein Gruppengespräch zu verstehen *bei dem alle Beteiligten zu einem bestimmten Problem spontan so viele Einfälle wie möglich einbringen,* und zwar ohne Rücksicht auf deren Qualität oder Verwendbarkeit, damit dann die beste Lösung gefunden werden kann.

Osborne rät vor allem zur unbedingten Einhaltung der Regel, während eines solchen »Hirnsturmes« oder »Gedankengewitters« niemals über Wert oder Unwert einer Idee zu sprechen. Jeder Einfall soll notiert werden, ebenso jeder Alternativvorschlag, der dazu auftaucht. Die Bewertung und Auswertung sollen erst später vorgenommen werden. Und wie die märchenhaft anmutenden Erfolge seines Unternehmens beweisen, dürfte Alex Osborne mit seinen Grundsätzen völlig recht haben.

Die Regel, niemals darüber zu diskutieren, wessen Ansicht richtig und wessen Ansicht falsch ist, sondern statt dessen *eine Alternative zu suchen, die für alle Beteiligten akzeptabel erscheint,* hat sich immer wieder als die wirkungsvollste Technik bei Verhandlungen welcher Art immer erwiesen. Wer beruflich oder privat viel verhandeln muß, sollte diesen den Erfahrungen der professionell Kreativen abgeleiteten Erfolgstip unbedingt beherzigen.

Für gewöhnlich steht am Beginn einer Verhandlung die Darlegung zweier verschiedener Standpunkte, Angebote oder Forderungen. Bei den darauf folgenden Debatten, die sich mitunter über Monate hinziehen können, geht es natürlich immer darum, die jeweils »andere« Seite zum Nachgeben und zur Annahme des eigenen Vorschlages zu überreden. Zwangsläufig müssen im Laufe der Zeit Konzessionen gemacht werden, um die Kluft zwischen den unterschiedlichen Positionen etwas zu verringern. Nach vielem Reden und – oft genug – nach offenen Feindseligkeiten wird dann mit Mühe und Not eine Übereinstimmung erzielt, die für keinen der Verhandlungspartner wirklich befriedigend ist.

*Dabei hinterlassen natürlich Feindseligkeiten immer seelische Wunden,* die, ins Unbewußte verdrängt, vielleicht nie mehr heilen. (Sie werden gemerkt haben, daß vorstehend hauptsächlich Verhandlungen zwischen Sozialpartner oder solche politischer Art anvisiert wurden – Feindseligkeiten in diesen Bereichen hinterlassen ja auch die tiefsten Wunden.)

Kein erfolgreiches kreatives Team (der Wirtschaft) würde ein monatelanges, womöglich noch feindseliges Tauziehen im Verhandlungsweg tolerieren. Solche Leute könnten sich das auch gar nicht leisten. *Sie wissen nur zu gut, daß infolge müßiger, nämlich unergiebiger Streitereien der freie Fluß der Ideen total versiegt und somit konstruktives Arbeiten blockiert ist.* Wenn Argumente und Beweise nur vorgebracht werden, um die eigene Meinung zu zementieren und die des Gegners zu »zerschmettern«, statt sich in friedlicher Zusammenarbeit der Entwicklung neuer Ideen zu widmen, die für beide Seiten befriedigend sein könnten, dann befinden sich die Verhandelnden auf einem grundsätzlich falschen Kurs. All diese Leute sollten, anstatt starrsinnig auf ihren vorgefaßten Meinungen zu beharren, sich besser um die Erarbeitung eines dritten Weges bemühen. Dieser dritte Weg ist aber meist nichts anderes als – im Sinn fruchtbaren Brainstormings zur Vorbereitung – *eine erfolgreiche Kombination all der Einfälle, die für beide Teile positive Ergebnisse bringen.* Die GRUNDELEMENTE des Prinzips des dritten Weges sind daher folgende:

1. Er besteht aus Einfällen und nicht aus Forderungen.
2. Das Prinzip bei der Erarbeitung neuer Einfälle liegt grundsätzlich immer darin, zu jedem Einfall auch gleich alle möglichen Alternativen und Varianten in Betracht zu ziehen.
3. Nur solche Einfälle, die für alle Beteiligten Vorteile bringen, sind akzeptabel. Damit sind automatisch Feindseligkeiten

ausgeklammert, die sich regelmäßig aus der verhementen Verteidigung gegnerischer Standpunkte ergeben.

4. Der dritte Weg ist das Ergebnis einer kooperativen Erarbeitung von Ideen, die so lange kombiniert und umgeformt werden, bis sie allen vertretbar erscheinen und von allen rückhaltlos übernommen werden können.

Auf diese Art wird aus Verhandlungen eine Art »organisierte Freundschaft«, wie der englische Managementberater HERBERT N. CASSON es so nachdrücklich empfahl. Es gibt keinen besseren Weg, um sicher und schnell reich zu werden.

Kapitel 73

# Das System des »mehrschichtigen Managements«

Das System des »mehrschichtigen Managements« ist keineswegs nur ein psychologischer Trick. Zusätzlich zu seiner psychologischen Auswirkung auf insbesondere jüngere leitende Angestellte sowie auf das Gesamtpersonal eines Unternehmens *kann sich dieses System für jede Firma als wahre Fundgrube praktischer Verbesserungsideen erweisen* – Ideen, die direkt von jenen Angestellten kommen werden, die mit der Unternehmensleitung konstruktiv zusammenarbeiten wollen.

Außerdem ist das mehrschichtige Management ein äußerst wirksames Stimulans für wechselseitige gute Beziehungen zwischen Arbeitgebern und Arbeitnehmern (Gewerkschaftsvertretern). Die zwischen diesen beiden Sozialpartnern – heute traditionellen Gegnern – angespannten, ja oft sogar feindseligen Beziehungen haben dazu geführt, daß sich viele Firmenleitungen in ihre Schneckenhäuser zurückzogen, um dort höchstens noch einer kleinen Gruppe sorgfältig ausgewählter Führungskräfte Zutritt zu gestatten und sie an den vitalen Entscheidungen teilhaben zu lassen.

Ein hervorragendes Mittel gegen diese fatale Fehlentwicklung ist das mehrschichtige Management. Es besteht darin, so viele junge Angestellte in gehobenen Positionen der Administration und der Produktion (Herstellungs- bzw. Dienstleistungsbetriebe) wie möglich in »beratenden Gremien« zusammenzufassen (verzichten Sie lieber auf die Bezeichnung »Komitee«). Diese beratenden Angestelltengremien haben selbstverständlich keine vollziehende Funktion; aber sie können aufgrund ihrer Prestigestellung unter den anderen Angestellten der Firma und die

Kommunikation zwischen »oben« und »unten« entscheidend verbessern.

Jedes Gremium sollte eine wohlklingende Bezeichnung und einen eigenen Briefkopf haben. Das kostet nicht die Welt; für ein paar Mark können auf diesem Briefpapier auch die Namen der Mitglieder des jeweiligen Gremiums stehen – *das ist nicht nur wichtig für die Motivation der Berufenen, sondern auch hinsichtlich ihres Ansehens gegenüber der Belegschaft.* Es ist dies sicher eine der lohnendsten Investitionen, die eine Firma tätigen kann.

Man kann für die verschiedensten Aufgaben beratende Angestelltengremien einrichten, am besten so viele wie nur überhaupt möglich. Vor allem soll eine möglichst große Zahl von Angestellten in den Gremien wirken, die mit ihrer Arbeit zusammenhängen. Dadurch fühlen sich diese Mitarbeiter persönlich anerkannt und engagieren sich wesentlich mehr für die Interessen der Firma, der sie ja nun nicht allein als Angestellte, sondern auch als beratende Mitglieder eines Gremiums zur Verbesserung der Arbeitsweise des Unternehmens angehören.

Je nach Größe und Bedeutung eines Geschäftsunternehmens könnten zum Beispiel folgende BERATENDE GREMIEN eingerichtet werden:

- für Buchhaltungs- und Steuerfragen,
- für Organisationsfragen,
- für Kundenbetreuung,
- für den Einkauf,
- für Materialbehandlung,
- für Herstellungsfragen,
- für Produktverpackung,
- für Transport- und Zollfragen,
- zur Verbesserung der Auslieferung,
- zur Gestaltung der Firmenräumlichkeiten,
- für Freizeitaktivitäten,
- für die Angestelltenbücherei.

Die Liste stellt bei weitem keine erschöpfende Aufzählung aller – natürlich von der Größe eines Unternehmens abhängigen – Möglichkeiten dar. Wenn ein Unternehmen groß genug ist, lohnt es sich unter Umständen sogar, einen leitenden Angestellten der Personalabteilung mit dem nötigen Stab an Mitarbeitern dafür einzusetzen, diesen Gremien bei der Organisation, der Weiterleitung von Verbesserungsvorschlägen und Beschwerden zu helfen (so diskret wie möglich) und gleichzeitig dafür Sorge zu tragen, daß keine Verbesserungsideen verlorengehen und jedes einzelne Mitglied eines Gremiums für seine Leistungen von der Firmenleitung anerkannt und belobigt wird. Falls sich eine Idee als gewinnbringend oder kostensparend erweist, muß er auch darauf achten, daß der Urheber der Idee eine angemessene Belohnung erhält.

Bei den mit dieser Einrichtung verbundenen Kosten handelt es sich nicht um verlorenes Geld, sondern um eine sinnvolle Investition. Mehrschichtiges Management dient nicht nur der Verbesserung des innerbetrieblichen Ansehens der Firmenleitung oder einer Spielerei zur Beschäftigung von Angestellten, die sich sonst langweilen würden, sondern *es stellt eine unglaublich wirkungsvolle Methode erfolgreichen Managements dar.*

Schon ihr motivationspsychologischer Aspekt ist von beinahe unschätzbarem Wert; aber das ist nur der Anfang. Von noch größerer Bedeutung sind die daraus resultierenden Verbesserungsvorschläge derjenigen, die tatsächlich die ganze Arbeit aus ihrer Praxis kennen, weil sie sie tagtäglich verrichten, die die Fehler im Produktionsprozeß und anderswo im täglichen Ablauf des Unternehmens kennen, die wissen, wo gespart werden könnte und wo behindernde Störfaktoren und vermeidbare Hindernisse beseitigt werden sollten.

Der allergrößte *Wert dieser Maßnahme aber liegt darin, daß sie Angestellte als ein kooperativer, koordinierter Teil des Managements der Unternehmensleitung einverleibt,* ohne daß deshalb die Entscheidungsgewalt und Verantwortlichkeit der Firmenleitung beschnitten würde. Das mehrschichtige Management sorgt überdies für die erstrebenswerte Form »organisierter Freundschaft«, die der schon mehrmals zitierte Ökonom und Managementberater HERBERT N. CASSON für jeden Betrieb als wünschenswert postuliert.

Falls ein Unternehmen sich bei der Vermarktung seiner Waren auf einen Verteilerring firmenfremder Händler stützt, empfiehlt sich naturgemäß die Einrichtung auch eines beratenden Gremiums für die Beziehungen zum Detailhandel, eventuell mit fluktuierender Mitgliedschaft, so daß die verschiedenen Händler ebenfalls die Gelegenheit haben, ihre Ansichten und Wünsche vorzutragen. In diesem Fall müßte natürlich deren ins Gremium entsandten Vertretern ein angemessener Ausgleich für Spesen und Zeitentgang geleistet werden – als großzügige Geste gegenüber wertvollen Mitarbeitern außer Haus.

Und natürlich sollte jedes Unternehmen, das Waren für Endverbraucher herstellt oder an diese verkauft, ein beratendes Gremium für Konsumentenfragen haben. Empfehlungen eines solchen Gremiums können sich als äußerst wertvoll für die Gestaltung der Werbung und Produktpromotion erweisen.

Der Zweck des mehrschichtigen Managements besteht darin, allen Bereichen des betrieblichen Geschehens volle Aufmerksamkeit zuzuwenden und dadurch *den größtmöglichen Input an Verbesserungsideen zu erzielen.* Die auf diese Weise zu erzielenden Leistungssteigerungen werden jede Unternehmensleitung überraschen, aber auch die am mehrschichtigen Management beteiligten Arbeitnehmer.

Führungskräfte der Wirtschaft sollten diesen Ratschlag beherzigen. Wenn Sie noch keine Führungskraft in Ihrer Firma sind, dann arbeiten Sie einen eigens für Ihre Firma zugeschnittenen konkreten Vorschlag aus – und bringen Sie Ihre Idee »an den richtigen Mann«!

# Kapitel 74

# Vom Wesen und Wert echter Kooperation

Sollten Sie auf dieser Seite des vorliegenden Buches immer noch der Meinung sein, daß es Ihnen aufgrund Ihrer persönlichen Fähigkeiten und Leistungen möglich sein müßte, ohne die Hilfe anderer Karriere zu machen, dann beherzigen Sie einmal mehr den Rat eines Mannes, der etwas vom Erfolg verstand, den Rat eines CHARLES STEINMETZ, des großen Mathematikers und Elektroingenieurs, der die kompliziertesten Probleme der Elektrizität mit Bleistift und Papier zu lösen vermochte. Ihm verdanken wir zum Beispiel die Entdeckung des Wechselstroms, der erst den Transport des elektrischen Stromes in Hochspannungsleitungen über große Entfernungen möglich machte. Seine mathematischen Fähigkeiten waren so außerordentlich, daß kaum jemand seine komplizierten Rechenoperationen auch nur verstehen konnte. Es war doch sicher ein Beweis für den Erfolg eines Einzelgängers – möchte man meinen!

Aber eben dieser Charles Steinmetz sagte wörtlich: *»Zusammenarbeit ist keine Frage der Sentimentalität, sondern eine unbedingte wirtschaftliche Notwendigkeit!«*

Dieser unbedingten wirtschaftlichen Notwendigkeit aber sollten Sie Ihr allergrößtes Interesse widmen, wenn Sie reich werden wollen.

Es gibt drei GRUNDFORMEN DER KOOPERATION:

- *Kommen Sie zusammen.* Das ist der Anfang, der erste Akt jeder sich anbahnenden Zusammenarbeit.
- *Bleiben Sie zusammen.* Mit Freuden, wenn möglich, mit Entschlossenheit, wenn nötig.
- *Handeln Sie zusammen.* Darum geht es bei jeder Kooperation:

um das gemeinsame Handeln zur Erreichung eines gemeinsamen Ziels.

Das Geheimnis, wie man zuerst einmal hinein und anschließend an die Spitze gelangt (in ein Unternehmen, in öffentliche, soziale und politische Organisationen), liegt offen zutage. Gehen Sie hin, bieten Sie Ihre Hilfe an – für die Ziele, die die jeweilige Gruppe anstrebt. *Die einzelnen Schritte könnten dabei etwa wie folgt vor sich gehen:*

1. Stellen Sie eine Liste der Organisationen auf, mit denen Sie gerne zusammenarbeiten würden.
2. Führen Sie unter jedem einzelnen Namen die Anliegen und besonderen Aktivitäten an, bei denen Sie von Nutzen sein könnten.
3. Bieten Sie dann aus Freude und Begeisterung für die Sache Ihre (unentgeltliche) Hilfe an.
4. Falls Sie Eingang finden, kooperieren Sie willig und engagiert, auch wenn das persönliche Opfer für Sie bedeuten sollte.
5. Achten Sie immer darauf, Anerkennungen für erzielte Leistungen auf andere zu lenken, auch wenn Sie sie selbst verdienen.

Beliebtheit ist wie ein Raum, in den viele Türen führen. Ein einziger Schlüssel öffnet jedoch alle diese Türen: SELBSTLOSE HILFSBEREITSCHAFT. Ein selbstloses Angebot zu helfen verschafft Ihnen nicht nur überall Zugang und Sympathien, sondern Sie werden dadurch auch zu einer begehrten, gefragten, ja dringend benötigten Persönlichkeit. Auf diese Weise werden Sie sich mit Sicherheit beliebt machen. Das ganze Geheimnis ist dabei selbstlose Hilfsbereitschaft.

Bedenken Sie stets: Niemand wird für etwas geehrt oder anerkannt, das er bekommen hat! Anerkennung wird nur denen zuteil, die geben. Wenn Sie aber schon soweit sind, daß man Sie anerkennt, dann hören Sie nicht auf zu geben: Teilen Sie die erhaltenen Ehrungen und Anerkennungen mit so vielen Menschen wie möglich. Geteilte Freude ist doppelte Freude! Sie bringt aber auch doppelten Lohn!

Der feste Willen zu hilfsbereiter Zusammenarbeit wird Ihnen jede Tür öffnen, ganz gleich, ob es sich nun um wirtschaftliche, soziale oder politische Organisationen handelt. Nur wenige Arbeitssuchende haben zum Beispiel diese Einstellung – den Willen zu hilfsbereiter Zusammenarbeit –, die meisten sehen im Arbeitgeber bloß den Brötchengeber; kein Wunder, daß sie mit dieser Einstellung nicht vorankommen! *Um so größer aber ist die Chance eines jeden, der die richtige Einstellung hat. Er kommt überall hinein und hat, wenn er den Grundsatz hilfsbereiter Zusammenarbeit verwirklicht, große Chancen, auch an die Spitze zu gelangen.*

Abgesehen von der wirtschaftlichen Seite sollten wir einen anderen Aspekt selbstloser Hilfeleistung nicht vergessen. Ein Sprichwort sagt vielleicht am deutlichsten, worauf ich anspiele: »Der ist mein Freund, der mir hilft, nicht der, der mich bedauert!« Gewiß: Menschen in Not brauchen praktische Hilfe, kein Mitleid. Mitleid hilft niemandem. Damit allein ist nichts getan. Nichts! Wir brauchen statt dessen mehr Menschen, die Ideen, Projekte, Arbeit, auch Geld zu bieten haben, um den Armen und Bedürftigen zu helfen – nicht indem man den Bedürftigen Almosen gibt, sondern indem man darauf hinarbeitet, daß es eines Tages keine Bedürftigen mehr gibt!

Doch selbst wenn dieser märchenhafte Zustand einmal erreicht würde – *solange es Menschen gibt, werden sie einander brauchen!* Und darum geht es auch bei jeder Kooperation. Das aber führt Sie unmittelbar zu der vielleicht faszinierendsten Frage überhaupt: Wer braucht mich?

Manchmal hallt einem diese Frage wie ein Schrei in den Ohren, dann wieder steigt sie in der Stille der Nacht wie ein heiseres Flüstern aus dem Dunkel: Wer braucht mich? Die schöne Gewißheit, von einem anderen Menschen gebraucht zu werden, verleiht jedem Leben Sinn und Bedeutung. Manchen mag das schon genügen (erst der Tod dieses Menschen macht den Mangel deutlich). Wenn Sie aber mehr wollen, dann sollten Sie es wagen, weiter und größer zu denken: Das höchste Ziel hilfsbereiter Zusammenarbeit und Kooperation besteht sicher darin, daß möglichst viele – hunderte, tausende – Menschen Sie »brauchen« – weil Ihre Arbeit, Ihr Wirken, Ihr Beitrag wertvoll für viele Menschen ist. Es ergibt sich von selbst, daß Sie, wenn Ihnen dies gelingt, ganz selbstverständlich reich werden. Wir wollen uns daher die Frage der Kooperation unter diesem neuen Aspekt nochmals ansehen.

Der WERT IHRER ZUSAMMENARBEIT wird vor allem von folgenden Faktoren bestimmt:

- Wie dringend wird Ihre Mitarbeit gebraucht und gefordert?
- Wie leicht kann die gleiche Mitarbeit von jemand anderem als von Ihnen geleistet werden? Von vielen anderen?
- Wie unerläßlich wichtig ist Ihre Mitarbeit bei der Befriedigung eines grundlegenden Bedürfnisses?
- Wie viele Menschen profitieren entscheidend von Ihrer Kooperation? Ein paar? Hunderte? Tausende?

Die Antwort auf diese Fragen umfaßt mehr als nur die simple Feststellung, daß Zusammenarbeit für ein erfolgreiches Leben (und zur Schaffung von Wohlstand) wichtig ist. *Sie zeigt die Möglichkeit auf, wie Sie den Wert Ihrer Zusammenarbeit vergrößern können.* Denken Sie darüber nach und versuchen Sie, solche Möglichkeiten zu verwirklichen.

# Kapitel 75

# Wer soll der Boß sein?

Henry Ford, der Begründer eines der größten Automobilkonzerne der Welt, klärte die Frage »Wer soll der Boß sein?« ein für allemal. Als man ihm zum soundsovielten Male die Frage stellte, anwortete er, daß sich das Problem in nichts von dem unterscheide, wer in einem Quartett den Tenorpart übernehmen solle. Es gebe nur eine einzig richtige Antwort: »Der Mann mit der Tenorstimme.«

Die Entscheidung darüber, wer eine beliebige Stelle – vom Portier bis zum Direktor – erhalten soll, fällt dadurch, daß man untersucht, wer für die betreffende Stelle am besten geeignet ist. Ich behaupte, daß es weder geborene Führungspersönlichkeiten noch geborene Vertreter und schon gar nicht geborene Versager gibt. Das einzige, was ich kenne, sind geborene Menschen. Was aber jeder Mensch aus seinen angeborenen und weiterentwickelten Fähigkeiten macht, dafür trägt er allein die Verantwortung.

Entschuldigungen und Erklärungen sind in diesem Zusammenhang fehl am Platze. Alle diesbezüglichen Einwände wurden schon *millionenfach von Menschen entkräftet, die wirklich erfolgreich sein wollten und die daher bereit waren, sich mehr als der Durchschnitt anzustrengen.* Wir wissen inzwischen, daß man meist weniger Zeit braucht, etwas erfolgreich zu erledigen, als andere mit wortreichen Erklärungen davon zu überzeugen, daß es undurchführbar sei. Was immer Sie im Leben erreichen, wird nicht das Resultat Ihrer angeborenen Fähigkeiten oder des Milieus sein, in das Sie hineingeboren wurden, sondern ein Resultat dessen, was Sie kraft eigenen Willens aus Ihren Gaben gemacht haben.

Wie immer auch Ihre Fehler aussehen mögen, sie sind nicht das Ergebnis eines »angeborenen Versagertums« oder eines chancenlosen Milieus. Fehler sind immer ein Ergebnis des Unvermögens, aus seinen Eigenschaften das Beste zu machen und an der eigenen Selbstvervollkommnung zu arbeiten. Damit meine ich natürlich nicht die Fehler, die nach dem Versuch-Irrtum-Prinzip zum Erfolg führen; gemeint sind dauerhafte Fehlhaltungen.

Wenn Sie also nicht die Fortschritte im Beruf und in Ihrem Privatleben machen, die Sie sich wünschen, wenn Sie nicht genügend verdienen, dann liegt eine Veränderung des mißlichen Zustandes allein in Ihrer Verantwortung. Sie können von anderen nicht erwarten, daß sie Ihnen Ihre Aufgabe abnehmen. Andere können Ihnen lediglich zeigen, wie Sie Erfolg haben können (aus diesem Grunde entstand dieses Buch); aber nur Sie selbst können tun, was für eine berufliche Karriere und für ein erfolgreiches Privatleben notwendig ist. Nur Sie *können* es tun, *Sie müssen es aber auch tun!*

Erinnern Sie sich noch an die Feststellung ELBERT HUBBARDS? »Verantwortung pflegt sich nur eine Persönlichkeit auszusuchen, die sie auch tragen kann; die Macht fällt dem zu, der mit ihr umzugehen weiß.« Dem würde ich allerdings gern hinzufügen, daß dieses Wissen nur der erste Teil des Erfolges ist. Darüber hinaus müssen Sie aktiv werden, Sie müssen etwas tun (ich kann es nicht oft genug wiederholen)! *Man wird nicht davon reich, daß man etwas weiß, sondern daß man sein Wissen benutzt und handelt.* Sie werden für das bezahlt, was Sie schaffen, nicht für Ihr Wissen.

HENRY FORD meinte mit seiner Antwort auf die Frage »Wer soll der Boß sein?«, daß selbstverständlich der die Führung innehaben sollte, der am besten für die Führungsaufgabe geeignet ist. Das bedeutet aber auch, daß jeder der Boß sein kann (oder alles im Leben erreichen kann, was er sich vorstellt), unter der Voraussetzung, daß er sich zielführende Erfolgsmethoden aneignet und sie auch einsetzt, wodurch er dann für eine solche Position geeignet ist.

Sie können in jedem Berufszweig erfolgreich sein (und sogar den Weg bis ganz an die Spitze schaffen), wenn Sie sich der Aufgabe unterziehen, die BEWÄHRTEN ERFOLGSMETHODEN für sich arbeiten zu lassen; denn dadurch sind folgende Grundvoraussetzungen erfüllt:

1. Sie werden immer *nützlicher für Ihre Umwelt und daher in wachsendem Maße wertvoller für andere* – bis Sie über Ihre augenblickliche Stellung hinauswachsen. Ihre Firma wird dann entweder eine höhere Position für Sie finden, oder Sie wechseln zu einem anderen Unternehmen über.
2. Sie werden zu einem unerschöpflichen *»Lieferanten« wertvoller Verbesserungsvorschläge* auf allen Gebieten Ihres Arbeitsbereiches und, wenn Sie das wollen, in allen die Wirtschaft angehenden wichtigen Fragen. Sie bedienen sich zu diesem Zwecke der im Kapitel 12 dieses Buches enthaltenen Checkliste mit den einundsechzig Fragen.
3. Sie arbeiten *mit einer positiven, kooperativen Grundeinstellung und Begeisterung,* um Ihrer Firma einerseits mehr zu geben von dem, was sie von Ihnen als Arbeitnehmer will, und andererseits weniger von dem, was sie von Ihnen als Arbeitnehmer nicht will.
4. Sie erreichen diese Ziele dadurch, daß Sie immer genau *das tun, was getan werden muß,* und zwar genau dann, wenn es getan werden sollte, ob Sie gerade Lust dazu haben oder nicht.
5. Sie fragen Ihren Vorgesetzten bzw. Ihren Arbeitgeber immer wieder, *wie Sie sich noch nützlicher machen und Ihre Leistung verbessern können.*

Setzen Sie diese bewährten Erfolgsmethoden ständig ein. Sie sind grundlegend für Ihren Erfolg.

Kapitel 76

## Verbieten Sie sich persönliche Kritik!

Ein Problem ist etwa wie ein Messer: Sie können es am Griff packen und es als nützliches Werkzeug gebrauchen – oder an der Klinge, aber dabei ziehen Sie sich unter Umständen schmerzhafte Verletzungen zu. Um das zu vermeiden, müssen Sie lernen, wie Sie jedes Problem anzufassen haben, damit es Ihnen als Werkzeug dient und nicht zu einem gefährlichen Instrument der Selbstverletzung wird.

Bei den meisten Problemen, mit denen Sie im Laufe Ihres Lebens zu tun haben werden, handelt es sich aller Voraussicht nach um Fragen zwischenmenschlicher Beziehungen. Da in den anderen Bänden des *»Schlüsselwerks bewährter Erfolgsmethoden«* diese Fragen ausführlichst behandelt werden, will ich mich hier auf das Wesentlichste beschränken. Dabei geht es allerdings um GRUNDLEGENDE PRINZIPIEN, gegen die Sie nicht verstoßen dürfen, wenn Sie eine Persönlichkeit werden wollen, die andere Menschen und somit Erfolg anzuziehen vermag.

- *Suchen Sie keine Fehler; suchen Sie Lösungen.* Eine Anzahl führender US-Psychiater unternahm vor einiger Zeit ein Forschungsprojekt, um eine einfache Regel ausfindig zu machen, die es den Menschen gestatten würde, glücklicher zu leben, eine ruhigere Gemütsverfassung zu bewahren und anderen sympathischer zu werden. Beherzigen Sie des Rätsels Lösung:
- *Greifen Sie nie das Selbstgefühl eines anderen Menschen an.* Eine Untersuchung von zehntausend Streitfällen – von Alltagsstreitigkeiten zwischen Ehepartnern bis zu heißen Debatten, die im Rahmen der Vereinten Nationen entbrannten – ergab, daß der größte Fehler, den man in einer Auseinander-

setzung überhaupt machen kann, die Kränkung des Selbstwertgefühls des Gegners ist. Verzichten Sie unter allen Umständen darauf, Ihr Gegenüber zu verletzen, zu beleidigen oder lächerlich zu machen!

- *Wenn Sie schon kritisieren müssen – kritisieren Sie die Situation, nicht die Person.* Sagen Sie notfalls: »Das war nicht richtig.« Aber sagen Sie nie: »Da haben Sie ja einen schönen Unsinn gemacht!« oder sonst etwas persönlich Verletzendes. Die generelle Regel jedoch lautet: Verzichten Sie überhaupt auf Kritik!

Wer diese Regeln befolgt, kann die meisten Probleme, die sich aus dem Nebeneinander der Menschen ergeben und so ungewollt schnell eskalieren, vermeiden. Wenn eine Situation aber derart unerträglich wird, daß Abhilfe geschaffen werden muß, dann können Sie Ihren kritischen Bemerkungen – die Sie, wie gesagt, auf die Sachlage beschränken – jeden Stachel nehmen, indem Sie sofort Verbesserungsvorschläge äußern, die sich auf die Situation beziehen. Persönliche Kritik sollten Sie sich schlichtweg verbieten. Abgesehen von ihren verheerenden Folgen ist sie auch einer Persönlichkeit unwürdig.

Kapitel 77

# Wie Sie Sprache richtig einsetzen

In den USA wurde eine Untersuchung angestellt, die zum Ziel hatte, eine einzelne menschliche Eigenschaft oder Fähigkeit zu isolieren, die Tausenden von auf den verschiedensten Gebieten erfolgreichen Menschen gemeinsam war. Das Ergebnis war überraschend. Es gelang tatsächlich, eine solche Eigenschaft oder Fähigkeit herauszukristallisieren, die allen erfolgreichen Persönlichkeiten zu eigen war, die von der Untersuchung erfaßt worden waren. Wenn Sie daher auf Erfolg Wert legen, muß Sie das interessieren.

*Es ist die Fähigkeit, Sprache richtig einzusetzen, die Gabe, mit dem Wort richtig umgehen zu können.* Es geht dabei weniger darum, wie perfekt sich jemand auszudrücken versteht (obschon auch das nicht unwichtig ist), sondern vielmehr darum, ob er die richtigen Worte findet – wozu auch die Technik des Fragens und Bittens sowie die Kunst zu schweigen gehören. Ob jemand in diesem Sinn Sprache richtig einzusetzen versteht oder nicht, wird im Beruf und für das Erfolgsstreben eine entscheidende Rolle spielen.

Rollo May, der bekannte amerikanische Erziehungswissenschaftler, betonte in einer Rede vor der New Yorker Medizinischen Akademie, *daß vor allem zwei grundlegende Eigenheiten den menschlichen Charakter ausmachen:*

- die Wirkung auf andere Menschen und
- die Reaktion auf andere Menschen.

Sie werden diese beiden Eigenheiten nur dann zu Faktoren Ihres persönlichen Erfolges ausbauen können, wenn Sie Sprache richtig einsetzen. Sowohl in diesem als auch in den anderen Bänden des

*»Schlüsselwerks bewährter Erfolgsmethoden«* finden Sie viele Techniken und Tips, die sich auch zur Verbesserung Ihrer Fähigkeit eignen, Sprache richtig einzusetzen. Zum Thema Sprechtechnik gibt es genug einschlägige Bücher sowie Sprachkurse auf Kassetten, so daß diese Thematik, die im übrigen weitläufig ist, hier nicht erörtert werden muß: In jeder größeren Buchhandlung wird man Sie sicher gerne beraten.

Ein typisches Beispiel dafür, wie man Sprache richtig handhabt, findet sich in meinem Buch *»Persönlichkeitsbildung«* ausführlich besprochen. Es ist eine psychologische Technik, die uns befähigen soll, die – stets peinlich wirkende – Ichbezogenheit, an der so viele Menschen kranken, zu überwinden.

*Aufgrund dieser Technik treten Sie, Ihre Person, Ihre Belange völlig in den Hintergrund. Diese Technik läßt sich hervorragend zur Verbesserung des Umgangs mit Sprache – und daher mit Menschen – einsetzen.* Führen Sie ein Gespräch, ohne dabei auch nur ein einziges Mal sich selbst oder etwas Sie Betreffendes zu erwähnen. Das bedeutet, daß Sie Ihren Gesprächspartner veranlassen müssen, über sich zu sprechen, darüber, was ihm wichtig ist, was er getan, gesehen oder gesagt hat, was er denkt und so weiter.

Sie können natürlich Kommentare abgeben, die aber keinesfalls auf Sie selbst bezogen, sondern immer auf den anderen eingehend sein sollten. Sie persönlich sollen in dem Gespräch unerwähnt bleiben. Wenn eine Gesprächspause eintreten sollte oder ein toter Punkt kommt, müssen Sie nur eine Frage einwerfen, die Ihr Gegenüber von neuem veranlaßt, noch mehr über sich selbst zu sagen. Wenn eine direkte Frage an Sie gerichtet wird, antworten Sie mit einer Gegenfrage, etwa: »Was denken denn Sie davon?« oder »Was für ein Gefühl haben denn Sie dabei?«

Wenn Sie diese Technik anwenden, *sollte natürlich Ihr Gesprächspartner Ihre Absicht nicht merken, zumindest möglichst lange nicht.* Natürlich können Sie das nicht ewig durchhalten; aber je länger Sie es schaffen, desto mehr wird sich Ihre Fähigkeit steigern, ein Gespräch zu beherrschen. Wer sich aus einem Gespräch auszuklammern versteht, kann sich ganz auf seinen Partner konzentrieren, und Sie können sicher sein, daß der andere das (wenn auch vielleicht nur unbewußt) als angenehm registrieren wird. Diese Technik macht Sie beliebt. Sie beweisen, indem Sie sich im Hintergrund halten, daß Sie nicht egozentrisch sind und auf andere Menschen eingehen – was viele nicht können. Auch erfahren Sie Neues nur, wenn Sie zuhören, nicht wenn Sie selbst reden.

*Die Beherrschung der Gespräche, die Sie führen, wird Ihnen die Möglichkeit verschaffen, Ihre Gesprächspartner positiv zu beeinflussen und alles zu erfahren, was Sie wissen wollen.* Mit der Zeit werden Sie lernen, auch schwierige Gesprächs- und Verhandlungssituationen in den Griff zu bekommen – eine unabdingbare Voraussetzung auf dem Weg zum Reichtum.

Kapitel 78

# Sprechen und schreiben Sie von Mensch zu Mensch!

Falls Sie vor einem GRÖSSEREN PUBLIKUM sprechen müssen (etwa bei einem Vortrag, auf einem Kongreß, im Fernsehen usw.) oder wenn Sie sich in geschriebenen Texten (etwa mit Werbetexten oder mit einem Sachbuch) an Tausende oder Millionen von Lesern wenden, dürfen Sie nie vergessen, konkret *immer das Individuum anzusprechen, und zwar möglichst oft – wie auch ich Sie hier anspreche – in direkter Rede.*

Das ist eine gute Methode, um einerseits zu verhindern, daß der Gedanke an die ungeheure Zahl der Menschen, mit denen Sie es zu tun haben, Sie verwirrt oder gar ängstigt, wie es ungeübten Sprechern so oft ergeht; andererseits fühlt sich auch jeder einzelne als Individuum am deutlichsten direkt angesprochen, wenn Sie sich der Form der direkten Rede bedienen. Schließlich sichert diese Methode auch die nachhaltigste Wirkung.

Sprechen Sie also angesichts einer noch so großen Zuhörerschaft oder Lesergemeinde stets nur ein einziges Individuum als Ihr Gegenüber an. Die Tatsache, daß dieses Individuum gleichsam vervielfacht in Gestalt auch anderer Individuen auftritt, hundertfach, tausendfach oder gar millionenfach, ist vollkommen irrelevant und kann völlig vernachlässigt werden. Sie müssen immer von Mensch zu Mensch sprechen oder schreiben, und das können Sie nur, indem Sie sich an ein einzelnes Gegenüber wenden. Es gibt nur Sie beide: Sie und Ihren Zuhörer oder Leser.

In meinem Buch *»Lebenserfolg«* finden Sie mehrere Kapitel über Augenkontakt, Augensprache und die Übermittlung dessen, was Sie sprechen, mit Hilfe auch der Augen. Beim Sprechen vor einem großen Auditorium müssen Sie versuchen, diesen

*Augenkontakt der Reihe nach von einem zum andern mit so vielen Menschen wie möglich aufzunehmen.* Und der Mensch, den Sie gerade ansehen, ist auch der, zu dem Sie sprechen! Schleudern (oder hauchen) Sie Ihre Rede nicht einfach wild in den Raum – in der Hoffnung, das Publikum würde schon irgendwie den richtigen Draht zu Ihnen und Ihrer »Botschaft« finden. Wenn Sie nicht direkt von Mensch zu Mensch sprechen, können Sie ein persönliches Anliegen unmöglich an Ihr Publikum bringen. Ihre Stimme wird verhallen wie im Sturm. Ihr Appell bleibt unpersönlich und daher wirkungslos!

*Persönliche Beeinflussung muß stets persönlicher Art und persönlich ansprechend sein.* Sie muß individuell gerichtet sein. Sie können Ihre Worte nicht wie mit der Gießkanne in einer Menge verstreuen in der Hoffnung, daß schon jeder ein paar Tropfen abbekommen und somit verstehen wird, daß er gemeint ist! Auf solche Art erreichen Sie bestenfalls einige wenige, aber großen Eindruck auf eine größere Anzahl von Menschen werden Sie so nicht machen.

*Das Geheimnis der Massenbeeinflussung liegt – wie die Einflußnahme auf den einzelnen – in der Kommunikation von Mensch zu Mensch.* Sie werden schneller reich werden, wenn Sie das beherzigen.

# Kapitel 79

# Die Antwort entscheidet über Ihre Zukunft!

In unserer Welt von heute wimmelt es sowohl von Ratlosen, die einen Rat gar nicht suchen, als auch von Ratsuchenden. Doch die Motive der Ratsuchenden sind sehr unterschiedlich:

- Manche Menschen fragen um Rat, aber das dient ihnen nur als Vorwand: in Wirklichkeit suchen sie Mitleid oder eine Gelegenheit, sich einmal ordentlich auszusprechen oder auszuweinen.
- Andere wieder fragen um Rat, obwohl es ihnen in Wirklichkeit nur darum geht, Aufmerksamkeit zu erregen und irgendwie eine Selbstbestätigung zu finden (meist wird Lob erwartet).
- Die echt nach Rat und Hilfe Suchenden nehmen die ihnen richtig erscheinenden Ratschläge an, weil sie lernen und in die Praxis umsetzen möchten, wie man etwas macht oder besser machen kann. Diesen Menschen wird natürlich auch das vorliegende Buch und überhaupt das *»Schlüsselwerk bewährter Erfolgsmethoden«* am meisten geben können.

BENJAMIN FRANKLIN, der als Staatsmann, Ideenschöpfer und Erfinder wie auch als Schriftsteller außerordentliche Mann, schrieb: *»Diejenigen, die keinen Rat annehmen wollen, können auch keine Hilfe erwarten.«* Das ist sehr wahr. Und doch würde ich sogar noch weitergehen. Es genügt nicht, einen Rat einfach nur anzunehmen.

Sie – der Sie vorankommen und reich werden wollen – müssen einen Ihnen einleuchtenden Rat mit Energie und Enthusiasmus annehmen und sich mit dem daraus resultierenden Elan im Alltag Ihres Lebens an den Ratschlag halten. Nur so erhalten die in diesem Buch empfohlenen bewährten Erfolgsmethoden für Sie ihren Wert. Nur so werden Sie im Leben Erfolg haben.

Wer nicht weiß, wie man Erfolg haben kann, einfach weil ihm das Gewußt-wie fehlt, geht ebenso an der realen Möglichkeit der Verwirklichung seines Erfolges – der lernbar ist – vorbei wie der, der seine persönliche Schwäche mit der wenig glaubwürdigen Behauptung kaschiert, Erfolg sei ihm gleichgültig. Um Erfolg zu haben, muß man allerdings bereit sein, zuerst zu lernen.

Und das ist nicht unbedingt teuer, lohnt sich aber – wie Benjamin Franklin sagte: »Wenn ein Mensch sein Geld in seinem Hirn anlegt, kann ihm niemand je etwas davon wegnehmen. Geld, das man für Wissen ausgibt, bringt immer die besten Zinsen!« Franklin wußte, daß er seinen Erfolg seinem zuerst erworbenen Wissen verdankte.

Dabei ist doch eigentlich nichts allzu Schwieriges oder Kompliziertes am Erfolg. Es geht wesentlich nur darum *zu wissen, wie man es anfangen muß, und sich nach diesem Wissen zu verhalten.* Die BEWÄHRTEN ERFOLGSMETHODEN dieses Buches, die den Erfahrungen großer Männer und Frauen der Geschichte, die es zu Reichtum, Macht und Ruhm gebracht haben, entstammen, sind zum Großteil ganz einfache Regeln, die schlichtweg dem gesunden Menschenverstand entspringen.

Diese Regeln sind Ihnen nach der Lektüre des hier zu Ende kommenden Buches bekannt – jedenfalls die für die Thematik dieses Bandes maßgebenden Regeln – und dies erst recht, wenn Sie das gesamte *»Schlüsselwerk bewährter Erfolgsmethoden«* gelesen haben. So oder so – sind diese Methoden nicht auch für Sie ohne weiteres anwendbar? Keine einzige übersteigt Ihre vorhandenen Fähigkeiten. *Sie können sofort mit ihrer Anwendung beginnen! Jetzt gleich!*

Es hängt alles nur davon ab, ob Sie genug Willen und Schwung aufbringen. Die Beantwortung der diesem Nebensatz inneliegenden Frage wird über Ihre Zukunft entscheiden.

CH-1211 GENF 6 · POSTFACH 6030 · TEL. 022/786 18 10 · FAX 022/786 18 95
D-81379 MÜNCHEN · BOSCHETSRIEDER STRASSE 12 · TEL. 089/724 10 34

# AristON

## Das Kassettenprogramm

Das »Praxis-Kassettenprogramm« zu Dr. Joseph Murphys Standardwerk »Die Macht Ihres Unterbewußtseins«, das mehr als 1,6 Millionen Menschen in der gebunden Ausgabe deutscher Sprache gekauft haben, verankert aufgrund einer tiefenpsychologisch besonders wirksamen Kombination von beruhigender Musik und suggestiven Texten die Kernlehren dieses faszinierenden Buches in Ihrem Gedächtnis. Deshalb ist das Praxis-Kassettenprogramm eine wirkungsvolle Ergänzung zum Buch. Das Gelesene wird ohne zusätzlichen Aufwand effizienter im Leben umgesetzt. Sie können Ihr Denken und Handeln anhaltend verändern und somit ans Ziel Ihres Denkens und Wünschens gelangen: Die immensen Kräfte Ihres Unterbewußtseins zu nutzen und in Ihr Dasein Freude und Fülle zu bringen.

*Praxis-Programm: vier Audio-Suggestionskassetten in Box, Spieldauer 3½ Stunden, ISBN 3-7205-1673-3.*

---

Zu Dr. Joseph Murphys Standardbuch »Die Macht Ihres Unterbewußtseins« gibt es aber auch Buchtextkassetten. Es handelt sich um die wichtigsten Kapitel des Buches, deren Originaltexte in vier LP-Buchtextkassetten wiedergegeben sind. Dieses Kassettenwerk ruft all jenen, die das Buch des Wegbereiters positiven Denkens und Weltbürgers des Geistes bereits gelesen haben, die Lehren des Autors im Originalwortlaut in Erinnerung. So hilft auch dieses Kassettenwerk, die gültigen, für ein gesundes, glückliches und erfolgreiches Leben unentbehrlichen Lehren der Lebensphilosophie des dreifachen Doktors Ihrem Gedächtnis nachhaltig einzuprägen, so daß Sie von den immensen Kräften Ihres Unterbewußtseins im Leben profitieren können.

*Hörbuch vier Audio-Buchtextkassetten in Box, Spieldauer 4½ Stunden, ISBN 3-7205-1328-9.*

---

Die Lernpsychologie hat erwiesen, daß eine Botschaft, die gelesen und außerdem mehrfach gehört wird, sich dem Unterbewußtsein einprägt und aufgrund dieser Verankerung im Gedächtnis festsitzt. Nach 30 Tagen sind noch 90 Prozent davon gespeichert. Eine Information, die nur einmal gelesen wurde, ist innerhalb von 24 Stunden zu 60 Prozent und nach 30 Tagen fast ganz vergessen. Aus diesem Grund sind Kassettenprogramme nicht nur eine bloße Ergänzung zu einem gelesenen Buch, sondern leiten bereits über zur Umsetzung der Leitideen eines Buches im Leben eines Menschen. Der Ariston Verlag hat daher auch zu anderen Erfolgsbüchern Kassettenprogramme veröffentlicht, von denen Sie mit Sicherheit profitieren können.

---

### Unsere Bücher und Kassettenwerke erhalten Sie im Buchhandel

Ein umfangreiches, farbiges Bücher-Magazin mit sämtlichen Titeln unseres auf Medizin, angewandte Psychologie und Esoterik spezialisierten Verlagsprogramms können Sie gratis anfordern bei

**ARISTON VERLAG · GENF/MÜNCHEN**

CH-1211 GENF 6 · POSTFACH 6030 · TEL. 022/786 18 10 · FAX 022/786 18 95
D-81379 MÜNCHEN · BOSCHETSRIEDER STRASSE 12 · TEL. 089/724 10 34